Immanuel Kant

Die Religion

innerhalb der Grenzen

der bloßen Vernunft

Immanuel Kant: Die Religion innerhalb der Grenzen der bloßen Vernunft

Erstdruck: Königsberg (Nicolovius) 1793. Der Text folgte der 2. vermehrten Auflage, Königsberg (Nicolovius) 1794.

Neuausgabe mit einer Biographie des Autors
Herausgegeben von Karl-Maria Guth
Berlin 2016

Der Text dieser Ausgabe folgt:
Immanuel Kant: Werke in zwölf Bänden. Herausgegeben von Wilhelm Weischedel. Frankfurt am Main: Suhrkamp, 1977.

Die Paginierung obiger Ausgabe wird hier als Marginalie zeilengenau mitgeführt.

Umschlaggestaltung von Thomas Schultz-Overhage

Gesetzt aus der Minion Pro, 11 pt

Verlag: Henricus - Edition Deutsche Klassik GmbH
Mörchinger Str. 33, 14169 Berlin, info@henricus-verlag.de
Druck: Libri Plureos GmbH, Friedensallee 273, 22763 Hamburg

Die Ausgaben der Sammlung Hofenberg basieren auf zuverlässigen Textgrundlagen. Die Seitenkonkordanz zu anerkannten Studienausgaben machen Hofenbergtexte auch in wissenschaftlichem Zusammenhang zitierfähig.

ISBN 978-3-8430-8427-7

Bibliografische Information der Deutschen Nationalbibliothek

Die Deutsche Nationalbibliothek verzeichnet diese Publikation in der Deutschen Nationalbibliografie; detaillierte bibliografische Daten sind im Internet über www.dnb.de abrufbar.

Inhalt

Vorreden

Vorrede zur ersten Auflage

Die Moral, so fern sie auf dem Begriffe des Menschen, als eines freien, eben darum aber auch sich selbst durch seine Vernunft an unbedingte Gesetze bindenden Wesens, gegründet ist, bedarf weder der Idee eines andern Wesens über ihm, um seine Pflicht zu erkennen, noch einer andern Triebfeder als des Gesetzes selbst, um sie zu beobachten. Wenigstens ist es seine eigene Schuld, wenn sich ein solches Bedürfnis an ihm vorfindet, dem aber alsdann auch durch nichts anders abgeholfen werden kann; weil, was nicht aus ihm selbst und seiner Freiheit entspringt, keinen Ersatz für den Mangel seiner Moralität abgibt. – Sie bedarf also zum Behuf ihrer selbst (sowohl objektiv, was das Wollen, als subjektiv, was das Können betrifft) keinesweges der Religion, sondern, vermöge der reinen praktischen Vernunft, ist sie sich selbst genug. – Denn da ihre Gesetze durch die bloße Form der allgemeinen Gesetzmäßigkeit der darnach zu nehmenden Maximen, als oberster (selbst unbedingter) Bedingung aller Zwecke, verbinden: so bedarf sie überhaupt gar keines materialen Bestimmungsgrundes der freien Willkür,[1] das ist keines

---

1 Diejenigen, denen der bloß fremde Bestimmungsgrund (der Gesetzlichkeit) überhaupt, im Begriff der Pflicht zum Bestimmungsgrunde nicht gnügen will, gestehen dann doch, daß dieser nicht in der auf eigenes *Wohlbehagen* gerichteten *Selbstliebe* angetroffen werden könne. Da bleiben aber alsdann nur zwei Bestimmungsgründe übrig, einer, der rational ist, nämlich eigene *Vollkommenheit,* und ein anderer, der empirisch ist, fremde *Glückseligkeit.* – Wenn sie nun unter der erstern nicht schon die moralische, die nur eine einzige sein kann, verstehen (nämlich einen dem Gesetze unbedingt gehorchenden Willen), wobei sie aber im Zirkel erklären würden, so müßten sie die Naturvollkommenheit des Menschen, sofern sie einer Erhöhung fähig ist, und deren es viel geben kann (als Geschicklichkeit in Künsten und Wissenschaften, Geschmack, Gewandtheit des Körpers u. d. g.), meinen. Dies ist aber jederzeit nur bedingter Weise gut, das ist, nur unter der Bedingung, daß ihr Gebrauch dem moralischen Gesetze (welches allein unbedingt gebietet) nicht widerstreite; also kann sie, zum Zweck gemacht, nicht Prinzip der Pflichtbegriffe sein. Eben dasselbe gilt auch von dem auf Glückseligkeit anderer Menschen gerichteten Zwecke. Denn eine Handlung

Zwecks, weder um was Pflicht sei, zu erkennen, noch dazu, daß sie ausgeübt werde, anzutreiben: sondern sie kann gar wohl und soll, wenn es auf Pflicht ankömmt, von allen Zwecken abstrahieren. So bedarf es zum Beispiel, um zu wissen: ob ich vor Gericht in meinem Zeugnisse wahrhaft, oder bei Abforderung eines mir anvertrauten fremden Guts treu sein soll (oder auch kann), gar nicht der Nachfrage nach einem Zweck, den ich mir, bei meiner Erklärung, zu bewirken etwa vorsetzen möchte, denn das ist gleichviel, was für einer es sei; vielmehr ist der, welcher, indem ihm sein Geständnis rechtmäßig abgefordert wird, noch nötig findet, sich nach irgend einem Zwecke umzusehen, hierin schon ein Nichtswürdiger.

Obzwar aber die Moral zu ihrem eigenen Behuf keiner Zweckvorstellung bedarf, die vor der Willensbestimmung vorhergehen müßte, so kann es doch wohl sein, daß sie auf einen solchen Zweck eine notwendige Beziehung habe, nämlich, nicht als auf den Grund, sondern als auf die notwendigen Folgen der Maximen, die jenen gemäß genommen werden. – Denn ohne alle Zweckbeziehung kann gar keine Willensbestimmung im Menschen statt finden, weil sie nicht ohne alle Wirkung sein kann, deren Vorstellung, wenn gleich nicht als Bestimmungsgrund der Willkür und als ein in der Absicht vorhergehender Zweck, doch, als Folge von ihrer Bestimmung durchs Gesetz zu einem Zwecke muß aufgenommen werden können (finis in consequentiam veniens), ohne welchen eine Willkür, die sich keinen, weder objektiv noch subjektiv bestimmten Gegenstand (den sie hat, oder haben sollte) zur vorhabenden Handlung hinzudenkt, zwar wie sie, aber nicht *wohin* sie zu wirken habe, angewiesen, sich selbst nicht Gnüge tun kann. So bedarf es zwar für die Moral zum Rechthandeln keines Zwecks, sondern das Gesetz, welches die formale Bedingung des Gebrauchs der Freiheit überhaupt enthält, ist ihr genug. Aber aus der Moral geht doch ein Zweck hervor; denn es kann der Vernunft doch unmöglich gleichgültig sein, wie die Beantwortung der Frage ausfallen möge: *was dann aus diesem unserm Rechthandeln herauskomme*, und worauf wir, gesetzt auch, wir hätten dieses nicht völlig in unserer Gewalt, doch als auf einen Zweck unser

muß zuvor an sich selbst nach dem moralischen Gesetze abgewogen werden, ehe sie auf die Glückseligkeit anderer gerichtet wird. Dieser ihre Beförderung ist also nur bedingter Weise Pflicht, und kann nicht zum obersten Prinzip moralischer Maximen dienen.

Tun und Lassen richten könnten, um damit wenigstens zusammen zu stimmen. So ist es zwar nur eine Idee von einem Objekte, welches die formale Bedingung aller Zwecke, wie wir sie haben sollen (die Pflicht), und zugleich alles damit zusammenstimmende Bedingte aller derjenigen Zwecke, die wir haben (die jener ihrer Beobachtung angemeßne Glückseligkeit), zusammen vereinigt in sich enthält, das ist, die Idee eines höchsten Guts in der Welt, zu dessen Möglichkeit wir ein höheres, moralisches, heiligstes und allvermögendes Wesen annehmen müssen, das allein beide Elemente desselben vereinigen kann; aber diese Idee ist (praktisch betrachtet) doch nicht leer; weil sie unserm natürlichen Bedürfnisse, zu allem unsern Tun und Lassen im ganzen genommen irgend einen Endzweck, der von der Vernunft gerechtfertigt werden kann, zu denken, abhilft, welches sonst ein Hindernis der moralischen Entschließung sein würde. Aber, was hier das Vornehmste ist, diese Idee geht aus der Moral hervor, und ist nicht die Grundlage derselben; ein Zweck, welchen sich zu machen schon sittliche Grundsätze voraussetzt. Es kann also der Moral nicht gleichgültig sein, ob sie sich den Begriff von einem Endzweck aller Dinge (wozu zusammen zu stimmen zwar die Zahl ihrer Pflichten nicht vermehrt, aber doch ihnen einen besondern Beziehungspunkt der Vereinigung aller Zwecke verschafft) mache, oder nicht; weil dadurch allein der Verbindung der Zweckmäßigkeit aus Freiheit mit der Zweckmäßigkeit der Natur, deren wir gar nicht entbehren können, objektiv praktische Realität verschafft werden kann. Setzt einen Menschen, der das moralische Gesetz verehrt und sich den Gedanken beifallen läßt (welches er schwerlich vermeiden kann), welche Welt er wohl durch die praktische Vernunft geleitet *erschaffen* würde, wenn es in seinem Vermögen wäre, und zwar so, daß er sich selbst als Glied in dieselbe hineinsetzte, so würde er sie nicht allein gerade so wählen, als es jene moralische Idee vom höchsten Gut mit sich bringt, wenn ihm bloß die Wahl überlassen wäre, sondern er würde auch wollen, daß eine Welt überhaupt existiere, weil das moralische Gesetz will, daß das höchste durch uns mögliche Gut bewirkt werde, ob er sich gleich nach dieser Idee selbst in Gefahr sieht, für seine Person an Glückseligkeit sehr einzubüßen, weil es möglich ist, daß er vielleicht der Forderung der letztern, welche die Vernunft zur Bedingung macht, nicht adäquat sein dürfte; mithin würde er dieses Urteil ganz parteilos, gleich als von einem Fremden gefället, doch zugleich für das seine anzuerkennen sich durch die Vernunft genötigt fühlen, wodurch der Mensch das in ihm moralisch gewirkte Bedürfnis beweist, zu seinen Pflichten sich noch einen Endzweck, als den Erfolg derselben, zu denken.

Moral also führt unumgänglich zur Religion, wodurch sie sich zur Idee eines machthabenden moralischen Gesetzgebers außer dem Menschen erweitert,[2] in dessen Willen dasjenige Endzweck (der Weltschöpfung) ist, was zugleich der Endzweck des Menschen sein kann und soll.

2   Der Satz: es ist ein Gott, mithin es ist ein höchstes Gut in der Welt, wenn er (als Glaubenssatz) bloß aus der Moral hervorgehen soll, ist ein synthetischer a priori, der, ob er gleich nur in praktischer Beziehung angenommen wird, doch über den Begriff der Pflicht, den die Moral enthält (und der keine Materie der Willkür, sondern bloß formale Gesetze derselben voraussetzt), hinausgeht, und aus dieser also analytisch nicht entwickelt werden kann. *Wie ist aber ein solcher Satz a priori möglich?* Das Zusammenstimmen mit der bloßen Idee eines moralischen Gesetzgebers aller Menschen ist zwar mit dem moralischen Begriffe von Pflicht überhaupt identisch, und sofern wäre der Satz, der diese Zusammenstimmung gebietet, analytisch. Aber die Annehmung seines Daseins sagt mehr, als die bloße Möglichkeit eines solchen Gegenstandes. Den Schlüssel zur Auflösung dieser Aufgabe, soviel ich davon einzusehen glaube, kann ich hier nur anzeigen, ohne sie auszuführen.

Zweck ist jederzeit der Gegenstand einer *Zuneigung,* das ist, einer unmittelbaren Begierde zum Besitz einer Sache, vermittelst seiner Handlung; so wie das *Gesetz* (das praktisch gebietet) ein Gegenstand der *Achtung* ist. Ein objektiver Zweck (d.i. derjenige, den wir haben sollen) ist der, welcher uns von der bloßen Vernunft als ein solcher aufgegeben wird. Der Zweck, welcher die unumgängliche und zugleich zureichende Bedingung aller übrigen enthält, ist der *Endzweck.* Eigene Glückseligkeit ist der subjektive Endzweck vernünftiger Weltwesen (den jedes derselben vermöge seiner von sinnlichen Gegenständen abhängigen Natur *hat,* und von dem es ungereimt wäre, zu sagen: daß man ihn haben *solle),* und alle praktische Sätze, die diesen Endzweck zum Grunde haben, sind synthetisch aber zugleich empirisch. Daß aber jedermann sich das höchste, in der Welt mögliche *Gut* zum *Endzwecke* machen solle, ist ein synthetischer praktischer Satz a priori, und zwar ein objektivpraktischer durch die reine Vernunft aufgegebener, weil er ein Satz ist, der über den Begriff der Pflichten in der Welt hinausgeht, und eine Folge derselben (einen Effekt) hinzutut, der in den moralischen Gesetzen nicht enthalten ist, und daraus also analytisch nicht entwickelt werden kann. Diese nämlich gebieten schlechthin, es mag auch der Erfolg derselben sein, welcher er wolle, ja sie nötigen sogar, davon gänzlich zu abstrahieren, wenn es auf eine besondre Handlung ankömmt, und machen dadurch die Pflicht zum Gegenstande der größten Achtung, ohne uns einen Zweck (und Endzweck) vorzulegen und aufzugeben, der etwa die Empfehlung derselben und die Triebfeder zur Erfüllung unsrer Pflicht ausmachen müßte. Alle Menschen könnten hieran auch genug haben, wenn sie (wie sie sollten) sich bloß an die Vorschrift der reinen Vernunft im Gesetz hielten. Was brauchen sie den Ausgang ihres moralischen Tuns und Lassens zu wissen, den der Weltlauf herbeiführen wird? Für sie ist's genug, daß sie ihre Pflicht tun; es mag nun auch mit dem irdischen Leben alles aus sein, und wohl gar selbst in diesem Glückseligkeit und Würdigkeit vielleicht niemals zusammentreffen. Nun ist's aber eine von den unvermeidlichen Einschränkungen des Menschen und seines (vielleicht auch aller andern Weltwesen) praktischen Vernunftvermögens, sich bei allen Handlungen nach dem Erfolg aus denselben umzusehen, um in diesem etwas aufzufinden, was zum Zweck für ihn dienen und auch die Reinigkeit der Absicht beweisen könnte, welcher in der Ausübung (nexu effectivo) zwar das letzte, in der Vorstellung aber und der Absicht (nexu finali) das erste ist. An diesem Zwecke nun, wenn er gleich durch die bloße Vernunft ihm vorgelegt wird; sucht der Mensch etwas, was er *lieben* kann; das Gesetz, also, was ihm bloß *Achtung* einflößt, ob es zwar jenes als Bedürfnis nicht anerkennt, erweitert sich doch zum Behuf desselben zu Aufnehmung des moralischen Endzwecks der Vernunft unter seine Bestimmungsgründe, das ist, der Satz: mache das höchste in der Welt mögliche Gut zu deinem Endzweck; ist ein synthetischer Satz a priori, der durch das moralische Gesetz selber eingeführt wird, und wodurch gleichwohl die praktische Vernunft sich über das letztere erweitert, welches dadurch möglich ist, daß jenes auf die Natureigenschaft des Menschen, sich zu allen Handlungen noch außer dem Gesetz noch einen Zweckdenken zu müssen, bezogen wird (welche Eigenschaft desselben ihn zum Gegenstande der Erfahrung macht), und ist (gleichwie die theoretischen und dabei synthetischen Sätze a priori) nur dadurch möglich, daß er das Prinzip a priori der Erkenntnis der Bestimmungsgründe einer freien Willkür in der Erfahrung überhaupt enthält, sofern diese, welche die Wirkungen der Moralität in ihren Zwecken darlegt, dem Begriff der Sittlichkeit, als Kausalität in der Welt, objektive, obgleich nur praktische Realität verschafft. – Wenn nun aber die strengste Beobachtung der moralischen Gesetze als Ursache der Herbeiführung des höchsten Guts (als Zwecks) gedacht werden soll: so muß, weil das Menschenvermögen dazu nicht hinreicht, die Glückseligkeit in der Welt einstimmig mit der Würdigkeit glücklich zu sein zu bewirken, ein allvermögendes moralisches Wesen als Weltherrscher angenommen werden, unter dessen Vorsorge dieses geschieht, d.i. die Moral führt unausbleiblich zur Religion.

Wenn die Moral an der Heiligkeit ihres Gesetzes einen Gegenstand der größten *Achtung* erkennt, so stellt sie auf der Stufe der Religion an der höchsten, jene Gesetze vollziehenden Ursache einen Gegenstand der *Anbetung* vor, und erscheint in ihrer Majestät. Aber alles, auch das Erhabenste, verkleinert sich unter den Händen der Menschen, wenn sie die Idee desselben zu ihrem Gebrauch verwenden. Was nur sofern wahrhaftig verehrt werden kann, als die Achtung dafür frei ist, wird genötigt, sich nach solchen Formen zu bequemen, denen man nur durch Zwangsgesetze Ansehen verschaffen kann, und was sich von selbst der öffentlichen Kritik jedes Menschen bloßstellt, das muß sich einer Kritik, die Gewalt hat, d.i. einer Zensur unterwerfen.

Indessen, da das Gebot: gehorche der Obrigkeit! doch auch moralisch ist, und die Beobachtung desselben, wie die von allen Pflichten, zur Religion gezogen werden kann, so geziemt einer Abhandlung, welche dem bestimmten Begriffe der letztern gewidmet ist, selbst ein Beispiel dieses Gehorsams abzugeben, der aber nicht durch die Achtsamkeit bloß auf das Gesetz einer einzigen Anordnung im Staat, und blind in Ansehung jeder andern, sondern nur durch vereinigte Achtung für alle vereinigt bewiesen werden kann. Nun kann der Bücher richtende Theolog entweder als ein solcher angestellt sein, der bloß für das Heil der Seelen, oder auch als ein solcher, der zugleich für das Heil der Wissenschaften Sorge zu tragen hat; der erste Richter bloß als Geistlicher, der zweite zugleich als Gelehrter. Dem letztern als Gliede einer öffentlichen Anstalt, der (unter dem Namen einer Universität) alle Wissenschaften zur Kultur und zur Verwahrung gegen Beeinträchtigungen anvertraut sind, liegt es ob, die Anmaßungen des erstern auf die Bedingung einzuschränken, daß seine Zensur keine Zerstörung im Felde der Wissenschaften anrichte, und wenn beide biblische Theologen sind, so wird dem letztern als Universitätsgliede von derjenigen Fakultät, welcher diese Theologie abzuhandeln aufgetragen worden, die Oberzensur zukommen; weil, was die erste Angelegenheit (das Heil der Seelen) betrifft, beide einerlei Auftrag haben; was aber die zweite (das Heil der Wissenschaften) anlangt, der Theolog als Universitätsgelehrter noch eine besondere Funktion zu verwalten hat. Geht man von dieser Regel ab, so muß es endlich dahin kommen, wo es schon sonst (zum Beispiel zur Zeit des *Galileo*) gewesen ist, nämlich daß der biblische Theolog, um den Stolz der Wissenschaften zu demütigen und sich selbst die Bemühung mit denselben zu ersparen, wohl gar in die Astronomie, oder andere Wissenschaften, z.B. die alte Erdgeschichte, Einbrüche wagen, und, wie diejenigen Völker, die in sich selbst entweder nicht Vermögen, oder auch nicht Ernst genug finden, sich gegen besorgliche Angriffe zu verteidigen, alles um sich her in Wüstenei verwandeln, alle Versuche des menschlichen Verstandes in Beschlag nehmen dürfte.

Es steht aber der biblischen Theologie im Felde der Wissenschaften eine philosophische Theologie gegenüber, die das anvertraute Gut einer andern Fakultät ist. Diese, wenn sie nur innerhalb der Grenzen der bloßen Vernunft bleibt, und zur Bestätigung und Erläuterung ihrer Sätze die Geschichte, Sprachen, Bücher aller Völker, selbst die Bibel benutzt, aber nur für sich, ohne diese Sätze in die biblische Theologie hineinzutragen, und dieser ihre öffentlichen Lehren, dafür der Geistliche privilegiert ist, abändern zu wollen, muß volle Freiheit haben, sich, so weit, als ihre Wissenschaft reicht, auszubreiten; und obgleich, wenn ausgemacht ist, daß der erste wirklich seine Grenze überschritten, und in die biblische Theologie Eingriffe getan habe, dem Theologen (bloß als Geistlichen betrachtet) das Recht der Zensur nicht bestritten werden kann, so kann doch, sobald jenes noch bezweifelt wird, und also die Frage eintritt: ob jenes durch eine Schrift, oder einen andern öffentlichen Vortrag des Philosophen geschehen sei, nur dem biblischen Theologen, als *Gliede seiner Fakultät*, die Oberzensur zustehen, weil dieser auch das zweite Interesse des gemeinen Wesens, nämlich den Flor der Wissenschaften zu besorgen angewiesen, und eben so gültig als der erstere angestellt worden ist.

Und zwar steht in solchem Falle dieser Fakultät, nicht der philosophischen, die erste Zensur zu; weil jene allein für gewisse Lehren privilegiert ist, diese aber mit den ihrigen ein offnes freies Verkehr treibt, daher nur jene darüber Beschwerde führen kann, daß ihrem ausschließlichen Rechte Abbruch geschehe. Ein Zweifel wegen des Eingriffs aber ist, ungeachtet der Annäherung beider sämtlicher Lehren zu einander, und der Besorgnis des Überschreitens der Grenzen von Seiten der philosophischen Theologie, leicht zu verhüten, wenn man nur erwägt, daß dieser Unfug nicht dadurch geschieht, daß der Philosoph von der biblischen Theologie etwas *entlehnt*, um es zu seiner Absicht zu brauchen (denn die letztere wird selbst nicht in Abrede sein wollen, daß sie nicht vieles, was ihr mit den Lehren der bloßen Vernunft gemein ist, überdem auch manches zur Geschichtskunde oder Sprachgelehrsamkeit und für deren Zensur Gehöriges enthalte); gesetzt auch, er brauche das, was er aus ihr borgt, in einer der bloßen Vernunft angemessenen, der letztere aber vielleicht nicht gefälligen Bedeutung! sondern nur, sofern er in diese etwas *hineinträgt*, und sie dadurch auf andere Zwecke richten will, als es dieser ihre Einrichtung verstattet. – So kann man z.B. nicht sagen, daß der Lehrer des Naturrechts, der manche klassische Ausdrücke und Formeln für seine philosophische Rechtslehre aus dem Kodex der römischen entlehnt, in diese einen *Eingriff* tue, wenn er sich derselben, wie oft geschieht, auch nicht genau in demselben Sinn bedient, in welchem sie, nach den Auslegern des letztern, zu nehmen sein möchte, wofern er nur nicht will, die eigentlichen Juristen oder gar Gerichtshöfe sollten sie auch so brauchen. Denn, wäre das nicht zu seiner Befugnis gehörig, so könnte man auch umgekehrt den biblischen Theologen, oder den statutarischen Juristen beschuldigen, sie täten unzählige Eingriffe in das Eigentum der Philosophie, weil beide, da sie der Vernunft, und, wo es Wissenschaft gilt, der Philosophie nicht entbehren können, aus ihr sehr oft, ob zwar nur zu ihrem beiderseitigen Behuf, borgen müssen. Sollte es aber bei dem erstern darauf angesehen sein, mit der Vernunft in Religionsdingen, wo möglich, gar nichts zu schaffen zu haben, so kann man leicht voraussehen, auf wessen Seite der Verlust sein würde; denn eine Religion, die der Vernunft unbedenklich den Krieg ankündigt, wird es auf die Dauer gegen sie nicht aushalten. – Ich getraue mir sogar in Vorschlag zu bringen: ob es nicht wohlgetan sein würde, nach Vollendung der akademischen Unterweisung in der biblischen Theologie, jederzeit noch eine besondere Vorlesung über die reine *philosophische* Religionslehre (die sich alles, auch die Bibel, zu Nutze macht), nach einem Leitfaden, wie etwa dieses Buch (oder auch ein anderes, wenn man ein besseres von derselben Art haben kann), als zur vollständigen Ausrüstung des Kandidaten erforderlich, zum Beschlusse hinzuzufügen. – Denn die Wissenschaften gewinnen lediglich durch die Absonderung, sofern jede vorerst für sich ein Ganzes ausmacht, und nur dann allererst mit ihnen der Versuch angestellt wird, sie in Vereinigung zu betrachten. Da mag nun der biblische Theolog mit dem Philosophen einig sein, oder ihn widerlegen zu müssen glauben; wenn er ihn nur hört. Denn so kann er allein wider alle Schwierigkeiten, die ihm dieser machen dürfte, zum voraus bewaffnet sein. Aber diese zu verheimlichen, auch wohl als ungöttlich zu verrufen, ist ein armseliger Behelf, der nicht stichhält; beide aber zu vermischen, und von Seiten des biblischen Theologen nur gelegentlich flüchtige Blicke darauf zu werfen, ist ein

656

657

Mangel der Gründlichkeit, bei dem am Ende niemand recht weiß, wie er mit der Religionslehre im ganzen dran sei.

Von den folgenden vier Abhandlungen, in denen ich nun, die Beziehung der Religion auf die menschliche, teils mit guten teils bösen Anlagen behaftete, Natur bemerklich zu machen, das Verhältnis des guten und bösen Prinzips, gleich als zweier für sich bestehender, auf den Menschen einfließender, wirkenden Ursachen vorstelle, ist die erste schon in der Berlinischen Monatsschrift April 1792 eingerückt gewesen, konnte aber, wegen des genauen Zusammenhangs der Materien, von dieser Schrift, welche in den drei jetzt hinzukommenden die völlige

Ausführung derselben enthält, nicht wegbleiben.

Vorrede zur zweiten Auflage

In dieser ist, außer den Druckfehlern, und einigen wenigen verbesserten Ausdrücken, nichts geändert. Die neu hinzugekommenen Zusätze sind mit einem Kreuz † bezeichnet unter den Text gesetzt.

Von dem Titel dieses Werks (denn, in Ansehung der unter demselben verborgenen Absicht, sind auch Bedenken geäußert worden) merke ich noch an: Da *Offenbarung* doch auch reine *Vernunftreligion* in sich wenigstens begreifen *kann*, aber nicht umgekehrt diese das Historische der ersteren, so werde ich jene als eine *weitere* Sphäre des Glaubens, welche die letztere, als eine *engere*, in sich beschließt (nicht als zwei außer einander befindliche, sondern als konzentrische Kreise), betrachten können, innerhalb deren letzterem der Philosoph sich als reiner Vernunftlehrer (aus bloßen Prinzipien a priori) halten, hiebei also von aller Erfahrung abstrahieren muß. Aus diesem Standpunkte kann ich nun auch den zweiten Versuch machen, nämlich von irgend einer dafür gehaltenen Offenbarung auszugehen, und, indem ich von der reinen Vernunftreligion (so fern sie ein für sich bestehendes System ausmacht) abstrahiere, die Offenbarung, als *historisches System*, an moralische Begriffe bloß fragmentarisch halten und sehen, ob dieses nicht zu demselben reinen *Vernunftsystem* der Religion zurück führe, welches zwar nicht in theoretischer Absicht (wozu auch die technisch-praktische, der Unterweisungsmethode, als einer *Kunstlehre*, gezählt werden muß) aber doch in moralisch-praktischer Absicht selbständig und für eigentliche Religion, die, als Vernunftbegriff a priori (der nach Weglassung alles Empirischen übrig bleibt), nur in dieser Beziehung statt findet, hinreichend sei. Wenn dieses zutrifft, so wird man sagen können, daß zwischen Vernunft und Schrift nicht bloß Verträglichkeit, sondern auch Einigkeit anzutreffen sei, so daß, wer der einen (unter Leitung der moralischen Begriffe) folgt, nicht ermangeln wird, auch mit der anderen zusammen zu treffen. Träfe es sich nicht so, so würde man entweder zwei Religionen in einer Person haben, welches ungereimt ist, oder eine *Religion* und einen *Kultus*, in welchem Fall, da letzterer nicht (so wie Religion) Zweck an sich selbst ist, sondern nur als Mittel einen Wert hat, beide oft müßten zusammengeschüttelt werden, um sich auf kurze Zeit zu verbinden, alsbald aber wie Öl und Wasser sich wieder von einander scheiden, und das Reinmoralische (die Vernunftreligion) oben auf müßten schwimmen lassen.

Daß diese Vereinigung oder der Versuch derselben ein dem philosophischen Religionsforscher mit vollem Recht gebührendes Geschäft und nicht Eingriff in die ausschließlichen Rechte des biblischen Theologen sei, habe ich in der ersten Vorrede angemerkt. Seitdem habe ich diese Behauptung in der *Moral* des sel. *Michaelis* (Erster Teil, S. 5-11), eines in beiden Fächern wohl bewanderten Mannes, angeführt, und durch sein ganzes Werk ausgeübt gefunden, ohne daß die höhere Fakultät darin etwas ihren Rechten Präjudizierliches angetroffen hätte.

Auf die Urteile würdiger, genannter und ungenannter Männer, über diese Schrift, habe ich in dieser zweiten Auflage, da sie (wie alles auswärtige Literarische) in unseren Gegenden sehr spät einlaufen, nicht Bedacht nehmen können, wie ich wohl gewünscht hätte, vornehmlich in Ansehung der Annotationes quaedam theologicae etc. des berühmten Hrn. D. *Storr* in Tübingen, der sie mit seinem gewohnten Scharfsinn, zugleich auch mit einem den größten Dank verdienenden Fleiße und Billigkeit in Prüfung genommen hat, welche zu erwidern ich zwar vorhabens bin, es aber zu versprechen, der Beschwerden wegen, *die* das Alter, vornehmlich der Bearbeitung abstrakter Ideen, entgegen setzt, mir nicht getraue. – Eine Beurteilung, nämlich die in den *Greifswalder* N. Crit. Nachrichten 19. Stück, kann ich eben so kurz abfertigen, als es der Rezensent mit der Schrift selbst getan hat. Denn, sie ist seinem Urteile nach nichts anders, als Beantwortung der mir von mir selbst vorgelegten Frage: »wie ist das kirchliche System der Dogmatik in seinen Begriffen und Lehrsätzen nach reiner (theor. und prakt.) Vernunft möglich«. – »Dieser Versuch gehe also überall diejenige nicht an, die sein (K-s) System so wenig kennen und verstehen, als sie dieses zu können verlangen und für sie also als nicht existierend anzusehen sei.« 660 – Hierauf antworte ich: Es bedarf, um diese Schrift ihrem wesentlichen Inhalte nach zu verstehen, nur der gemeinen Moral, ohne sich auf die Kritik der p. Vernunft, noch weniger aber der theoretischen einzulassen, und, wem z.B. die Tugend, als Fertigkeit in pflichtmäßigen *Handlungen* (ihrer Legalität nach) virtus phaenomenon, dieselbe aber, als standhafte *Gesinnung* solcher Handlungen *aus Pflicht* (ihrer Moralität wegen) virtus noumenon genannt wird, so sind diese Ausdrücke nur der Schule wegen gebraucht, die Sache selbst aber in der populärsten Kinderunterweisung, oder Predigt, wenn gleich mit anderen Worten enthalten und leicht verständlich. Wenn man das letztere nur von den zur Religionslehre gezählten Geheimnissen von der göttlichen Natur rühmen könnte, die, als ob sie ganz populär wären, in die Katechismen gebracht werden, späterhin aber allererst in moralische Begriffe verwandelt werden müssen, wenn sie für jedermann verständlich werden sollen!

661 Königsberg, den 16. Januar 1794.

15

Erstes Stück. Von der Einwohnung des bösen Prinzips neben dem Guten; oder Über das radikale Böse in der menschlichen Natur

Daß die Welt im Argen liege: ist eine Klage, die so alt ist, als die Geschichte, selbst als die noch ältere Dichtkunst, ja gleich alt mit der ältesten unter allen Dichtungen, der Priesterreligion. Alle lassen gleichwohl die Welt vom Guten anfangen: vom goldenen Zeitalter, vom Leben im Paradiese, oder von einem noch glücklichern, in Gemeinschaft mit himmlischen Wesen. Aber dieses Glück lassen sie bald wie einen Traum verschwinden; und nun den Verfall ins Böse (das Moralische, mit welchem das Physische immer zu gleichen Paaren ging) zum Ärgern mit akzeleriertem Falle eilen:[3] so daß wir jetzt (dieses Jetzt aber ist so alt, als die Geschichte) in der letzten Zeit leben, der jüngste Tag und der Welt Untergang vor der Tür ist, und in einigen Gegenden von Hindostan der Weltrichter und Zerstörer *Ruttren* (sonst auch *Siba* oder *Siwen* genannt) schon als der jetzt machthabende Gott verehrt wird, nachdem der Welterhalter *Wischnu*, seines Amts, das er vom Weltschöpfer *Brahma* übernahm, müde, es schon seit Jahrhunderten niedergelegt hat.

Neuer, aber weit weniger ausgebreitet, ist die entgegengesetzte heroische Meinung, die wohl allein unter Philosophen, und in unsern Zeiten vornehmlich unter Pädagogen, Platz gefunden hat: daß die Welt gerade in umgekehrter Richtung, nämlich vom Schlechten zum Bessern, unaufhörlich (obgleich kaum merklich) fortrücke, wenigstens die Anlage dazu in der menschlichen Natur anzutreffen sei. Diese Meinung aber haben sie sicherlich nicht aus der Erfahrung geschöpft, wenn vom *Moralisch*-Guten oder Bösen (nicht von der Zivilisierung) die Rede ist; denn da spricht die Geschichte aller Zeiten gar zu mächtig gegen sie; sondern es ist vermutlich bloß eine gutmütige Voraussetzung der Moralisten von Seneca bis zu Rousseau, um zum unverdrossenen Anbau des vielleicht in uns liegenden Keimes zum Guten anzutreiben, wenn man nur auf eine

---

3 Aetas parentum, peior avis, tulit
   Nos nequiores, mox daturos
   Progeniem vitiosiorem. Horat.

natürliche Grundlage dazu im Menschen rechnen könne. Hiezu kömmt noch: daß, da man doch den Menschen von Natur (d.i. wie er gewöhnlich geboren wird) als, dem Körper nach, gesund annehmen muß, keine Ursache sei, ihn nicht auch der Seele nach eben so wohl von Natur für gesund und gut anzunehmen. Diese sittliche Anlage zum Guten in uns auszubilden, sei uns also die Natur selbst beförderlich. Sanabilibus aegrotamus malis, nosque *in rectum genitos* natura, si sanari velimus, adiuvat: sagt *Seneca*.

Weil es aber doch wohl geschehen sein könnte, daß man sich in beider angeblichen Erfahrung geirret hätte: so ist die Frage: ob nicht ein Mittleres wenigstens möglich sei, nämlich: daß der Mensch in seiner Gattung weder gut noch böse, oder allenfalls auch eines sowohl als das andere, zum Teil gut, zum Teil böse sein könne? – Man nennt aber einen Menschen böse, nicht darum, weil er Handlungen ausübt, welche böse (gesetzwidrig) sind; sondern weil diese so beschaffen sind, daß sie auf böse Maximen in ihm schließen lassen. Nun kann man zwar gesetzwidrige Handlungen durch Erfahrung bemerken, auch (wenigstens an sich selbst), daß sie mit Bewußtsein gesetzwidrig sind; aber die Maximen kann man nicht beobachten, sogar nicht allemal in sich selbst, mithin das Urteil, daß der Täter ein böser Mensch sei, nicht mit Sicherheit auf Erfahrung gründen. Also müßte sich aus einigen, ja aus einer einzigen mit Bewußtsein bösen Handlung, a priori auf eine böse zum Grunde liegende Maxime, und aus dieser auf einen in dem Subjekt allgemein liegenden Grund aller besondern moralisch-bösen Maximen, der selbst wiederum Maxime ist, schließen lassen, um einen Menschen böse zu nennen.

Damit man sich aber nicht sofort am Ausdrucke *Natur* stoße, welcher, wenn er (wie gewöhnlich) das Gegenteil des Grundes der Handlungen aus *Freiheit* bedeuten sollte, mit den Prädikaten *moralisch*-gut oder böse in geradem Widerspruch stehen würde: so ist zu merken: daß hier unter der Natur des Menschen nur der subjektive Grund des Gebrauchs seiner Freiheit überhaupt (unter objektiven moralischen Gesetzen), der vor aller in die Sinne fallenden Tat vorhergeht, verstanden werde; dieser Grund mag nun liegen, worin er wolle. Dieser subjektive Grund muß aber immer wiederum selbst ein Actus der Freiheit sein (denn sonst könnte der Gebrauch, oder Mißbrauch der Willkür des Menschen, in Ansehung des sittlichen Gesetzes, ihm nicht zugerechnet werden, und das Gute oder Böse in ihm nicht moralisch heißen). Mithin kann in keinem die Willkür durch Neigung *bestimmenden* Objekte, in keinem Naturtriebe, sondern nur in einer Regel, die die Willkür sich selbst für den Gebrauch ihrer Freiheit macht, d.i. in einer Maxime, der Grund des Bösen liegen. Von dieser muß nun nicht weiter gefragt werden können, was der subjektive Grund ihrer Annehmung, und nicht vielmehr der entgegengesetzten Maxime, im Menschen sei. Denn wenn dieser Grund zuletzt selbst keine Maxime mehr, sondern ein bloßer Naturtrieb wäre: so würde der Gebrauch der Freiheit ganz auf Bestimmung durch Natursachen zurückgeführt werden können: welches ihr aber widerspricht. Wenn wir also sagen: der Mensch ist von Natur gut, oder, er ist von Natur böse: so bedeutet dieses nur so viel, als: er enthält einen (uns unerforschlichen) ersten Grund[4] der Annehmung guter, oder der Annehmung böser (gesetzwidriger) Maximen; und zwar allgemein als Mensch, mithin so, daß er durch dieselbe zugleich den Charakter seiner Gattung ausdrückt.

Wir werden also von einem dieser Charaktere (der Unterscheidung des Menschen von andern möglichen vernünftigen Wesen) sagen; er ist ihm *angeboren*; und doch dabei uns immer bescheiden, daß nicht die Natur die Schuld derselben (wenn er böse ist), oder das Verdienst (wenn er gut ist) trage, sondern daß der Mensch selbst Urheber desselben sei. Weil aber der erste Grund der Annehmung unsrer Maximen, der selbst immer wiederum in der freien Willkür liegen muß, kein Faktum sein kann, das in der Erfahrung gegeben werden könnte: so heißt das Gute oder Böse im Menschen (als der subjektive erste Grund der Annehmung dieser oder jener Maxime, in Ansehung des moralischen Gesetzes) bloß in *dem* Sinne angeboren, als es vor allem in der Erfahrung gegebenen Gebrauche der Freiheit (in der frühesten Jugend bis zur Geburt zurück) zum Grunde gelegt wird, und so, als mit der Geburt zugleich im Men-

4 Daß der erste subjektive Grund der Annehmung moralischer Maximen unerforschlich sei, ist daraus schon vorläufig zu ersehen: daß, da diese Annehmung frei ist, der Grund derselben (warum ich z.B. eine böse und nicht vielmehr eine gute Maxime angenommen habe) in keiner Triebfeder der Natur, sondern immer wiederum in einer Maxime gesucht werden muß; und, da auch diese eben so wohl ihren Grund haben muß, außer der Maxime aber kein *Bestimmungsgrund* der freien Willkür angeführt werden soll und kann, man in der Reihe der subjektiven Bestimmungsgründe ins Unendliche immer weiter zurück gewiesen wird, ohne auf den ersten Grund kommen zu können.

schen vorhanden, vorgestellt wird: nicht daß die Geburt eben die Ursache davon sei.

Anmerkung

Dem Streite beider oben aufgestellten Hypothesen liegt ein disjunktiver Satz zum Grunde: *der Mensch ist* (von Natur) *entweder sittlich gut oder sittlich böse.* Es fällt aber jedermann leicht bei, zu fragen: ob es auch mit dieser Disjunktion seine Richtigkeit habe; und ob nicht jemand behaupten könne, der Mensch sei von Natur keines von beiden; ein andrer aber: er sei beides zugleich, nämlich in einigen Stücken gut, in andern böse. Die Erfahrung scheint sogar dieses Mittlere zwischen beiden Extremen zu bestätigen.

Es liegt aber der Sittenlehre überhaupt viel daran, keine moralische Mitteldinge, weder in Handlungen (adiaphora) noch in menschlichen Charakteren, so lange es möglich ist, einzuräumen: weil bei einer solchen Doppelsinnigkeit alle Maximen Gefahr laufen, ihre Bestimmtheit und Festigkeit einzubüßen. Man nennt gemeiniglich die, welche dieser strengen Denkungsart zugetan sind (mit einem Namen, der einen Tadel in sich fassen soll, in der Tat aber Lob ist): *Rigoristen*; und so kann man ihre Antipoden Latitudinarier nennen. Diese sind also entweder Latitudinarier der Neutralität, und mögen *Indifferentisten*, oder der Koalition, und können *Synkretisten* genannt werden.[5]

5 Wenn das Gute = a ist, so ist sein kontradiktorisch Entgegengesetztes das Nichtgute. Dieses ist nun die Folge entweder eines bloßen Mangels eines Grundes des Guten = 0, oder eines positiven Grundes des Widerspiels desselben = − a. Im letztern Falle kann das Nichtgute auch das positive Böse heißen. (In Ansehung des Vergnügens und Schmerzens gibt es ein dergleichen Mittleres, so daß das Vergnügen = a, der Schmerz a = − a, und der Zustand, worin keines von beiden angetroffen wird, die Gleichgültigkeit = 0 ist.) Wäre nun das moralische Gesetz in uns keine Triebfeder der Willkür: so würde Moralischgut (Zusammenstimmung der Willkür mit dem Gesetze) = a, Nichtgut = 0, dieses aber die bloße Folge vom Mangel einer moralischen Triebfeder = a × 0 sein. Nun ist es aber in uns Triebfeder = a; folglich ist der Mangel der Übereinstimmung der Willkür mit demselben (= 0) nur als Folge von einer realiter entgegengesetzten Bestimmung der Willkür, d.i. einer *Widerstrebung* derselben = − a, d.i. nur durch eine böse Willkür, möglich; und zwischen einer bösen und guten Gesinnung (innerem Prinzip der Maximen), nach welcher auch die

Die Beantwortung der gedachten Frage nach der rigoristischen Entscheidungsart[6] gründet sich auf der für die Moral wichtigen Bemerkung:

Moralität der Handlung beurteilt werden muß, gibt es also nichts Mittleres. Eine moralisch-gleichgültige Handlung (adiaphoron morale) würde eine bloß aus Naturgesetzen erfolgende Handlung sein, die also aufs sittliche Gesetz, als Gesetz der Freiheit, in gar keiner Beziehung steht; indem sie kein Faktum ist und in Ansehung ihrer weder *Gebot*, noch *Verbot*, noch auch *Erlaubnis* (gesetzliche *Befugnis*) statt findet, oder nötig ist.

6   Herr Prof. *Schiller* mißbilligt in seiner mit *Meisterhand* verfaßten Abhandlung (*Thalia* 1793, 3tes Stück) über *Anmut* und *Würde* in der Moral diese Vorstellungsart der Verbindlichkeit, als ob sie eine karthäuserartige Gemütsstimmung bei sich führe; allein ich kann, da wir in den wichtigsten Prinzipien einig sind, auch in diesem keine Uneinigkeit statuieren; wenn wir uns nur unter einander verständlich machen können. – Ich gestehe gern: daß ich dem *Pflichtbegriffe*, gerade um seiner Würde willen, keine *Anmut* beigesellen kann. Denn er enthält unbedingte Nötigung, womit Anmut in geradem Widerspruch steht. Die Majestät des Gesetzes (gleich dem auf Sinai) flößt Ehrfurcht ein (nicht Scheu, welche zurückstößt, auch nicht Reiz, der zur Vertraulichkeit einladet), welche *Achtung* des Untergebenen gegen seinen Gebieter, in diesem Fall aber, da dieser in uns selbst liegt, ein *Gefühl des Erhabenen* unserer eigenen Bestimmung erweckt, was uns mehr hinreißt als alles Schöne. – Aber die *Tugend*, d.i. die fest gegründete Gesinnung, seine Pflicht genau zu erfüllen, ist in ihren Folgen auch *wohltätig*, mehr wie alles, was Natur oder Kunst in der Welt leisten mag; und das herrliche Bild der Menschheit, in dieser ihrer Gestalt aufgestellt, verstattet gar wohl die Begleitung der *Grazien*, die aber, wenn noch von Pflicht allein die Rede ist, sich in ehrerbietiger Entfernung hatten. Wird aber auf die anmutigen Folgen gesehen, welche die Tugend, wenn sie überall Eingang fände, in der Welt verbreiten würde, so zieht alsdann die moralisch-gerichtete Vernunft die Sinnlichkeit (durch die Einbildungskraft) mit ins Spiel. Nur nach bezwungenen Ungeheuern wird Herkules *Musaget*, vor welcher Arbeit jene gute Schwester zurückbeben. Diese Begleiterinnen der Venus Urania sind Buhlschwestern im Gefolge der Venus Dione, sobald sie sich ins Geschäft der Pflichtbestimmung einmischen und die Triebfedern dazu hergeben wollen. – Frägt man nun, welcherlei ist die *ästhetische* Beschaffenheit, gleichsam das *Temperament der Tugend*, mutig, mithin *fröhlich*, oder ängstlich-gebeugt und niedergeschlagen? so ist kaum eine Antwort nötig. Die letztere sklavische Gemütsstimmung kann nie ohne einen verborgenen *Haß* des Gesetzes statt finden und das fröhliche Herz in *Befolgung* seiner Pflicht (nicht die Behaglichkeit in *Anerkennung* desselben) ist ein Zeichen der Echtheit tugendhafter Gesinnung, selbst in der

die Freiheit der Willkür ist von der ganz eigentümlichen Beschaffenheit, daß sie durch keine Triebfeder zu einer Handlung bestimmt werden kann, *als nur sofern der Mensch sie in seine Maxime aufgenommen hat* (es sich zur allgemeinen Regel gemacht hat, nach der er sich verhalten will); so allein kann eine Triebfeder, welche sie auch sei, mit der absoluten Spontaneität der Willkür (der Freiheit) zusammen bestehen. Allein das moralische Gesetz ist für sich selbst, im Urteile der Vernunft, Triebfeder, und, wer es zu seiner Maxime macht, ist *moralisch* gut. Wenn nun das Gesetz jemandes Willkür, in Ansehung einer auf dasselbe sich beziehenden Handlung, doch nicht bestimmt: so muß eine ihm entgegengesetzte Triebfeder auf die Willkür desselben Einfluß haben; und, da dieses vermöge der Voraussetzung nur dadurch geschehen kann, daß der Mensch diese (mithin auch die Abweichung vom moralischen Gesetze) in seine Maxime aufnimmt (in welchem Falle er ein böser Mensch ist): so ist seine Gesinnung in Ansehung des moralischen Gesetzes niemals indifferent (niemals keines von beiden, weder gut, noch böse).

670

Er kann aber auch nicht in einigen Stücken sittlich gut, in andern zugleich böse sein. Denn ist er in einem gut, so hat er das moralische Gesetz in seine Maxime aufgenommen; sollte er also in einem andern Stücke zugleich böse sein, so würde, weil das moralische Gesetz der Befolgung der Pflicht überhaupt nur ein einziges und allgemein ist, die auf dasselbe bezogene Maxime allgemein, zugleich aber nur eine besondere Maxime sein: welches sich widerspricht.[7]

> *Frömmigkeit*, die nicht in der Selbstpeinigung des reuigen Sünders (welche sehr zweideutig ist und gemeiniglich nur innerer Vorwurf ist, wider die Klugheitsregel verstoßen zu haben), sondern im festen Vorsatz, es künftig besser zu machen, besteht, der, durch den guten Fortgang angefeuert, eine fröhliche Gemütsstimmung bewirken muß, ohne welche man nie gewiß ist, das Gute auch *lieb gewonnen*, d.i. es in seine Maxime aufgenommen zu haben.

7   Die alten Moralphilosophen, die so ziemlich alles erschöpften, was über die Tugend gesagt werden kann, haben obige zwei Fragen auch nicht unberührt gelassen. Die erste drückten sie so aus: Ob die Tugend erlernt werden müsse (der Mensch also von Natur gegen sie und das Laster indifferent sei)? Die zweite war: Ob es mehr als eine Tugend gebe (mithin es nicht etwa statt finde, daß der Mensch in einigen Stücken tugendhaft, in andern lasterhaft sei)? Beides wurde von ihnen mit rigoristischer Bestimmtheit verneint, und das mit Recht; denn sie betrachteten die Tugend *an*

Die eine oder die andere Gesinnung als angeborne Beschaffenheit von Natur haben, bedeutet hier auch nicht, daß sie von dem Menschen, der sie hegt, gar nicht erworben, d.i. er nicht Urheber sei; sondern, daß sie nur nicht in der Zeit erworben sei (daß er eines oder das andere *von Jugend auf sei immerdar*). Die Gesinnung, d.i. der erste subjektive Grund der Annehmung der Maximen, kann nur eine einzige sein, und geht allgemein auf den ganzen Gebrauch der Freiheit. Sie selbst aber muß auch durch freie Willkür angenommen worden sein, denn sonst könnte sie nicht zugerechnet werden. Von dieser Annehmung kann nun nicht wieder der subjektive Grund, oder die Ursache, erkannt werden (obwohl darnach zu fragen unvermeidlich ist; weil sonst wiederum eine Maxime angeführt werden müßte, in welche diese Gesinnung aufgenommen worden, die eben so wiederum ihren Grund haben muß). Weil wir also diese Gesinnung, oder vielmehr ihren obersten Grund nicht von irgend einem ersten Zeit-Actus der Willkür ableiten können, so nennen wir sie eine Beschaffenheit der Willkür, die ihr (ob sie gleich in der Tat in der Freiheit gegründet ist) von Natur zukömmt. Daß wir aber unter dem Menschen, von dem wir sagen, er sei von Natur gut oder böse, nicht den einzelnen verstehen (da alsdann einer als von Natur gut, der andere als böse angenommen werden könnte), sondern die ganze Gattung zu verstehen befugt sind: kann nur weiterhin bewiesen werden, wenn es sich in der anthropologischen Nachforschung zeigt, daß die Gründe, die uns berechtigen, einem Menschen einen von beiden Charakteren als angeboren beizulegen, so beschaffen sind, daß kein Grund ist, einen Menschen davon auszunehmen, und er also von der Gattung gelte.

sich in der Idee der Vernunft (wie der Mensch sein soll). Wenn man dieses moralische Wesen aber, den Menschen, *in der Erscheinung*, d.i. wie ihn uns die Erfahrung kennen läßt, sittlich beurteilen will: so kann man beide angeführte Fragen bejahend beantworten; denn da wird er nicht auf der Waage der reinen Vernunft (vor einem göttlichen Gericht), sondern nach empirischem Maßstabe (von einem menschlichen Richter) beurteilt. Wovon in der Folge noch gehandelt werden wird.

I. Von der ursprünglichen Anlage zum Guten in der menschlichen Natur

Wir können sie, in Beziehung auf ihren Zweck, füglich auf drei Klassen, als Elemente der Bestimmung des Menschen, bringen:

1) Die Anlage für die *Tierheit* des Menschen, als eines *lebenden*;

2) Für die *Menschheit* desselben, als eines lebenden und zugleich *vernünftigen*;

3) Für seine *Persönlichkeit*, als eines vernünftigen, und zugleich der *Zurechnung fähigen* Wesens.[8]

1. Die Anlage für die *Tierheit* im Menschen kann man unter dem allgemeinen Titel der physischen und bloß *mechanischen* Selbstliebe, d.i. einer solchen bringen, wozu nicht Vernunft erfordert wird. Sie ist dreifach: *erstlich*, zur Erhaltung seiner selbst; *zweitens*, zur Fortpflanzung seiner Art, durch den Trieb zum Geschlecht, und zur Erhaltung dessen, was durch Vermischung mit demselben erzeugt wird; *drittens*, zur Gemeinschaft mit andern Menschen, d.i. der Trieb zur Gesellschaft. – Auf sie können allerlei Laster gepfropft werden (die aber nicht aus jener

8 Man kann diese nicht, als schon in dem Begriff der vorigen enthalten, sondern man muß sie notwendig als eine besondere Anlage betrachten. Denn es folgt daraus, daß ein Wesen Vernunft hat, gar nicht, daß diese ein Vermögen enthalte, die Willkür unbedingt, durch die bloße Vorstellung der Qualifikation ihrer Maximen zur allgemeinen Gesetzgebung zu bestimmen, und also für sich selbst praktisch zu sein; wenigstens so viel wir einsehen können. Das allervernünftigste Weltwesen könnte doch immer gewisser Triebfedern, die ihm von Objekten der Neigung herkommen, bedürfen, um seine Willkür zu bestimmen, hiezu aber die vernünftigste Überlegung, sowohl was die größte Summe der Triebfedern, als auch die Mittel, den dadurch bestimmten Zweck zu erreichen, betrifft, anwenden: ohne auch nur die Möglichkeit von so etwas, als das moralische schlechthin gebietende Gesetz ist, welches sich als selbst, und zwar höchste, Triebfeder ankündigt, zu ahnen. Wäre dieses Gesetz nicht in uns gegeben, wir würden es, als ein solches, durch keine Vernunft herausklügeln, oder der Willkür anschwatzen: und doch ist dieses Gesetz das einzige, was uns der Unabhängigkeit unsrer Willkür von der Bestimmung durch alle andern Triebfedern (unsrer Freiheit) und hiemit zugleich der Zurechnungsfähigkeit aller Handlungen bewußt macht.

Anlage, als Wurzel, von selbst entsprießen). Sie können Laster der *Rohigkeit* der Natur heißen, und werden, in ihrer höchsten Abweichung vom Naturzwecke, *viehische Laster*: der *Völlerei*, der *Wollust*, und der *wilden Gesetzlosigkeit* (im Verhältnisse zu andern Menschen) genannt.

2. Die Anlagen für die Menschheit können auf den allgemeinen Titel der zwar physischen, aber doch *vergleichenden* Selbstliebe (wozu Vernunft erfordert wird) gebracht werden; sich nämlich nur in Vergleichung mit andern als glücklich oder unglücklich zu beurteilen. Von ihr rührt die Neigung her, *sich in der Meinung anderer einen Wert zu verschaffen*; und zwar ursprünglich bloß den der *Gleichheit*: keinem über sich Überlegenheit zu verstatten, mit einer beständigen Besorgnis verbunden, daß andere darnach streben möchten; woraus nachgerade eine ungerechte Begierde entspringt, sie sich über andere zu erwerben. – Hierauf, nämlich auf *Eifersucht* und *Nebenbuhlerei*, können die größten Laster, geheimer und offenbarer Feindseligkeiten gegen alle, die wir als für uns Fremde ansehen, gepfropft werden: die eigentlich doch nicht aus der Natur, als ihrer Wurzel, von selbst entsprießen, sondern, bei der besorgten Bewerbung anderer zu einer uns verhaßten Überlegenheit über uns, Neigungen sind, sich der Sicherheit halber diese über andere als Vorbauungsmittel selbst zu verschaffen: da die Natur doch die Idee eines solchen Wetteifers (der an sich die Wechselliebe nicht ausschließt) nur als Triebfeder zur Kultur brauchen wollte. Die Laster, die auf diese Neigung gepfropft werden, können daher auch Laster der *Kultur* heißen; und werden im höchsten Grade ihrer Bösartigkeit (da sie alsdann bloß die Idee eines Maximum des Bösen sind, welches die Menschheit übersteigt), z.B. im *Neide*, in der *Undankbarkeit*, der *Schadenfreude*, u.s.w., *teuflische Laster* genannt.

3. Die Anlage für die *Persönlichkeit* ist die Empfänglichkeit der Achtung für das moralische Gesetz, *als einer für sich hinreichenden Triebfeder der Willkür*. Die Empfänglichkeit der bloßen Achtung für das moralische Gesetz in uns wäre das moralische Gefühl, welches für sich noch nicht einen Zweck der Naturanlage ausmacht, sondern nur, sofern es Triebfeder der Willkür ist. Da dieses nun lediglich dadurch möglich wird, daß die freie Willkür es in seine Maxime aufnimmt: so ist Beschaffenheit einer solchen Willkür der gute Charakter; welcher, wie überhaupt jeder Charakter der freien Willkür, etwas ist, das nur erworben werden kann, zu dessen Möglichkeit aber dennoch eine Anlage in unserer Natur vorhanden sein muß, worauf schlechterdings nichts Böses gepfropft werden

kann. Die Idee des moralischen Gesetzes allein, mit der davon unzertrennlichen Achtung, kann man nicht füglich eine *Anlage* für die *Persönlichkeit* nennen; sie ist die Persönlichkeit selbst (die Idee der Menschheit ganz intellektuell betrachtet). Aber, daß wir diese Achtung zur Triebfeder in unsere Maximen aufnehmen, der subjektive Grund hiezu scheint ein Zusatz zur Persönlichkeit zu sein, und daher den Namen einer Anlage zum Behuf derselben zu verdienen.

Wenn wir die genannten drei Anlagen nach den Bedingungen ihrer Möglichkeit betrachten, so finden wir, daß die *erste* keine Vernunft, die *zweite* zwar praktische, aber nur andern Triebfedern dienstbare, die *dritte* aber allein für sich selbst praktische, d.i. unbedingt gesetzgebende Vernunft zur Wurzel habe: Alle diese Anlagen im Menschen sind nicht allein (negativ) *gut* (sie widerstreiten nicht dem moralischen Gesetze), sondern sind auch Anlagen *zum Guten* (sie befördern die Befolgung desselben). Sie sind *ursprünglich*; denn sie gehören zur Möglichkeit der menschlichen Natur. Der Mensch kann die zwei ersteren zwar zweckwidrig brauchen, aber keine derselben vertilgen. Unter Anlagen eines Wesens verstehen wir sowohl die Bestandstücke, die dazu erforderlich sind, als auch die Formen ihrer Verbindung, um ein solches Wesen zu sein. Sie sind *ursprünglich*, wenn sie zu der Möglichkeit eines solchen Wesens notwendig gehören; *zufällig* aber, wenn das Wesen auch ohne dieselben an sich möglich wäre. Noch ist zu merken, daß hier von keinen andern Anlagen die Rede ist, als denen, die sich unmittelbar auf das Begehrungsvermögen und den Gebrauch der Willkür beziehen.

II. Von dem Hange zum Bösen in der menschlichen

Natur

Unter einem *Hange* (propensio) verstehe ich den subjektiven Grund der Möglichkeit einer Neigung (habituellen Begierde, concupiscentia), sofern sie für die Menschheit überhaupt zufällig ist.[9] Er unterscheidet sich

9 *Hang* ist eigentlich nur die *Prädisposition* zum Begehren eines Genusses, der, wenn das Subjekt die Erfahrung davon gemacht haben wird, *Neigung* dazu hervorbringt. So haben alle rohe Menschen einen Hang zu berauschenden Dingen; denn, obgleich viele von ihnen den Rausch gar nicht kennen, und also auch gar keine Begierde zu Dingen haben, die ihn bewir-

darin von einer Anlage, daß er zwar angeboren sein kann, aber doch nicht als solcher vorgestellt werden *darf*: sondern auch (wenn er gut ist) als *erworben*, oder (wenn er böse ist) als von dem Menschen selbst sich *zugezogen* gedacht werden kann. – Es ist aber hier nur vom Hange zum eigentlich, d.i. zum moralisch Bösen die Rede; welches, da es nur als Bestimmung der freien Willkür möglich ist, diese aber als gut oder böse nur durch ihre Maximen beurteilt werden kann, in dem subjektiven Grunde der Möglichkeit der Abweichung der Maximen vom moralischen Gesetze bestehen muß, und, wenn dieser Hang als allgemein zum Menschen (also, als zum Charakter seiner Gattung) gehörig angenommen werden darf, ein *natürlicher* Hang des Menschen zum Bösen genannt werden wird. – Man kann noch hinzusetzen, daß die aus dem natürlichen Hange entspringende Fähigkeit oder Unfähigkeit der Willkür, das moralische Gesetz in seine Maxime aufzunehmen, oder nicht, *das gute oder böse Herz* genannt werde.

Man kann sich drei verschiedene Stufen desselben denken. *Erstlich*, ist es die Schwäche des menschlichen Herzens in Befolgung genommener Maximen überhaupt, oder die *Gebrechlichkeit* der menschlichen Natur; *zweitens*, der Hang zur Vermischung unmoralischer Triebfedern mit den moralischen (selbst wenn es in guter Absicht, und unter Maximen des Guten geschähe), d.i. die *Unlauterkeit*; *drittens*, der Hang zur Annehmung böser Maximen, d.i. die *Bösartigkeit* der menschlichen Natur, oder des menschlichen Herzens.

Erstlich, die Gebrechlichkeit (fragilitas) der menschlichen Natur ist selbst in der Klage eines Apostels ausgedrückt: Wollen habe ich wohl, aber das Vollbringen fehlt, d.i. ich nehme das Gute (das Gesetz) in die Maxime meiner Willkür auf; aber dieses, welches objektiv in der Idee (in thesi) eine unüberwindliche Triebfeder ist, ist subjektiv (in hypothesi),

ken, so darf man sie solche doch nur einmal versuchen lassen, um eine kaum vertilgbare Begierde dazu bei ihnen hervorzubringen. – Zwischen dem Hange und der Neigung, welche Bekanntschaft mit dem Objekt des Begehrens voraussetzt, ist noch der *Instinkt*, welcher ein gefühltes Bedürfnis ist, etwas zu tun oder zu genießen, wovon man noch keinen Begriff hat (wie der Kunsttrieb bei Tieren, oder der Trieb zum Geschlecht). Von der Neigung an ist endlich noch eine Stufe des Begehrungsvermögens die *Leidenschaft* (nicht der *Affekt*, denn dieser gehört zum Gefühl der Lust und Unlust), welche eine Neigung ist, die die Herrschaft über sich selbst ausschließt.

wenn die Maxime befolgt werden soll, die schwächere (in Vergleichung mit der Neigung).

Zweitens, die *Unlauterkeit* (impuritas, improbitas) des menschlichen Herzens besteht darin: daß die Maxime dem Objekte nach (der beabsichtigten Befolgung des Gesetzes) zwar gut und vielleicht auch zur Ausübung kräftig genug, aber nicht rein moralisch ist, d.i. nicht, wie es sein sollte, das Gesetz *allein*, zur *hinreichenden* Triebfeder, in sich aufgenommen hat: sondern mehrenteils (vielleicht jederzeit) noch anderer Triebfedern außer derselben bedarf, um dadurch die Willkür zu dem, was Pflicht fordert, zu bestimmen. Mit andern Worten, daß pflichtmäßige Handlungen nicht rein aus Pflicht getan werden.

Drittens, die Bösartigkeit (vitiositas, pravitas), oder, wenn man lieber will, die *Verderbtheit* (corruptio) des menschlichen Herzens, ist der Hang der Willkür zu Maximen, die Triebfeder aus dem moralischen Gesetz andern (nicht moralischen) nachzusetzen. Sie kann auch die *Verkehrtheit* (perversitas) des menschlichen Herzens heißen, weil sie die sittliche Ordnung in Ansehung der Triebfedern einer *freien* Willkür umkehrt, und, ob zwar damit noch immer gesetzlich gute (legale) Handlungen bestehen können, so wird doch die Denkungsart dadurch in ihrer Wurzel (was die moralische Gesinnung betrifft) verderbt, und der Mensch darum als böse bezeichnet.

Man wird bemerken: daß der Hang zum Bösen hier am Menschen, auch dem besten (den Handlungen nach), aufgestellt wird, welches auch geschehen muß, wenn die Allgemeinheit des Hanges zum Bösen unter Menschen, oder, welches hier dasselbe bedeutet, daß er mit der menschlichen Natur verwebt sei, bewiesen werden soll.

Es ist aber zwischen einem Menschen von guten Sitten (bene moratus) und einem sittlich guten Menschen (moraliter bonus), was die Übereinstimmung der Handlungen mit dem Gesetz betrifft, kein Unterschied (wenigstens darf keiner sein); nur daß sie bei dem einen eben nicht immer, vielleicht nie, das Gesetz, bei dem andern aber es *jederzeit* zur alleinigen und obersten Triebfeder haben. Man kann von dem ersteren sagen: er befolge das Gesetz dem *Buchstaben* nach (d.i. was die Handlung angeht, die das Gesetz gebietet); vom zweiten aber: er beobachte es dem *Geiste* nach (der Geist des moralischen Gesetzes besteht darin, daß dieses allein zur Triebfeder hinreichend sei). *Was nicht aus diesem Glauben geschieht, das ist Sünde* (der Denkungsart nach). Denn, wenn andre Triebfedern nötig sind, die Willkür zu *gesetzmäßigen* Handlungen zu bestimmen, als das Gesetz selbst (z.B. Ehrbegierde, Selbstliebe überhaupt, ja gar gutherziger Instinkt, dergleichen das Mitleiden ist): so ist es bloß zufällig, daß diese mit dem Gesetz übereinstimmen: denn sie könnten eben sowohl zur Übertretung antreiben. Die Maxime, nach deren Güte aller moralische Wert der Person geschätzt werden muß, ist also doch gesetzwidrig, und der Mensch ist bei lauter guten Handlungen dennoch böse.

Folgende Erläuterung ist noch nötig, um den Begriff von diesem Hange zu bestimmen. Aller Hang ist entweder physisch, d.i. er gehört zur Willkür des Menschen als Naturwesens; oder er ist moralisch, d.i. zur Willkür desselben als moralischen Wesens gehörig. – Im ersteren Sinne gibt es keinen Hang zum moralisch Bösen; denn dieses muß aus der Freiheit entspringen; und ein physischer Hang (der auf sinnliche Antriebe gegründet ist) zu irgend einem Gebrauche der Freiheit, es sei zum Guten oder Bösen, ist ein Widerspruch. Also kann ein Hang zum Bösen nur dem moralischen Vermögen der Willkür ankleben. Nun ist 678 aber nichts sittlich- (d.i. zurechnungsfähig-) böse, als was unsere eigene *Tat* ist. Dagegen versteht man unter dem Begriffe eines Hanges einen subjektiven Bestimmungsgrund der Willkür, der *vor jeder Tat vorhergeht*, mithin selbst noch nicht *Tat* ist; da denn in dem Begriffe eines bloßen Hanges zum Bösen ein Widerspruch sein würde, wenn dieser Ausdruck nicht etwa in zweierlei verschiedener Bedeutung, die sich beide doch mit dem Begriffe der Freiheit vereinigen lassen, genommen werden könnte. Es kann aber der Ausdruck von einer Tat überhaupt sowohl von demjenigen Gebrauch der Freiheit gelten, wodurch die oberste Maxime (dem Gesetze gemäß oder zuwider) in die Willkür aufgenommen, als auch von demjenigen, da die Handlungen selbst (ihrer Materie nach, d.i. die Objekte der Willkür betreffend) jener Maxime gemäß ausgeübt werden. Der Hang zum Bösen ist nun Tat in der ersten Bedeutung (peccatum originarium), und zugleich der formale Grund aller gesetzwidrigen Tat im zweiten Sinne genommen, welche der Materie nach demselben widerstreitet, und Laster (peccatum derivativum) genannt wird; und die erste Verschuldung bleibt, wenn gleich die zweite (aus Triebfedern, die nicht im Gesetz selber bestehen) vielfältig vermieden würde. Jene ist intelligibele Tat, bloß durch Vernunft ohne alle Zeitbedingung erkennbar; diese sensibel, empirisch, in der Zeit gegeben (factum phaenomenon). Die erste heißt nun vornehmlich in Vergleichung mit der zweiten ein bloßer Hang, und angeboren, weil er nicht ausgerottet werden kann (als wozu die oberste Maxime die des Guten sein müßte, welche aber in jenem Hange selbst als böse angenommen wird); vornehmlich aber, weil wir davon: warum in uns das Böse gerade die oberste Maxime verderbt habe, obgleich dieses unsere eigene Tat ist, eben so wenig weiter eine Ursache angeben können, als von einer Grundeigenschaft, die zu unserer Natur gehört. – Man wird in dem jetzt Gesagten den Grund antreffen, warum wir in diesem Abschnitte gleich zu Anfange die drei Quellen des moralisch Bösen lediglich in demjenigen suchten, was nach Freiheitsgesetzen den obersten Grund der Nehmung oder Befolgung unserer Maximen; nicht was die Sinnlichkeit (als Rezeptivität) affiziert.

III. Der Mensch ist von Natur böse

Vitiis nemo sine nascitur. Horat.

Der Satz: der Mensch ist *böse*, kann nach dem Obigen nichts anders sagen wollen, als: er ist sich des moralischen Gesetzes bewußt, und hat doch die (gelegenheitliche) Abweichung von demselben in seine Maxime aufgenommen. Er ist *von Natur* böse, heißt so viel, als: dieses gilt von ihm in seiner Gattung betrachtet; nicht als ob solche Qualität aus seinem Gattungsbegriffe (dem eines Menschen überhaupt) könne gefolgert werden (denn alsdann wäre sie notwendig), sondern er kann nach dem, wie man ihn durch Erfahrung kennt, nicht anders beurteilt werden, oder man kann es, als subjektiv notwendig, in jedem, auch dem besten, Menschen voraussetzen. Da dieser Hang nun selbst als moralisch böse, mithin nicht als Naturanlage, sondern als etwas, was dem Menschen zugerechnet werden kann, betrachtet werden, folglich in gesetzwidrigen Maximen der Willkür bestehen muß; diese aber, der Freiheit wegen, für sich als zufällig angesehen werden müssen, welches mit der Allgemeinheit dieses Bösen sich wiederum nicht zusammen reimen will, wenn nicht der subjektive oberste Grund aller Maximen mit der Menschheit selbst, es sei, wodurch es wolle, verwebt und darin gleichsam gewurzelt ist: so werden wir diesen einen natürlichen Hang zum Bösen, und, da er doch immer selbstverschuldet sein muß, ihn selbst ein *radikales*, angebornes

29

(nichts destoweniger aber uns von uns selbst zugezogenes) *Böse* in der menschlichen Natur nennen können.

Daß nun ein solcher verderbter Hang im Menschen gewurzelt sein müsse, darüber können wir uns, bei der Menge schreiender Beispiele, welche uns die Erfahrung *an den Taten* der Menschen vor Augen stellt, den förmlichen Beweis ersparen. Will man sie aus demjenigen Zustande haben, in welchem manche Philosophen die natürliche Gutartigkeit der menschlichen Natur vorzüglich anzutreffen hofften, nämlich aus dem sogenannten *Naturstande*: so darf man nur die Auftritte von ungereizter Grausamkeit in den Mordszenen auf *Tofoa, Neuseeland*, den *Navigatorsinseln*, und die nie aufhörende in den weiten Wüsten des nordwestlichen Amerika (die Kapt. *Hearne* anführt), wo sogar kein Mensch den mindesten Vorteil davon hat,[10] mit jener Hypothese vergleichen, und man hat Laster der Rohigkeit, mehr als nötig ist, um von dieser Meinung abzugehen. Ist man aber für die Meinung gestimmt, daß sich die menschliche Natur im gesitteten Zustand (worin sich ihre Anlagen vollständiger entwickeln können) besser erkennen lasse: so wird man eine lange melancholische Litanei von Anklagen der Menschheit anhören müssen: von geheimer Falschheit, selbst bei der innigsten Freundschaft, so daß die Mäßigung des Vertrauens in wechselseitiger Eröffnung auch der besten Freunde zur allgemeinen Maxime der Klugheit im Umgange gezählt wird; von einem Hange, denjenigen zu hassen, dem man verbindlich ist, worauf ein Wohltäter jederzeit gefaßt sein müsse; von einem herzlichen Wohlwollen, welches doch die Bemerkung zuläßt, »es sei in

10 Wie der immerwährende Krieg zwischen den Arathavescau- und den Hundsrippen-Indianern keine andere Absicht, als bloß das Totschlagen hat. Kriegstapferkeit ist die höchste Tugend der Wilden, in ihrer Meinung. Auch im gesitteten Zustande ist sie ein Gegenstand der Bewunderung und ein Grund der vorzüglichen Achtung, die derjenige Stand fordert, bei dem diese das einzige Verdienst ist; und dieses nicht ohne allen Grund in der Vernunft. Denn daß der Mensch etwas haben und sich zum Zweck machen kenne, was er noch höher schätzt als sein Leben (die Ehre), wobei er allem Eigennutze entsagt, beweist doch eine gewisse Erhabenheit in seiner Anlage. Aber man sieht doch an der Behaglichkeit, womit die Sieger ihre Großtaten (des Zusammenhauens, Niederstoßens ohne Verschonen, u.d.gl.) preisen, daß bloß ihre Überlegenheit und die Zerstörung, welche sie bewirken konnten, ohne einen andern Zweck, das sei, worauf sie sich eigentlich etwas zu gute tun.

dem Unglück unsrer besten Freunde etwas, das uns nicht ganz mißfällt«; und von vielen andern unter dem Tugendscheine noch verborgenen, geschweige derjenigen Laster, die ihrer gar nicht hehl haben, weil uns der schon gut heißt, der *ein böser Mensch von der allgemeinen Klasse* ist: und er wird an den Lastern der *Kultur* und Zivilisierung (den kränkendsten unter allen) genug haben, um sein Auge lieber vom Betragen der Menschen abzuwenden, damit er sich nicht selbst ein anderes Laster, nämlich den Menschenhaß, zuziehe. Ist er aber damit noch nicht zufrieden, so darf er nur den aus beiden auf wunderliche Weise zusammengesetzten, nämlich den äußern Völkerzustand in Betrachtung ziehen, da zivilisierte Völkerschaften gegen einander im Verhältnisse des rohen Naturstandes (eines Standes der beständigen Kriegsverfassung) stehen, und sich auch fest in den Kopf gesetzt haben, nie daraus zu gehen; und er wird dem öffentlichen Vorgeben gerade widersprechende und doch nie abzulegende Grundsätze der großen Gesellschaften, *Staaten* genannt,[11] gewahr werden, die noch kein Philosoph mit der Moral hat in Einstimmung bringen, und doch auch (welches arg ist) keine bessern, die sich mit der menschlichen Natur vereinigen ließen, vorschlagen können: so daß der *philosophische Chiliasm*, der auf den Zustand eines ewigen, auf einen Völkerbund als Weltrepublik gegründeten, Friedens hofft, eben

11 Wenn man dieser ihre Geschichte bloß als das Phänomen der uns großenteils verborgenen inneren Anlagen der Menschheit ansieht, so kann man einen gewissen maschinenmäßigen Gang der Natur, nach Zwecken, die nicht ihre (der Völker) Zwecke, sondern Zwecke der Natur sind, gewahr werden. Ein jeder Staat strebt, so lange er einen andern neben sich hat, den er zu bezwingen hoffen darf, sich durch dieses Unterwerfung zu vergrößern und also zur Universalmonarchie, einer Verfassung, darin alle Freiheit, und mit ihr (was die Folge derselben ist) Tugend, Geschmack und Wissenschaft erlöschen müßte. Allein dieses Ungeheuer (in welchem die Gesetze allmählich ihre Kraft verlieren), nachdem es alte benachbarte verschlungen hat, löset sich endlich von selbst auf und teilt sich, durch Aufruhr und Zwiespalt, in viele kleinere Staaten, die, anstatt zu einem Staatenverein (Republik freier verbündeter Völker) zu streben, wiederum ihrerseits jeder dasselbe Spiel von neuem anfangen, um den Krieg (diese Geißel des menschlichen Geschlechts) ja nicht aufhören zu lassen, der, ob er gleich nicht so unheilbar böse ist, als das Grab der allgemeinen Alleinherrschaft (oder auch ein Völkerbund, um die Despotie in keinem Staate abkommen zu lassen), doch, wie ein Alter sagte, mehr böse Menschen macht, als er deren wegnimmt.

so wie der theologische, der auf des ganzen Menschengeschlechts vollendete moralische Besserung harret, als Schwärmerei allgemein verlacht wird.

Der Grund dieses Bösen kann nun 1) nicht, wie man ihn gemeiniglich anzugeben pflegt, *in der Sinnlichkeit* des Menschen, und den daraus entspringenden natürlichen Neigungen gesetzt werden. Denn nicht allein, daß diese keine gerade Beziehung aufs Böse haben (vielmehr zu dem, was die moralische Gesinnung in ihrer Kraft beweisen kann, zur Tugend die Gelegenheit geben): so dürfen wir ihr Dasein nicht verantworten (wir können es auch nicht; weil sie als anerschaffen uns nicht zu Urhebern haben), wohl aber den Hang zum Bösen, der, indem er die Moralität des Subjekts betrifft, mithin in ihm, als einem frei handelnden Wesen angetroffen wird, als selbst verschuldet ihm muß zugerechnet werden können: ungeachtet der tiefen Einwurzelung desselben in die Willkür, wegen welcher man sagen muß, er sei in dem Menschen von Natur anzutreffen. – Der Grund dieses Bösen kann auch 2) nicht in *einer Verderbnis* der moralisch-gesetzgebenden Vernunft gesetzt werden: gleich als ob diese das Ansehen des Gesetzes selbst in sich vertilgen, und die Verbindlichkeit aus demselben ableugnen könne; denn das ist schlechterdings unmöglich. Sich als ein frei handelndes Wesen, und doch von dem, einem solchen angemessenen, Gesetze (dem moralischen) entbunden denken, wäre so viel als eine ohne alle Gesetze wirkende Ursache denken (denn die Bestimmung nach Naturgesetzen fällt der Freiheit halber weg): welches sich widerspricht. – Um also einen Grund des Moralisch-Bösen im Menschen anzugeben, enthält die *Sinnlichkeit* zu wenig; denn sie macht den Menschen, indem sie die Triebfedern, die aus der Freiheit entspringen können, wegnimmt, zu einem bloß *tierischen*; eine vom moralischen Gesetze aber freisprechende, gleichsam *boshafte Vernunft* (ein schlechthin böser Wille) enthält dagegen zu viel, weil dadurch der Widerstreit gegen das Gesetz selbst zur Triebfeder (denn ohne alle Triebfeder kann die Willkür nicht bestimmt werden) erhoben, und so das Subjekt zu einem *teuflischen* Wesen gemacht werden würde. – Keines von beiden aber ist auf den Menschen anwendbar.

Wenn nun aber gleich das Dasein dieses Hanges zum Bösen in der menschlichen Natur, durch Erfahrungsbeweise des in der Zeit wirklichen Widerstreits der menschlichen Willkür gegen das Gesetz, dargetan werden kann, so lehren uns diese doch nicht die eigentliche Beschaffenheit desselben, und den Grund dieses Widerstreits; sondern diese, weil sie eine Beziehung der freien Willkür (also einer solchen, deren Begriff nicht empirisch ist) auf das moralische Gesetz als Triebfeder (worin der Begriff gleichfalls rein intellektuell ist) betrifft, muß aus dem Begriffe des Bösen, sofern es nach Gesetzen der Freiheit (der Verbindlichkeit und Zurechnungsfähigkeit) möglich ist, a priori erkannt werden. Folgendes ist die Entwickelung des Begriffs.

Der Mensch (selbst der ärgste) tut, in welchen Maximen es auch sei, auf das moralische Gesetz nicht gleichsam rebellischerweise (mit Aufkündigung des Gehorsams) Verzicht. Dieses dringt sich ihm vielmehr, kraft seiner moralischen Anlage, unwiderstehlich auf; und wenn keine andere Triebfeder dagegen wirkte, so würde er es auch als hinreichenden Bestimmungsgrund der Willkür in seine oberste Maxime aufnehmen, d.i. er würde moralisch gut sein. Er hängt aber doch auch, vermöge seiner gleichfalls schuldlosen Naturanlage, an den Triebfedern der Sinnlichkeit, und nimmt sie (nach dem subjektiven Prinzip der Selbstliebe) auch in seine Maxime auf. Wenn er diese aber, *als für sich allein hinreichend* zur Bestimmung der Willkür, in seine Maxime aufnähme, ohne sich ans moralische Gesetz (welches er doch in sich hat) zu kehren: so würde er moralisch böse sein. Da er nun natürlicherweise beide in dieselbe aufnimmt; da er auch jede für sich, wenn sie allein wäre, zur Willensbestimmung hinreichend finden würde: so würde er, wenn der Unterschied der Maximen bloß auf den Unterschied der Triebfedern 684 (der Materie der Maximen), nämlich, ob das Gesetz, oder der Sinnenantrieb eine solche abgeben, ankäme, moralisch gut und böse zugleich sein; welches sich (nach der Einleitung) widerspricht. Also muß der Unterschied, ob der Mensch gut oder böse sei, nicht in dem Unterschiede der Triebfedern, die er in seine Maxime aufnimmt (nicht in dieser ihrer Materie), sondern in der *Unterordnung* (der Form derselben) liegen: *welche von beiden er zur Bedingung der andern macht.* Folglich ist der Mensch (auch der beste) nur dadurch böse, daß er die sittliche Ordnung der Triebfedern, in der Aufnehmung derselben in seine Maximen, umkehrt: das moralische Gesetz zwar neben dem der Selbstliebe in dieselbe aufnimmt, da er aber inne wird, daß eins neben dem andern nicht bestehen kann, sondern eins dem andern, als seiner obersten Bedingung untergeordnet werden müsse, er die Triebfeder der Selbstliebe und ihre Neigungen zur Bedingung der Befolgung des moralischen Gesetzesmacht, da das letztere vielmehr als die *oberste Bedingung* der Befriedigung der ersteren in die allgemeine Maxime der Willkür als alleinige Triebfeder aufgenommen werden sollte.

Bei dieser Umkehrung der Triebfedern durch seine Maxime, wider die sittliche Ordnung, können die Handlungen dennoch wohl so gesetzmäßig ausfallen, als ob sie aus echten Grundsätzen entsprungen wären: wenn die Vernunft die Einheit der Maximen überhaupt, welche dem moralischen Gesetze eigen ist, bloß dazu braucht, um in die Triebfedern der Neigung, unter dem Namen *Glückseligkeit*, Einheit der Maximen, die ihnen sonst nicht zukommen kann, hinein zu bringen (z.B. daß die Wahrhaftigkeit, wenn man sie zum Grundsatze annähme, uns der Ängstlichkeit überhebt, unseren Lügen die Übereinstimmung zu erhalten, und uns nicht in den Schlangenwindungen derselben selbst zu verwickeln); da dann der empirische Charakter gut, der intelligibele aber immer noch böse ist.

Wenn nun ein Hang dazu in der menschlichen Natur liegt, so ist im Menschen ein natürlicher Hang zum Bösen; und dieser Hang selber, weil er am Ende doch in einer freien Willkür gesucht werden muß, mithin zugerechnet werden kann, ist moralisch böse. Dieses Böse ist *radikal*, weil es den Grund aller Maximen verdirbt; zugleich auch, als natürlicher Hang, durch menschliche Kräfte nicht zu *vertilgen*, weil dieses nur durch gute Maximen geschehen könnte, welches, wenn der oberste subjektive Grund aller Maximen als verderbt vorausgesetzt wird, nicht statt finden kann; gleichwohl aber muß er zu *überwiegen* möglich sein, weil er in dem Menschen als frei handelndem Wesen angetroffen wird.

Die Bösartigkeit der menschlichen Natur ist also nicht sowohl *Bosheit*, wenn man dieses Wort in strenger Bedeutung nimmt, nämlich als eine Gesinnung (subjektives *Prinzip* der Maximen), das Böse *als Böses* zur Triebfeder in seine Maxime aufzunehmen (denn die ist teuflisch); sondern vielmehr *Verkehrtheit* des Herzens, welches nun, der Folge wegen, auch ein *böses Herz* heißt, zu nennen. Dieses kann mit einem, im allgemeinen guten Willen zusammen bestehen; und entspringt aus der Gebrechlichkeit der menschlichen Natur, zu Befolgung seiner genommenen Grundsätze nicht stark genug zu sein, mit der Unlauterkeit verbunden, die Triebfedern (selbst gut beabsichtigter Handlungen) nicht nach moralischer Richtschnur von einander abzusondern, und daher zuletzt, wenn es hoch kömmt, nur auf die Gemäßheit derselben mit dem Gesetz, und nicht auf die Ableitung von demselben, d.i. auf dieses, als die alleinige Triebfeder zu sehen. Wenn hieraus nun gleich nicht eben immer eine gesetzwidrige Handlung und ein Hang dazu, d.i. das *Laster*, entspringt: so ist die Denkungsart, sich die Abwesenheit desselben schon für Angemessenheit der *Gesinnung* zum Gesetze der Pflicht (für *Tugend*) auszulegen (da hiebei auf die Triebfeder in der Maxime gar nicht, sondern nur auf die Befolgung des Gesetzes dem Buchstaben nach, gesehen wird), selbst schon eine radikale Verkehrtheit im menschlichen Herzen zu nennen.

Diese *angeborne* Schuld (reatus), welche so genannt wird, weil sie sich so früh, als sich nur immer der Gebrauch der Freiheit im Menschen äußert, wahrnehmen läßt, und nichts destoweniger doch aus der Freiheit entsprungen sein muß, und daher zugerechnet werden kann, kann in ihren zwei ersteren Stufen (der Gebrechlichkeit, und der Unlauterkeit) als unvorsätzlich (culpa), in der dritten aber als vorsätzliche Schuld (dolus), beurteilt werden; und hat zu ihrem Charakter eine gewisse *Tücke* des menschlichen Herzens (dolus malus), sich wegen seiner eigenen guten oder bösen Gesinnungen selbst zu betrügen, und, wenn nur die Handlungen das Böse nicht zur Folge haben, was sie nach ihren Maximen wohl haben könnten, sich seiner Gesinnung wegen nicht zu beunruhigen, sondern vielmehr vor dem Gesetze gerechtfertigt zu halten. Daher rührt die Gewissensruhe so vieler (ihrer Meinung nach gewissenhaften) Menschen, wenn sie mitten unter Handlungen, bei denen das Gesetz nicht zu Rate gezogen ward, wenigstens nicht das Meiste galt, nur den bösen Folgen glücklich entwischten, und wohl gar die Einbildung von Verdienst, keiner solcher Vergehungen sich schuldig zu fühlen, mit denen sie andere behaftet sehen: ohne doch nachzuforschen, ob es nicht bloß etwa Verdienst des Glücks sei, und ob nach der Denkungsart, die sie in ihrem Innern wohl aufdecken könnten, wenn sie nur wollten, nicht gleiche Laster von ihnen verübt worden wären, wenn nicht Unvermögen, Temperament, Erziehung, Umstände der Zeit und des Orts, die in Versuchung führen (lauter Dinge, die uns nicht zugerechnet werden können), davon entfernt gehalten hätten. Diese Unredlichkeit, sich selbst blauen Dunst vorzumachen, welche die Gründung echter moralischer Gesinnung in uns abhält, erweitert sich denn auch äußerlich zur Falschheit und Täuschung anderer; welche, wenn sie nicht Bosheit genannt werden soll, doch wenigstens Nichtswürdigkeit zu heißen verdient, und liegt in dem radikalen Bösen der menschlichen Natur, welches (indem es die moralische Urteilskraft in Ansehung dessen, wofür man einen Menschen halten solle, verstimmt, und die Zurechnung innerlich und äußerlich ganz ungewiß macht) den faulen Fleck unserer Gattung ausmacht, der, so lange wir ihn nicht herausbringen, den Keim des Guten hindert, sich, wie er sonst wohl tun würde, zu entwickeln.

Ein Mitglied des englischen Parlaments stieß in der Hitze die Behauptung aus: »Ein jeder Mensch hat seinen Preis, für den er sich weggibt«. Wenn dieses wahr ist (welches dann ein jeder bei sich ausmachen mag); wenn es überall keine Tugend gibt, für die nicht ein Grad der Versuchung gefunden werden kann, der vermögend ist, sie zu stürzen; wenn, ob der böse oder der gute Geist uns für seine Partei gewinne, es nur darauf ankömmt, wer das Meiste bietet, und die prompteste Zahlung leistet: so möchte wohl vom Menschen allgemein wahr sein, was der Apostel sagt: »Es ist hier kein Unterschied, sie sind allzumal Sünder – es ist Keiner, der Gutes tue (nach dem Geiste des Gesetzes), auch nicht einer«.[12]

IV. Vom Ursprunge des Bösen in der menschlichen

Natur

Ursprung (der erste) ist die Abstammung einer Wirkung von ihrer ersten, d.i. derjenigen Ursache, welche nicht wiederum Wirkung einer

12 Von diesem Verdammungsurteile der moralisch richtenden Vernunft ist der eigentliche Beweis nicht in diesem, sondern im vorigen Abschnitte enthalten; dieser enthält nur die Bestätigung desselben durch Erfahrung, welche aber nie die Wurzel des Bösen, in der obersten Maxime der freien Willkür in Beziehung aufs Gesetz, aufdecken kann, die, als *intelligibele Tat* vor aller Erfahrung vorhergeht. – Hieraus, d.i. aus der Einheit der obersten Maxime, bei der Einheit des Gesetzes, worauf sie sich bezieht, läßt sich auch einsehen: warum der reinen intellektuellen Beurteilung des Menschen der Grundsatz der Ausschließung des Mittleren zwischen Gut und Böse zum Grunde liegen müsse; indessen daß der empirischen Beurteilung aus *sensibler Tat* (dem wirklichen Tun und Lassen) der Grundsatz untergelegt werden kann: daß es ein Mittleres zwischen diesen Extremen gebe, einerseits ein Negatives der Indifferenz, vor aller Ausbildung, andererseits ein Positives der Mischung, teils gut, teils böse zu sein. Aber die letztere ist nur Beurteilung der Moralität des Menschen in der Erscheinung, und ist der ersteren im Endurteile unterworfen.

andern Ursache von derselben Art ist. Er kann entweder als *Vernunft–* oder als *Zeitursprung* in Betrachtung gezogen werden. In der ersten Bedeutung wird bloß das *Dasein* der Wirkung betrachtet; in der zweiten das *Geschehen* derselben, mithin sie als Begebenheit auf ihre *Ursache in der Zeit* bezogen. Wenn die Wirkung auf eine Ursache, die mit ihr doch nach Freiheitsgesetzen verbunden ist, bezogen wird, wie das mit dem moralisch Bösen der Fall ist: so wird die Bestimmung der Willkür zu ihrer Hervorbringung nicht als mit ihrem Bestimmungsgrunde in der Zeit, sondern bloß in der Vernunftvorstellung, verbunden gedacht, und kann nicht von irgend einem *vorhergehenden* Zustande abgeleitet werden; welches dagegen allemal geschehen muß, wenn die böse Handlung als *Begebenheit* in der Welt auf ihre Naturursache bezogen wird. Von den freien Handlungen, als solchen, den Zeitursprung (gleich als von Naturwirkungen) zu suchen, ist also ein Widerspruch; mithin auch von der moralischen Beschaffenheit des Menschen, sofern sie als zufällig betrachtet wird, weil diese den Grund des *Gebrauchs* der Freiheit bedeutet, welcher (so wie der Bestimmungsgrund der freien Willkür überhaupt) lediglich in Vernunftvorstellungen gesucht werden muß.

Wie nun aber auch der Ursprung des moralischen Bösen im Menschen immer beschaffen sein mag, so ist doch unter allen Vorstellungsarten, von der Verbreitung und Fortsetzung desselben durch alle Glieder unserer Gattung und in allen Zeugungen, die unschicklichste: es sich, als durch *Anerbung* von den ersten Eltern auf uns gekommen, vorzustellen; denn man kann vom Moralisch-Bösen eben das sagen, was der Dichter vom Guten sagt: – Genus, et proavos, et *quae non fecimus ipsi*, vix ea nostra puto.[13] – Noch ist zu merken: daß, wenn wir dem Ursprunge

---

13 Die drei sogenannten obern Fakultäten (auf hohen Schulen) würden, jede nach ihrer Art, sich diese Vererbung verständlich machen: nämlich, entweder als *Erbkrankheit*, oder *Erbschuld*, oder *Erbsünde*. 1) Die *medizinische Fakultät* würde sich das erbliche Böse etwa wie den Bandwurm vorstellen, von welchem wirklich einige Naturkündiger der Meinung sind, daß, da er sonst weder in einem Elemente außer uns, noch (von derselben Art) in irgend einem andern Tiere angetroffen wird, er schon in den ersten Eltern gewesen sein müsse. 2) Die *Juristenfakultät* würde es als die rechtliche Folge der Antretung einer uns von diesen hinterlassenen, aber mit einem schweren Verbrechen belasteten, *Erbschaft* ansehen (denn geboren werden ist nichts anders, als den Gebrauch der Güter der Erde, so fern sie zu unserer Fortdauer unentbehrlich sind, erwerben). Wir müssen also Zahlung leisten (büßen), und werden am Ende doch (durch den Tod) aus

des Bösen nachforschen, wir anfänglich noch nicht den Hang dazu (als peccatum in potentia) in Anschlag bringen, sondern nur das wirkliche Böse gegebener Handlungen, nach seiner innern Möglichkeit, und dem, was zur Ausübung derselben in der Willkür zusammenkommen muß, in Betrachtung ziehen.

Eine jede böse Handlung muß, wenn man den Vernunfturfsprung derselben sucht, so betrachtet werden, als ob der Mensch unmittelbar aus dem Stande der Unschuld in sie geraten wäre. Denn: wie auch sein voriges Verhalten gewesen sein mag, und welcherlei auch die auf ihn einfließenden Naturursachen sein mögen, imgleichen ob sie in oder außer ihm anzutreffen sein: so ist seine Handlung doch frei, und durch keine dieser Ursachen bestimmt, kann also und muß immer als ein *ursprünglicher* Gebrauch seiner Willkür beurteilt werden. Er sollte sie unterlassen haben, in welchen Zeitumständen und Verbindungen er auch immer gewesen sein mag; denn durch keine Ursache in der Welt kann er aufhören, ein frei handelndes Wesen zu sein. Man sagt zwar mit Recht: dem Menschen werden auch die aus seinen ehemaligen freien, aber gesetzwidrigen Handlungen entspringenden *Folgen* zugerechnet; dadurch aber will man nur sagen: man habe nicht nötig, sich auf diese Ausflucht einzulassen, und auszumachen, ob die letztern frei sein mögen, oder nicht, weil schon in der geständlich freien Handlung, die ihre Ursache war, hinreichender Grund der Zurechnung vorhanden ist. Wenn aber jemand bis zu einer unmittelbar bevorstehenden freien Handlung auch noch so böse gewesen wäre (bis zur Gewohnheit als anderer Natur): so ist es nicht allein seine Pflicht gewesen, besser zu sein; sondern es ist jetzt noch seine Pflicht, sich zu bessern: er muß es also auch können, und ist, wenn er es nicht tut, der Zurechnung in dem Augenblicke der Handlung eben so fähig und unterworfen, als ob er, mit der natürlichen Anlage zum Guten (die von der Freiheit unzertrennlich ist) begabt, aus dem Stande der Unschuld zum Bösen übergeschritten wäre. – Wir

diesem Besitze geworfen. Wie recht ist von Rechts wegen! 3) Die *theologische Fakultät* würde dieses Böse als persönliche Teilnehmung unserer ersten Eltern an dem *Abfall* eines verworfenen Aufrührers ansehen; entweder daß wir (ob zwar jetzt dessen unbewußt) damals selbst mitgewirkt haben; oder nur jetzt, unter seiner (als Fürsten dieser Welt) Herrschaft geboren, uns die Güter derselben mehr, als den Oberbefehl des himmlischen Gebieters gefallen lassen, und nicht Treue genug besitzen, uns davon loszureißen, dafür aber künftig auch sein Los mit ihm teilen müssen.

können also nicht nach dem Zeitursprunge, sondern müssen bloß nach dem Vernunftursprunge dieser Tat fragen, um darnach den Hang, d.i. den subjektiven allgemeinen Grund der Aufnehmung einer Übertretung in unsere Maxime, wenn ein solcher ist, zu bestimmen, und wo möglich zu erklären.

Hiermit stimmt nun die Vorstellungsart, deren sich die Schrift bedient, den Ursprung des Bösen als einen *Anfang* desselben in der Menschengattung zu schildern, ganz wohl zusammen: indem sie ihn in einer Geschichte vorstellig macht, wo, was der Natur der Sache nach (ohne auf Zeitbedingung Rücksicht zu nehmen) als das Erste gedacht werden muß, als ein solches der Zeit nach erscheint. Nach ihr fängt das Böse nicht von einem zum Grunde liegenden Hange zu demselben an, weil sonst der Anfang desselben nicht aus der Freiheit entspringen würde; sondern von der *Sünde* (worunter die Übertretung des moralischen Gesetzes als *göttlichen Gebots* verstanden wird); der Zustand des Menschen aber, vor allem Hange zum Bösen, heißt der Stand der *Unschuld*. Das moralische Gesetz ging, wie es auch beim Menschen, als einem nicht reinen, sondern von Neigungen versuchten, Wesen sein muß, als *Verbot* voraus (1. Mose II, 16. 17). Anstatt nun diesem Gesetze, als hinreichender Triebfeder (die allein unbedingt gut ist, wobei auch weiter kein Bedenken statt findet), gerade zu folgen, sah sich der Mensch doch noch nach andern Triebfedern um (III, 6), die nur bedingterweise (nämlich, so fern dem Gesetze dadurch nicht Eintrag geschieht) gut sein können, und machte es sich, wenn man die Handlung als mit Bewußtsein aus Freiheit entspringend denkt, zur Maxime, dem Gesetze der Pflicht nicht aus Pflicht, sondern auch allenfalls aus Rücksicht auf andere Absichten zu folgen. Mithin fing er damit an, die Strenge des Gebots, welches den Einfluß jeder andern Triebfeder ausschließt, zu bezweifeln, hernach den Gehorsam gegen dasselbe zu einem bloß (unter dem Prinzip der Selbstliebe) bedingten eines Mittels herab zu vernünfteln;[14] woraus dann endlich

14 Alle bezeugte Ehrerbietung gegen das moralische Gesetz, ohne ihm doch, als für sich hinreichender Triebfeder, in seiner Maxime das Übergewicht über alle andere Bestimmungsgründe der Willkür einzuräumen, ist geheuchelt, und der Hang dazu innere Falschheit, d.i. ein Hang, sich in der Deutung des moralischen Gesetzes zum Nachteil desselben selbst zu belügen (III, 5); weswegen auch die Bibel (christlichen Anteils) den Urheber des Bösen (der in uns selbst liegt) den Lügner von Anfang nennt, und so den Menschen in Ansehung dessen, was der Hauptgrund des Bösen in ihm zu sein scheint, charakterisiert.

das Übergewicht der sinnlichen Antriebe über die Triebfeder aus dem Gesetz in die Maxime zu handeln aufgenommen, und so gesündigt ward (III, 6). Mutato nomine de te fabula narratur. Daß wir es täglich eben so machen, mithin »in Adam alle gesündigt haben« und noch sündigen, ist aus dem Obigen klar; nur daß bei uns schon ein angeborner Hang zur Übertretung, in dem ersten Menschen aber kein solcher, sondern Unschuld, der Zeit nach, vorausgesetzt wird, mithin die Übertretung bei diesem ein *Sündenfall* heißt: statt daß sie bei uns, als aus der schon angebornen Bösartigkeit unserer Natur erfolgend, vorgestellt wird. Dieser Hang aber bedeutet nichts weiter, als daß, wenn wir uns auf die Erklärung des Bösen, seinem *Zeitanfange* nach, einlassen wollen, wir bei jeder vorsätzlichen Übertretung die Ursachen in einer vorigen Zeit unsers Lebens bis zurück in diejenige, wo der Vernunftgebrauch noch nicht entwickelt war, mithin bis zu einem Hange (als natürliche Grundlage) zum Bösen, welcher darum angeboren heißt, die Quelle des Bösen verfolgen müßten: welches bei dem ersten Menschen, der schon mit völligem Vermögen seines Vernunftgebrauchs vorgestellt wird, nicht nötig, auch nicht tunlich ist; weil sonst jene Grundlage (der böse Hang) gar anerschaffen gewesen sein müßte; daher seine Sünde, unmittelbar als aus der Unschuld erzeugt, aufgeführt wird. – Wir müssen aber von einer moralischen Beschaffenheit, die uns soll zugerechnet werden, keinen Zeitursprung suchen; so unvermeidlich dieses auch ist, wenn wir ihr zufälliges Dasein *erklären* wollen (daher ihn auch die Schrift, dieser unserer Schwäche gemäß, so vorstellig gemacht haben mag).

Der Vernunfturstprung aber dieser Verstimmung unserer Willkür in Ansehung der Art, subordinierte Triebfedern zu oberst in ihre Maximen aufzunehmen, d.i. dieses Hanges zum Bösen, bleibt uns unerforschlich, weil er selbst uns zugerechnet werden muß, folglich jener oberste Grund aller Maximen wiederum die Annehmung einer bösen Maxime erfordern würde. Das Böse hat nur aus dem Moralisch-Bösen (nicht den bloßen Schranken unserer Natur) entspringen können; und doch ist die ursprüngliche Anlage (die auch kein anderer als der Mensch selbst verderben konnte, wenn diese Korruption ihm soll zugerechnet werden) eine Anlage zum Guten; für uns ist also kein begreiflicher Grund da, woher das moralische Böse in uns zuerst gekommen sein könne. – Diese Unbegreiflichkeit, zusamt der näheren Bestimmung der Bösartigkeit unserer

Gattung drückt die Schrift in der Geschichtserzählung[15] dadurch aus, daß sie das Böse, zwar im Weltanfange, doch noch nicht im Menschen, sondern in einem *Geiste* von ursprünglich erhabener Bestimmung voranschickt: wodurch also der *erste* Anfang alles Bösen überhaupt als für uns unbegreiflich (denn woher bei jenem Geiste das Böse?), der Mensch aber nur als *durch Verführung* ins Böse gefallen, also *nicht von Grund aus* (selbst der ersten Anlage zum Guten nach) verderbt, sondern als noch einer Besserung fähig, im Gegensatze mit einem verführenden *Geiste*, d.i. einem solchen Wesen, dem die Versuchung des Fleisches nicht zur Milderung seiner Schuld angerechnet werden kann, vorgestellt, und so dem ersteren, der bei einem verderbten Herzen doch immer noch einen guten Willen hat, Hoffnung einer Wiederkehr zu dem Guten, von dem er abgewichen ist, übrig gelassen wird.

Allgemeine Anmerkung. Von der Wiederherstellung der ursprünglichen Anlage zum Guten in ihre Kraft

Was der Mensch im moralischen Sinne ist, oder werden soll, gut oder böse, dazu muß er *sich selbst* machen, oder gemacht haben. Beides muß eine Wirkung seiner freien Willkür sein; denn sonst könnte es ihm nicht zugerechnet werden, folglich er weder *moralisch* gut noch böse sein.

15 Das hier Gesagte muß nicht dafür angesehen werden, als ob es Schriftauslegung sein solle, welche außerhalb den Grenzen der Befugnis der bloßen Vernunft liegt. Man kann sich über die Art erklären, wie man sich einen historischen Vortrag moralisch zu Nutze macht, ohne darüber zu entscheiden, ob das auch der Sinn des Schriftstellers sei, oder wir ihn nur hineinlegen: wenn er nur für sich und ohne allen historischen Beweis wahr, dabei aber zugleich der einzige ist, nach welchen wir aus einer Schriftstelle für uns etwas zur Besserung ziehen können, die sonst nur eine unfruchtbare Vermehrung unserer historischen Erkenntnis sein würde. Man muß nicht ohne Not über etwas, und das historische Ansehen desselben streiten, was, ob es so, oder anders verstanden werde, nichts dazu beiträgt, ein besserer Mensch zu werden, wenn, was dazu beitragen kann, auch ohne historischen Beweis erkannt wird, und gar ohne ihn erkannt werden muß. Das historische Erkenntnis, welches keine innere für jedermann gültige Beziehung hierauf hat, gehört unter die Adiaphora, mit denen es jeder halten mag, wie er es für sich erbaulich findet.

Wenn es heißt: er ist gut geschaffen, so kann das nichts mehr bedeuten, als er ist zum *Guten* erschaffen, und die ursprüngliche *Anlage* im Menschen ist gut; der Mensch ist es selber dadurch noch nicht, sondern, nachdem er die Triebfedern, die diese Anlage enthält, in seine Maxime aufnimmt, oder nicht (welches seiner freien Wahl gänzlich überlassen sein muß), macht er, daß er gut oder böse wird. Gesetzt, zum Gut- oder Besserwerden sei noch eine übernatürliche Mitwirkung nötig, so mag diese nur in der Verminderung der Hindernisse bestehen, oder auch positiver Beistand sein, der Mensch muß sich doch vorher würdig machen, sie zu empfangen, und diese Beihülfe *annehmen* (welches nichts Geringes ist), d.i. die positive Kraftvermehrung in seine Maxime aufnehmen, wodurch es allein möglich wird, daß ihm das Gute zugerechnet, und er für einen guten Menschen erkannt werde.

694

Wie es nun möglich sei, daß ein natürlicherweise böser Mensch sich selbst zum guten Menschen mache, das übersteigt alle unsere Begriffe; denn wie kann ein böser Baum gute Früchte bringen? Da aber doch nach dem vorher abgelegten Geständnisse ein ursprünglich (der Anlage nach) guter Baum arge Früchte hervorgebracht hat[16] und der Verfall vom Guten ins Böse (wenn man wohl bedenkt, daß dieses aus der Freiheit entspringt) nicht begreiflicher ist, als das Wiederaufstehen aus dem Bösen zum Guten: so kann die Möglichkeit des letztern nicht bestritten werden. Denn, ungeachtet jenes Abfalls, erschallt doch das Gebot: wir *sollen* bessere Menschen werden, unvermindert in unserer Seele; folglich müssen wir es auch können, sollte auch das, was wir tun können, für sich allein unzureichend sein, und wir uns dadurch nur eines für uns unerforschlichen höheren Beistandes empfänglich machen. – Freilich muß hiebei vorausgesetzt werden, daß ein Keim des Guten, in seiner ganzen Reinigkeit übrig geblieben, nicht vertilgt oder verderbt werden konnte, welcher gewiß nicht die Selbstliebe[17] sein kann; die, als Prinzip aller unserer Maximen angenommen, gerade die Quelle alles Bösen ist.

695

16 Der der Anlage nach gute Baum ist es noch nicht der Tat nach; denn wäre er es, so könnte er freilich nicht arge Früchte bringen; nur wenn der Mensch die für das moralische Gesetz in ihn gelegte Triebfeder in seine Maxime aufgenommen hat, wird er ein guter Mensch (der Baum schlechthin ein guter Baum) genannt.

17 Worte, die einen zwiefachen ganz verschiedenen Sinn annehmen können, halten öfters die Überzeugung aus den klarsten Gründen lange Zeit auf. Wie *Liebe* überhaupt, so kann auch *Selbstliebe* in die des *Wohlwollens* und

des *Wohlgefallens* (benevolentiae et complacentiae) eingeteilt werden, auch beide müssen (wie sich von selbst versteht) vernünftig sein. Die erste in seine Maxime aufnehmen, ist natürlich (denn wer wird nicht wollen, daß es ihm jederzeit wohl ergehe?). Sie ist aber sofern vernünftig, als teils in Ansehung des Zwecks nur dasjenige, was mit dem größten und dauerhaftesten Wohlergehen zusammen bestehen kann, teils zu jedem dieser Bestandstücke der Glückseligkeit die tauglichsten Mittel gewählt werden. Die Vernunft vertritt hier nur die Stelle einer Dienerin der natürlichen Neigung; die Maxime aber, die man deshalb annimmt, hat gar keine Beziehung auf Moralität. Wird sie aber zum unbedingten Prinzip der Willkür gemacht: so ist sie die Quelle eines unabsehlich großen Widerstreits gegen die Sittlichkeit. – Eine vernünftige Liebe des *Wohlgefallens an sich selbst* kann nun entweder so verstanden werden, daß wir uns in jenen schon genannten auf Befriedigung der Naturneigung abzweckenden Maximen (so fern jener Zweck durch Befolgung derselben erreicht wird) wohlgefallen; und da ist sie mit der Liebe des Wohlgefallens gegen sich selbst einerlei; man gefällt sich selbst, wie ein Kaufmann, dem seine Handlungsspekulationen gut einschlagen, und der sich wegen der dabei genommenen Maximen seiner guten Einsicht erfreut. Allein die Maxime der Selbstliebe des *unbedingten* (nicht von Gewinn oder Verlust als den Folgen der Handlung abhängenden) *Wohlgefallens* an sich selbst würde das innere Prinzip einer, allein unter der Bedingung der Unterordnung unserer Maximen unter das moralische Gesetz, uns möglichen Zufriedenheit sein. Kein Mensch, dem die Moralität nicht gleichgültig ist, kann an sich ein Wohlgefallen haben, ja gar ohne ein bitteres Mißfallen, an sich selbst, sein, der sich solcher Maximen bewußt ist, die mit dem moralischen Gesetze in ihm nicht übereinstimmen. Man könnte diese die *Vernunftliebe* seiner selbst nennen, welche alle Vermischung anderer Ursachen der Zufriedenheit aus den Folgen seiner Handlungen (unter dem Namen einer dadurch sich zu verschaffenden Glückseligkeit) mit den Triebfedern der Willkür verhindert. Da nun das letztere die unbedingte Achtung fürs Gesetz bezeichnet, warum will man durch den Ausdruck einer *vernünftigen*, aber nur unter der letzteren Bedingung *moralischen Selbstliebe* sich das deutliche Verstehen des Prinzips unnötigerweise erschweren, indem man sich im Zirkel herumdreht (denn man kann sich nur auf moralische Art selbst lieben; soferne man sich seiner Maxime bewußt ist, die Achtung fürs Gesetz zur höchsten Triebfeder seiner Willkür zu machen)? Glückseligkeit ist, unserer *Natur* nach, für uns, als von Gegenständen der Sinnlichkeit abhängige Wesen, das erste und das, was wir unbedingt begehren. Eben dieselbe ist unserer Natur nach (wenn man überhaupt das, was uns angeboren ist, so nennen will), als mit Vernunft und Freiheit begabter Wesen, bei weitem nicht das erste, noch auch unbedingt ein Gegenstand unserer Maximen; sondern dieses

Die Wiederherstellung der ursprünglichen Anlage zum Guten in uns ist also nicht Erwerbung einer *verlornen* Triebfeder zum Guten; denn diese, die in der Achtung fürs moralische Gesetz besteht, haben wir nie verlieren können, und wäre das letztere möglich, so würden wir sie auch nie wieder erwerben. Sie ist also nur die Herstellung der *Reinigkeit* desselben, als obersten Grundes aller unserer Maximen, nach welcher dasselbe nicht bloß mit andern Triebfedern verbunden, oder wohl gar diesen (den Neigungen) als Bedingungen untergeordnet, sondern in seiner ganzen Reinigkeit als für sich *zureichende* Triebfeder der Bestimmung der Willkür in dieselbe aufgenommen werden soll. Das ursprünglich Gute ist die *Heiligkeit der Maximen* in Befolgung seiner Pflicht; wodurch der Mensch, der diese Reinigkeit in seine Maxime aufnimmt, ob zwar darum noch nicht selbst heilig (denn zwischen der Maxime $\hphantom{}$696 und der Tat ist noch ein großer Zwischenraum), dennoch auf dem Wege dazu ist, sich ihr im unendlichen Fortschritt zu nähern. Der zur Fertigkeit gewordene feste Vorsatz in Befolgung seiner Pflicht heißt auch *Tugend*, der Legalität nach als ihrem *empirischen Charakter* (virtus phaenomenon). Sie hat also die beharrliche Maxime *gesetzmäßiger* Handlungen; die Triebfeder, deren die Willkür hiezu bedarf, mag man nehmen, woher man wolle. Daher wird Tugend in diesem Sinne *nach und nach* erworben, und heißt einigen eine lange Gewohnheit (in Beobachtung des Gesetzes), durch die der Mensch vom Hange zum Laster durch allmähliche Reformen seines Verhaltens, und Befestigung seiner Maximen in einen entgegengesetzten Hang übergekommen ist. Dazu ist nun nicht eben eine *Herzensänderung* nötig; sondern nur eine Änderung der *Sitten*. Der Mensch findet sich tugendhaft, wenn er sich in $\hphantom{}$697 Maximen, seine Pflicht zu beobachten, befestigt fühlt: obgleich nicht aus dem obersten Grunde aller Maximen, nämlich aus Pflicht; sondern der Unmäßige z.B. kehrt zur Mäßigkeit um der Gesundheit, der Lügenhafte zur Wahrheit um der Ehre, der Ungerechte zur bürgerlichen Ehrlichkeit um der Ruhe oder des Erwerbs willen, u.s.w. zurück. Alle nach dem gepriesenen Prinzip der Glückseligkeit. Daß aber jemand

ist die *Würdigkeit glücklich zu sein*, d.i. die Übereinstimmung aller unserer Maximen mit dem moralischen Gesetze. Daß diese nun objektiv die Bedingung sei, unter welcher der Wunsch der ersteren allein mit der gesetzgebenden Vernunft zusammenstimmen kann, darin besteht alle sittliche Vorschrift; und in der Gesinnung, auch nur so bedingt zu wünschen, die sittliche Denkungsart.

nicht bloß ein *gesetzlich*, sondern ein *moralisch* guter (Gott wohlgefälliger) Mensch, d.i. tugendhaft nach dem intelligiblen Charakter (virtus noumenon), werde, welcher, wenn er etwas als Pflicht erkennt, keiner andern Triebfeder weiter bedarf, als dieser Vorstellung der Pflicht selbst: das kann nicht durch allmähliche *Reform*, so lange die Grundlage der Maximen unlauter bleibt, sondern muß durch eine *Revolution* in der Gesinnung im Menschen (einen Übergang zur Maxime der Heiligkeit derselben) bewirkt werden; und er kann ein neuer Mensch, nur durch eine Art von Wiedergeburt, gleich als durch eine neue Schöpfung (Ev. Joh. III, 5; verglichen mit 1. Mose I, 2), und Änderung des Herzens werden.

Wenn der Mensch aber im Grunde seiner Maximen verderbt ist, wie ist es möglich, daß er durch eigene Kräfte diese Revolution zu Stande bringe, und von selbst ein guter Mensch werde? Und doch gebietet die Pflicht, es zu sein, sie gebietet uns aber nichts, als was uns tunlich ist. Dieses ist nicht anders zu vereinigen, als daß die Revolution für die Denkungsart, die allmähliche Reform aber für die Sinnesart (welche jener Hindernisse entgegenstellt), notwendig, und daher auch dem Menschen möglich sein muß. Das ist: wenn er den obersten Grund seiner Maximen, wodurch er ein böser Mensch war, durch eine einzige unwandelbare Entschließung umkehrt (und hiemit einen neuen Menschen anzieht): so ist er so fern, dem Prinzip und der Denkungsart nach, ein fürs Gute empfängliches Subjekt; aber nur in kontinuierlichem Wirken und Werden ein guter Mensch: d.i. er kann hoffen, daß er bei einer solchen Reinigkeit des Prinzips, welches er sich zur obersten Maxime seiner Willkür genommen hat, und der Festigkeit desselben, sich auf dem guten (obwohl schmalen) Wege eines beständigen *Fortschreitens* vom Schlechten zum Bessern befinde. Dies ist für denjenigen, der den intelligiblen Grund des Herzens (aller Maximen der Willkür) durchschauet, für den also diese Unendlichkeit des Fortschritts Einheit ist, d.i. für Gott so viel, als wirklich ein guter (ihm gefälliger) Mensch sein; und in sofern kann diese Veränderung als Revolution betrachtet werden; für die Beurteilung der Menschen aber, die sich und die Stärke ihrer Maximen nur nach der Oberhand, die sie über Sinnlichkeit in der Zeit gewinnen, schätzen können, ist sie nur als ein immer fortdauerndes Streben zum Bessern, mithin als allmähliche Reform des Hanges zum Bösen, als verkehrter Denkungsart, anzusehen.

698

Hieraus folgt, daß die moralische Bildung des Menschen nicht von der Besserung der Sitten, sondern von der Umwandlung der Denkungsart, und von Gründung eines Charakters anfangen müsse; ob man zwar gewöhnlicherweise anders verfährt, und wider Laster einzeln kämpft, die allgemeine Wurzel derselben aber unberührt läßt. Nun ist selbst der eingeschränkteste Mensch des Eindrucks einer desto größeren Achtung für eine pflichtmäßige Handlung fähig, je mehr er ihr in Gedanken andere Triebfedern, die durch die Selbstliebe auf die Maxime der Handlung Einfluß haben könnten, entzieht; und selbst Kinder sind fähig, auch die kleinste Spur von Beimischung unechter Triebfedern aufzufinden: da denn die Handlung bei ihnen augenblicklich allen moralischen Wert verliert. Diese Anlage zum Guten wird dadurch, daß man das *Beispiel* selbst von guten Menschen (was die Gesetzmäßigkeit derselben betrifft) anführt, und seine moralischen Lehrlinge die Unlauterkeit mancher Maximen aus den wirklichen Triebfedern ihrer Handlungen beurteilen läßt, unvergleichlich kultiviert, und geht allmählich in die Denkungsart über: so daß *Pflicht* bloß für sich selbst in ihren Herzen ein merkliches Gewicht zu bekommen anhebt. Allein tugendhafte Handlungen, so viel Aufopferung sie auch gekostet haben mögen, *bewundern* zu lehren, ist noch nicht die rechte Stimmung, die das Gemüt des Lehrlings fürs moralisch Gute erhalten soll. Denn so tugendhaft jemand auch sei, so ist doch alles, was er immer Gutes tun kann, bloß Pflicht; seine Pflicht aber tun, ist nichts mehr, als das tun, was in der gewöhnlichen sittlichen Ordnung ist, mithin nicht bewundert zu werden verdient. Vielmehr ist diese Bewunderung eine Abstimmung unsers Gefühls für Pflicht, gleich als ob es etwas Außerordentliches und Verdienstliches wäre, ihr Gehorsam zu leisten.

Aber eines ist in unserer Seele, welches, wenn wir es gehörig ins Auge fassen, wir nicht aufhören können, mit der höchsten Verwunderung zu betrachten, und wo die Bewunderung rechtmäßig, zugleich auch seelenerhebend ist; und das ist: die ursprüngliche moralische Anlage in uns überhaupt. – Was ist das (kann man sich selbst fragen) in uns, wodurch wir, von der Natur durch so viel Bedürfnisse beständig abhängige Wesen, doch zugleich über diese in der Idee einer ursprünglichen Anlage (in uns) so weit erhoben werden, daß wir sie insgesamt für nichts, und uns selbst des Daseins für unwürdig halten, wenn wir ihrem Genusse, der uns doch das Leben allein wünschenswert machen kann, einem Gesetze zuwider nachhängen sollten, durch welches unsere Vernunft mächtig gebietet, ohne doch dabei weder etwas zu verheißen noch zu drohen? Das Gewicht dieser Frage muß ein jeder Mensch von der gemeinsten Fähigkeit, der vorher von der Heiligkeit, die in der Idee der Pflicht liegt, belehrt worden, der sich aber nicht bis zur Nachforschung des Begriffes der Freiheit, welcher allererst aus diesem Gesetze hervorgeht,[18] versteigt, innigst fühlen; und selbst die Unbegreiflichkeit dieser eine göttliche Abkunft verkündigenden Anlage muß auf das Gemüt bis zur Begeiste-

18 Daß der Begriff der Freiheit der Willkür nicht vor dem Bewußtsein des moralischen Gesetzes in uns vorhergehe, sondern nur aus der Bestimmbarkeit unserer Willkür durch dieses, als ein unbedingtes Gebot, geschlossen werde: davon kann man sich bald überzeugen, wenn man sich fragt: ob man auch gewiß unmittelbar sich eines Vermögens bewußt sei, jede noch so große Triebfeder zur Übertretung (Phalaris licet imperet ut sis falsus, et admoto dictet periuria tauro) durch festen Vorsatz überwältigen zu können. Jedermann wird gestehen müssen: *er wisse nicht*, ob, wenn ein solcher Fall einträte, er nicht in seinem Vorsatz wanken würde. Gleichwohl aber gebietet ihm die Pflicht unbedingt: er *solle* ihm treu bleiben; und hieraus *schließt* er mit Recht: er müsse es auch *können*, und seine Willkür sei also frei. Die, welche diese unerforschliche Eigenschaft als ganz begreiflich vorspiegeln, machen durch das Wort *Determinismus* (dem Satze der Bestimmung der Willkür durch innere hinreichende Gründe) ein Blendwerk, gleich als ob die Schwierigkeit darin bestände, diesen mit der Freiheit zu vereinigen, woran doch niemand denkt; sondern: wie der *Prädeterminismus*, nach welchem willkürliche Handlungen als Begebenheiten ihre bestimmende Gründe *in der vorhergehenden Zeit* haben (die, mit dem, was sie in sich hält, nicht mehr in unserer Gewalt ist), mit der Freiheit, nach welcher die Handlung sowohl als ihr Gegenteil in dem Augenblicke des Geschehens in der Gewalt des Subjekts sein muß, zusammen bestehen könne: das ist's, was man einsehen will, und nie einsehen wird.
Der Begriff der *Freiheit* mit der Idee von Gott, als einem *notwendigen* Wesen, zu vereinigen hat gar keine Schwierigkeit; weil die Freiheit nicht in der Zufälligkeit der Handlung (daß sie gar nicht durch Gründe determiniert sei), d.i. nicht im Indeterminism (daß Gutes oder Böses zu tun Gott gleich möglich sein müsse, wenn man seine Handlung frei nennen sollte), sondern in der absoluten Spontaneität besteht, welche allein beim Prädeterminism Gefahr läuft, wo der Bestimmungsgrund der Handlung *in der vorigen Zeit* ist, mithin so, daß jetzt die Handlung nicht mehr in *meiner* Gewalt sondern in der Hand der Natur ist, mich unwiderstehlich bestimmt; da dann, weil in Gott keine Zeitfolge zu denken ist, diese Schwierigkeit wegfällt.

rung wirken, und es zu den Aufopferungen stärken, welche ihm die 700 Achtung für seine Pflicht nur auferlegen mag. Dieses Gefühl der Erhabenheit seiner moralischen Bestimmung öfter rege zu machen, ist als Mittel der Erweckung sittlicher Gesinnungen vorzüglich anzupreisen, weil es dem angebornen Hange zur Verkehrung der Triebfedern in den Maximen unserer Willkür gerade entgegen wirkt, um in der unbedingten Achtung fürs Gesetz, als der höchsten Bedingung aller zu nehmenden Maximen, die ursprüngliche sittliche Ordnung unter den Triebfedern, 701 und hiemit die Anlage zum Guten im menschlichen Herzen, in ihrer Reinigkeit wieder herzustellen.

Aber dieser Wiederherstellung durch eigene Kraftanwendung steht ja der Satz von der angebornen Verderbtheit der Menschen für alles Gute gerade entgegen? Allerdings, was die Begreiflichkeit, d.i. unsere *Einsicht* von der Möglichkeit derselben betrifft, wie alles dessen, was als Begebenheit in der Zeit (Veränderung) und so fern nach Naturgesetzen als notwendig, und dessen Gegenteil doch zugleich unter moralischen Gesetzen, als durch Freiheit möglich vorgestellt werden soll; aber der Möglichkeit dieser Wiederherstellung selbst ist er nicht entgegen. Denn, wenn das moralische Gesetz [gebietet, wir *sollen* jetzt bessere Menschen sein: so folgt unumgänglich, wir müssen es auch *können*. Der Satz vom angebornen Bösen ist in der moralischen *Dogmatik* von gar keinem Gebrauch: denn die Vorschriften derselben enthalten eben dieselben Pflichten, und bleiben auch in derselben Kraft, ob ein angeborner Hang zur Übertretung in uns sei, oder nicht. In der moralischen *Asketik* aber will dieser Satz mehr, aber doch nichts mehr sagen, als: wir können, in der sittlichen Ausbildung der anerschaffenen moralischen Anlage zum Guten, nicht von einer uns natürlichen Unschuld den Anfang machen, sondern müssen von der Voraussetzung einer Bösartigkeit der Willkür in Annehmung ihrer Maximen der ursprünglichen sittlichen Anlage zuwider anheben, und, weil der Hang dazu unvertilgbar ist, mit der unablässigen Gegenwirkung gegen denselben. Da dieses nun bloß auf eine ins Unendliche hinausgehende Fortschreitung vom Schlechten zum Bessern führt, so folgt; daß die Umwandlung der Gesinnung des bösen in die eines guten Menschen in der Veränderung des obersten inneren Grundes der Annehmung aller seiner Maximen dem sittlichen Gesetze gemäß zu setzen sei, so fern dieser neue Grund (das neue Herz) nun selbst unveränderlich ist. Zur Überzeugung aber hievon kann nun zwar der Mensch natürlicherweise nicht gelangen, weder durch unmittelbares

Bewußtsein, noch durch den Beweis seines bis dahin geführten Lebenswandels; weil die Tiefe des Herzens (der subjektive erste Grund seiner Maximen) ihm selbst unerforschlich ist; aber auf den Weg, der dahin führt, und der ihm von einer im Grunde gebesserten Gesinnung angewiesen wird, muß er *hoffen* können, durch *eigene* Kraftanwendung zu gelangen: weil er ein guter Mensch werden soll, aber nur nach demjenigen, was ihm als von ihm selbst getan zugerechnet werden kann, als *moralisch*-gut zu beurteilen ist.

Wider diese Zumutung der Selbstbesserung bietet nun die zur moralischen Bearbeitung von Natur verdrossene Vernunft unter dem Vorwande des natürlichen Unvermögens allerlei unlautere Religionsideen auf (wozu gehört: Gott selbst das Glückseligkeitsprinzip zur obersten Bedingung seiner Gebote anzudichten). Man kann aber alle Religionen in die der *Gunstbewerbung* (des bloßen Kultus) und die *moralische*, d.i. die Religion *des guten Lebenswandels*, einteilen. Nach der erstern schmeichelt sich entweder der Mensch: Gott könne ihn wohl ewig glücklich machen, ohne daß er eben nötig habe, *ein besserer Mensch zu werden* (durch Erlassung seiner Verschuldungen); oder auch, wenn ihm dieses nicht möglich zu sein scheint: *Gott* könne ihn wohl *zum besseren Menschen machen*, ohne daß er selbst etwas mehr dabei zu tun habe, als darum zu *bitten*; welches, da es vor einem allsehenden Wesen nichts weiter ist, als *wünschen*, eigentlich nichts getan sein würde: denn wenn es mit dem bloßen Wunsch ausgerichtet wäre, so würde jeder Mensch gut sein. Nach der moralischen Religion aber (dergleichen unter allen öffentlichen, die es je gegeben hat, allein die christliche ist) ist es ein Grundsatz: daß ein jeder, so viel, als in seinen Kräften ist, tun müsse, um ein besserer Mensch zu werden; und nur alsdann, wenn er sein angebornes Pfund nicht vergraben (Lucä XIX, 12-16), wenn er die ursprüngliche Anlage zum Guten benutzt hat, um ein besserer Mensch zu werden, er hoffen könne, was nicht in seinem Vermögen ist, werde durch höhere Mitwirkung ergänzt werden. Auch ist es nicht schlechterdings notwendig, daß
der Mensch wisse, worin diese bestehe; vielleicht gar unvermeidlich, daß, wenn die Art, wie sie geschieht, zu einer gewissen Zeit offenbart worden, verschiedene Menschen zu einer andern Zeit sich verschiedene Begriffe, und zwar mit aller Aufrichtigkeit, davon machen würden. Aber alsdann gilt auch der Grundsatz: »Es ist nicht wesentlich, und also nicht jedermann notwendig zu wissen, was Gott zu seiner Seligkeit tue, oder

getan habe«; aber wohl, *was er selbst zu tun habe,* um dieses Beistandes würdig zu werden.[19]

19 Diese allgemeine Anmerkung ist die erste von den vieren, deren eine jedem Stück dieser Schrift angehängt ist, und welche die Aufschrift führen könnten: 1) von Gnadenwirkungen, 2) Wundern, 3) Geheimnissen, 4) Gnadenmitteln. – Diese sind gleichsam *Parerga* der Religion innerhalb der Grenzen der reinen Vernunft; sie gehören nicht innerhalb dieselben, aber stoßen doch an sie an. Die Vernunft im Bewußtsein ihres Unvermögens, ihrem moralischen Bedürfnis ein Genüge zu tun, dehnt sich bis zu überschwenglichen Ideen aus, die jenen Mangel ergänzen könnten, ohne sie doch als einen erweiterten Besitz sich zuzueignen. Sie bestreitet nicht die Möglichkeit oder Wirklichkeit der Gegenstände derselben, aber kann sie nur nicht in ihre Maximen zu denken und zu handeln aufnehmen. Sie rechnet sogar darauf, daß, wenn in dem unerforschlichen Felde des Übernatürlichen noch etwas mehr ist, als sie sich verständlich machen kann, was aber doch zu Ergänzung des moralischen Unvermögens notwendig wäre, dieses ihrem guten Willen auch unerkannt zu statten kommen werde, mit einem Glauben, den man den (über die Möglichkeit desselben) *reflektierenden* nennen könnte, weil der *dogmatische,* dir sich als ein *Wissen* ankündigt, ihr unaufrichtig oder vermessen vorkommt; denn die Schwierigkeiten gegen das, was für sich selbst (praktisch) fest steht, wegzuräumen ist, wenn sie transzendente Fragen betreffen, nur ein Nebengeschäfte (Parergon). Was den Nachteil aus diesen, auch *moralisch-*transzendenten, Ideen anlangt, wenn wir sie in die Religion einführen wollten, so ist die Wirkung davon, nach der Ordnung der vier obbenannten Klassen: 1) der vermeinten inneren Erfahrung (Gnadenwirkungen) *Schwärmerei,* 2) der angeblichen äußeren Erfahrung (Wunder) *Aberglaube,* 3) der gewähnten Verstandeserleuchtung in Ansehung des Übernatürlichen (Geheimnisse) *Illuminatism,* Adeptenwahn, 4) der gewagten Versuche, aufs Übernatürliche hin zu wirken (Gnadenmittel), *Thaumaturgie,* lauter Verirrungen einer über ihre Schranken hinausgehenden Vernunft, und zwar in vermeintlich moralischer (gottgefälliger) Absicht. – Was aber diese allgemeine Anmerkung zum Ersten Stück gegenwärtiger Abhandlung besonders betrifft, so ist die Herbeirufung der *Gnadenwirkungen* von der letzteren Art und kann nicht in die *Maximen* der Vernunft aufgenommen werden, wenn diese sich innerhalb ihren Grenzen hält; wie überhaupt nichts Übernatürliches, weil gerade bei diesem aller Vernunftgebrauch aufhört. – Denn, sie *theoretisch* woran kennbar zu machen (daß sie Gnaden-, nicht innere Naturwirkungen sind) ist unmöglich, weil unser Gebrauch des Begriffs von Ursache und Wirkung über Gegenstände der Erfahrung, mithin über die Natur hinaus nicht erweitert werden kann; die Voraussetzung aber einer *praktischen* Benutzung dieser Idee ist ganz sich selbst widersprechend.

Zweites Stück. Von dem Kampf des guten Prinzips, mit dem Bösen, um die Herrschaft über den Menschen

Daß, um ein moralisch guter Mensch zu werden, es nicht genug sei, den Keim des Guten, der in unserer Gattung liegt, sich bloß ungehindert entwickeln zu lassen, sondern auch eine in uns befindliche entgegenwirkende Ursache des Bösen zu bekämpfen sei, das haben, unter allen alten Moralisten, vornehmlich die Stoiker durch ihr Losungswort *Tugend*, welches (sowohl im Griechischen als Lateinischen) Mut und Tapferkeit bezeichnet, und also einen Feind voraussetzt, zu erkennen gegeben. In diesem Betracht ist der Name Tugend ein herrlicher Name, und es kann ihm nicht schaden, daß er oft prahlerisch gemißbraucht, und (so wie neuerlich das Wort Aufklärung) bespöttelt worden. – Denn den Mut auffordern, ist schon zur Hälfte so viel, als ihn einflößen; dagegen die faule sich selbst gänzlich mißtrauende und auf äußere Hülfe harrende kleinmütige Denkungsart (in Moral und Religion) alle Kräfte des Menschen abspannt, und ihn dieser Hülfe selbst unwürdig macht.

Aber jene wackern Männer verkannten doch ihren Feind, der nicht in den natürlichen bloß undisziplinierten, sich aber unverhohlen jedermanns Bewußtsein offen darstellenden Neigungen zu suchen, sondern ein gleichsam unsichtbarer, sich hinter Vernunft verbergender Feind, und darum desto gefährlicher ist. Sie boten die *Weisheit* gegen die *Torheit* auf, die sich von Neigungen bloß unvorsichtig täuschen läßt, anstatt sie wider die *Bosheit* (des menschlichen Herzens) aufzurufen,

Denn, als Benutzung würde sie eine Regel von dem voraussetzen, was wir (in gewisser Absicht) Gutes selbst zu *tun* haben, um etwas zu erlangen; eine Gnadenwirkung aber zu erwarten bedeutet gerade das Gegenteil, nämlich, daß das Gute (das moralische) nicht unsere, sondern die Tat eines andern Wesens sein werde, wir also sie durch *Nichtstun* allein *erwerben* können, welches sich widerspricht. Wir können sie also, als etwas Unbegreifliches, einräumen, aber sie, weder zum theoretischen noch praktischen Gebrauch, in unsere Maxime aufnehmen.

die mit seelenverderbenden Grundsätzen die Gesinnung insgeheim untergräbt.[20]

Natürliche Neigungen sind, *an sich selbst betrachtet, gut*, d.i. unverwerflich, und es ist nicht allein vergeblich, sondern es wäre auch schädlich und tadelhaft, sie ausrotten zu wollen; man muß sie vielmehr nur bezähmen, damit sie sich untereinander nicht selbst aufreiben, sondern zur Zusammenstimmung in einem Ganzen, Glückseligkeit genannt, gebracht werden können. Die Vernunft aber, die dieses ausrichtet, heißt *Klugheit*. Nur das Moralisch-Gesetzwidrige ist an sich selbst böse,

20 Diese Philosophen nahmen ihr allgemeines moralisches Prinzip von der Würde der menschlichen Natur, der Freiheit (als Unabhängigkeit von der Macht der Neigungen), her; ein besseres und edleres konnten sie auch nicht zum Grunde legen. Die moralischen Gesetze schöpften sie nun unmittelbar aus der, auf solche Art, allein gesetzgebenden und durch sie schlechthin gebietenden Vernunft, und so war objektiv, was die Regel betrifft, und auch subjektiv, was die Triebfeder anlangt, wenn man dem Menschen einen unverdorbenen Willen beilegt, diese Gesetze unbedenklich in seine Maximen aufzunehmen, alles ganz richtig angegeben. Aber in der letzten Voraussetzung lag eben der Fehler. Denn, so früh wir auch auf unsern sittlichen Zustand unsere Aufmerksamkeit richten mögen, so finden wir; daß mit ihm es nicht mehr res integra ist, sondern wir davon anfangen müssen, das Böse, was schon Platz genommen hat (es aber, ohne daß wir es in unsere Maxime aufgenommen hätten, nicht würde haben tun können), aus seinem Besitz zu vertreiben: d.i. das erste wahre Gute, was der Mensch tun kann, sei, vom Bösen auszugehen, welches nicht in den Neigungen, sondern in der verkehrten Maxime, und also in der Freiheit selbst zu suchen ist. Jene erschweren nur die *Ausführung* der entgegengesetzten guten Maxime; das eigentliche Böse aber besteht darin: daß man jenen Neigungen, wenn sie zur Übertretung anreizen, nicht widerstehen *will*, und diese Gesinnung ist eigentlich der wahre Feind. Die Neigungen sind nur Gegner der Grundsätze überhaupt (sie mögen gut oder böse sein); und so fern ist jenes edelmütige Prinzip der Moralität als Vorübung (Disziplin der Neigungen überhaupt) zur Lenksamkeit des Subjekts durch Grundsätze vorteilhaft. Aber sofern es spezifisch Grundsätze des *Sittlich-Guten* sein sollen, und es gleichwohl als Maxime nicht sind, so muß noch ein anderer Gegner derselben im Subjekt vorausgesetzt werden, mit dem die Tugend den Kampf zu bestehen hat, ohne welchen alle Tugenden, zwar nicht, wie jener Kirchenvater will, glänzende *Laster*, aber doch *glänzende Armseligkeiten* sein würden; weil dadurch zwar öfters der Aufruhr gestillt, der Aufrührer selbst aber nie besiegt, und ausgerottet wird.

schlechterdings verwerflich, und muß ausgerottet werden; die Vernunft aber, die das lehret, noch mehr aber, wenn sie es auch ins Werk richtet, verdient allein den Namen der *Weisheit*, in Vergleichung mit welcher das Laster zwar auch *Torheit* genannt werden kann, aber nur alsdenn, wenn die Vernunft gnugsam Stärke in sich fühlt, um es (und alle Anreize dazu) zu *verachten*, und nicht bloß als ein zu fürchtendes Wesen zu *hassen*, und sich dagegen zu bewaffnen.

Wenn der *Stoiker* also den moralischen Kampf des Menschen bloß als Streit mit seinen (an sich unschuldigen) Neigungen, sofern sie als Hindernisse der Befolgung seiner Pflicht überwunden werden müssen, dachte: so konnte er, weil er kein besonderes positives (an sich böses) Prinzip annimmt, die Ursache der Übertretung nur in der *Unterlassung* setzen, jene zu bekämpfen; da aber diese Unterlassung selbst pflichtwidrig (Übertretung), nicht bloßer Naturfehler ist, und nun die Ursache derselben nicht wiederum (ohne im Zirkel zu erklären) in den Neigungen, sondern nur in dem, was die Willkür, als freie Willkür bestimmt (im inneren ersten Grunde der Maximen, die mit den Neigungen im Einverständnisse sind), gesucht werden kann, so läßt sich's wohl begreifen, wie Philosophen, denen ein Erklärungsgrund, welcher ewig in Dunkel eingehüllt bleibt[21] und obgleich unumgänglich, dennoch unwillkommen ist, den eigentlichen Gegner des Guten verkennen konnten, mit dem sie den Kampf zu bestehen glaubten.

21   Es ist eine ganz gewöhnliche Voraussetzung der Moralphilosophie, daß sich das Dasein des Sittlichbösen im Menschen gar leicht erklären lasse, und zwar aus der Macht der Triebfedern der Sinnlichkeit einerseits, und aus der Ohnmacht der Triebfeder der Vernunft (der Achtung fürs Gesetz) andererseits, d.i. aus *Schwäche*. Aber alsdann müßte sich das Sittlichgute (in der moralischen Anlage) an ihm noch leichter erklären lassen; denn die Begreiflichkeit des einen ist, ohne die des andern, gar nicht denkbar. Nun ist aber das Vermögen der Vernunft, durch die bloße Idee eines Gesetzes über alle entgegenstrebende Triebfedern Meister zu werden, schlechterdings unerklärlich; also ist es auch unbegreiflich, wie die der Sinnlichkeit, über eine mit solchem Ansehen gebietende Vernunft, Meister werden können. Denn, wenn alle Welt der Vorschrift des Gesetzes gemäß verführe, so würde man sagen: daß alles nach der natürlichen Ordnung zuginge, und niemand würde sich einfallen lassen, auch nur nach der Ursache zu fragen.

Es darf also nicht befremden, wenn ein Apostel diesen *unsichtbaren*, nur durch seine Wirkungen auf uns kennbaren, die Grundsätze verderbenden Feind, als außer uns, und zwar als bösen *Geist* vorstellig macht: »wir haben nicht mit Fleisch und Blut (den natürlichen Neigungen), sondern mit Fürsten und Gewaltigen – mit bösen Geistern zu kämpfen«. Ein Ausdruck, der nicht, um unsere Erkenntnis über die Sinnenwelt hinaus zu erweitern, sondern nur, um den Begriff des für uns Unergründlichen, *für den praktischen Gebrauch* anschaulich zu machen, angelegt zu sein scheint; denn übrigens ist es zum Behuf des letztern für uns einerlei, ob wir den Verführer bloß in uns selbst, oder auch außer uns setzen, weil die Schuld uns im letztern Falle um nichts minder trifft, als im ersteren, als die wir von ihm nicht verführt werden würden, wenn wir mit ihm nicht im geheimen Einverständnisse wären.[22] – Wir wollen diese ganze Betrachtung in zwei Abschnitte einteilen.

22 Es ist eine Eigentümlichkeit der christlichen Moral: das Sittlichgute vom Sittlichbösen nicht wie den Himmel von der *Erde*, sondern wie den Himmel von der *Hölle* unterschieden vorzustellen; eine Vorstellung, die zwar bildlich, und als solche empörend, nichts destoweniger aber, ihrem Sinn nach, philosophischrichtig ist. – Sie dient nämlich dazu, zu verhüten: daß das Gute und Böse, das Reich des Lichts und das Reich der Finsternis, nicht als an einander grenzend, und durch allmähliche Stufen (der großem und mindern Helligkeit) sich in einander verlierend gedacht, sondern durch eine unermeßliche Kluft von einander getrennt vorgestellt werde. Die gänzliche Ungleichartigkeit der Grundsätze, mit denen man unter einem oder dem andern dieser zwei Reiche Untertan sein kann, und zugleich die Gefahr, die mit der Einbildung von einer nahen Verwandtschaft der Eigenschaften, die zu einem, oder dem andern qualifizieren, verbunden ist, berechtigen zu dieser Vorstellungsart, die, bei dem Schauderhaften, das sie in sich enthält, zugleich sehr erhaben ist.

Erster Abschnitt. Von dem Rechtsanspruche des guten Prinzips auf die Herrschaft über den Menschen

a) Personifizierte Idee des guten Prinzips

Das, was allein eine Welt zum Gegenstande des göttlichen Ratschlusses, und zum Zwecke der Schöpfung machen kann, ist die *Menschheit* (das vernünftige Weltwesen überhaupt) *in ihrer moralischen ganzen Vollkommenheit*, wovon, als oberster Bedingung, die Glückseligkeit die unmittelbare Folge in dem Willen des höchsten Wesens ist. – Dieser allein Gott wohlgefällige Mensch »ist in ihm von Ewigkeit her«; die Idee desselben geht von seinem Wesen aus; er ist sofern kein erschaffenes Ding, sondern sein eingeborner Sohn; »das *Wort* (das Werde!), durch welches alle andre Dinge sind, und ohne das nichts existiert, was gemacht ist« (denn um seinet, d.i. des vernünftigen Wesens in der Welt willen, so wie es seiner moralischen Bestimmung nach gedacht werden kann, ist alles gemacht). – »Er ist der Abglanz seiner Herrlichkeit.« – »In ihm hat Gott die Welt geliebt« und nur in ihm und durch Annehmung seiner Gesinnungen können wir hoffen, »Kinder Gottes zu werden«; u.s.w.

Zu diesem Ideal der moralischen Vollkommenheit, d.i. dem Urbilde der sittlichen Gesinnung in ihrer ganzen Lauterkeit uns zu *erheben*, ist nun allgemeine Menschenpflicht, wozu uns auch diese Idee selbst, welche von der Vernunft uns zur Nachstrebung vorgelegt wird, Kraft geben kann. Eben darum aber, weil wir von ihr nicht die Urheber sind, sondern sie in dem Menschen Platz genommen hat, ohne daß wir begreifen, wie die menschliche Natur für sie auch nur habe empfänglich sein können, kann man besser sagen: daß jenes Urbild vom Himmel zu uns *herabgekommen* sei, daß es die Menschheit angenommen habe (denn es ist nicht eben sowohl möglich, sich vorzustellen, wie der von Natur *böse Mensch* das Böse von selbst ablege, und sich zum Ideal der Heiligkeit *erhebe*, als daß das letztere die *Menschheit* (die für sich nicht böse ist) annehme, und sich zu ihr *herablasse*). Diese Vereinigung mit uns kann also als ein Stand der *Erniedrigung* des Sohnes Gottes angesehen werden, wenn wir uns jenen göttlich gesinnten Menschen, als Urbild für uns, so vorstellen, wie er, ob zwar selbst heilig, und als solcher zu keiner Erduldung von Leiden verhaftet, diese gleichwohl im größten Maße übernimmt, um das Weltbeste zu befördern; dagegen der Mensch, der nie von Schuld frei ist, wenn er auch dieselbe Gesinnung angenommen hat, die Leiden, die ihm, auf welchem Wege es auch sei, treffen mögen, doch als von ihm verschuldet ansehen kann, mithin sich der Vereinigung seiner Gesinnung mit einer solchen Idee, ob zwar sie ihm zum Urbilde dient, unwürdig halten muß. 713

Das Ideal der Gott wohlgefälligen Menschheit (mithin einer moralischen Vollkommenheit, so wie sie an einem von Bedürfnissen und Neigungen abhängigen Weltwesen möglich ist) können wir uns nun nicht anders denken, als unter der Idee eines Menschen, der nicht allein alle Menschenpflicht selbst auszuüben, zugleich auch durch Lehre und Beispiel das Gute in größtmöglichem Umfange um sich auszubreiten, sondern auch, obgleich durch die größten Anlockungen versucht, dennoch alle Leiden bis zum schmählichsten Tode um des Weltbesten willen, und selbst für seine Feinde, zu übernehmen bereitwillig wäre. – Denn der Mensch kann sich keinen Begriff von dem Grade und der Stärke einer Kraft, dergleichen die einer moralischen Gesinnung ist, machen, als wenn er sie mit Hindernissen ringend, und unter den größtmöglichen Anfechtungen, dennoch überwindend sich vorstellt.

Im *praktischen Glauben an diesen Sohn Gottes* (sofern er vorgestellt wird, als habe er die menschliche Natur angenommen) kann nun der Mensch hoffen, Gott wohlgefällig (dadurch auch selig) zu werden; d.i. der, welcher sich einer solchen moralischen Gesinnung bewußt ist, daß er *glauben* und auf sich gegründetes Vertrauen setzen kann, er würde unter ähnlichen Versuchungen und Leiden (so wie sie zum Probierstein jener Idee gemacht werden) dem Urbilde der Menschheit unwandelbar anhängig, und seinem Beispiele in treuer Nachfolge ähnlich bleiben, ein solcher Mensch, und auch nur der allein, ist befugt, sich für denjenigen zu halten, der ein des göttlichen Wohlgefallens nicht unwürdiger Gegenstand ist.

b) Objektive Realität dieser Idee

Diese Idee hat ihre Realität in praktischer Beziehung vollständig in sich selbst. Denn sie liegt in unserer moralisch gesetzgebenden Vernunft. Wir *sollen* ihr gemäß sein, und wir müssen es daher auch *können*. Müßte man die Möglichkeit, ein diesem Urbilde gemäßer Mensch zu sein, vorher beweisen, wie es bei Naturbegriffen unumgänglich notwendig 714 ist (damit wir nicht Gefahr laufen, durch leere Begriffe hingehalten zu werden), so würden wir eben sowohl auch Bedenken tragen müssen, selbst dem moralischen Gesetze das Ansehen einzuräumen, unbedingter und doch hinreichender Bestimmungsgrund unsrer Willkür zu sein; denn wie es möglich sei, daß die bloße Idee einer Gesetzmäßigkeit überhaupt eine mächtigere Triebfeder für dieselbe sein könne, als alle nur erdenkliche, die von Vorteilen hergenommen werden, das kann weder durch Vernunft eingesehen, noch durch Beispiele der Erfahrung belegt werden, weil, was das erste betrifft, das Gesetz unbedingt gebietet, und das zweite anlangend, wenn es auch nie einen Menschen gegeben hätte, der diesem Gesetze unbedingten Gehorsam geleistet hätte, die objektive Notwendigkeit, ein solcher zu sein, doch unvermindert und für sich selbst einleuchtet. Es bedarf also keines Beispiels der Erfahrung, um die Idee eines Gott moralisch wohlgefälligen Menschen für uns zum Vorbilde zu machen; sie liegt als ein solches schon in unsrer Vernunft. – Wer aber, um einen Menschen für ein solches mit jener Idee übereinstimmendes Beispiel zur Nachfolge anzuerkennen, noch etwas mehr, als was er sieht, d.i. mehr als einen gänzlich untadelhaften, ja so viel, als man nur verlangen kann, verdienstvollen Lebenswandel, wer etwa außerdem noch Wunder, die durch ihn oder für ihn geschehen sein müßten, zur Beglaubigung fordert: der bekennt zugleich hierdurch seinen moralischen *Unglauben*, nämlich den Mangel des Glaubens an die Tugend, den kein auf Beweise durch Wunder gegründeter Glaube (der nur historisch ist) ersetzen kann; weil nur der Glaube an die praktische Gültigkeit jener Idee, die in unserer Vernunft liegt (welche auch allein allenfalls die Wunder als solche, die vom guten Prinzip herkommen möchten, bewähren, aber nicht von diesen ihre Bewährung entlehnen kann), moralischen Wert hat.

Eben darum muß auch eine Erfahrung möglich sein, in der das Beispiel von einem solchen Menschen gegeben werde (so weit als man von einer äußeren Erfahrung überhaupt Beweistümer der innern sittlichen Gesinnung erwarten und verlangen kann); denn, dem Gesetz nach, sollte billig ein jeder Mensch ein Beispiel zu dieser Idee an sich abgeben; wozu das Urbild immer nur in der Vernunft bleibt; weil ihr kein Beispiel in der äußern Erfahrung adäquat ist, als welche das Innere der Gesinnung nicht aufdeckt, sondern darauf, obzwar nicht mit strenger Gewißheit, nur schließen läßt (ja selbst die innere Erfahrung des Menschen an ihm selbst läßt ihn die Tiefen seines Herzens nicht so durchschauen, daß er von dem Grunde seiner Maximen, zu denen er sich bekennt, und von ihrer Lauterkeit und Festigkeit durch Selbstbeobachtung ganz sichere Kenntnis erlangen könnte).

Wäre nun ein solcher wahrhaftig göttlich gesinnter Mensch zu einer gewissen Zeit gleichsam vom Himmel auf die Erde herabgekommen, der durch Lehre, Lebenswandel und Leiden das *Beispiel* eines Gott wohlgefälligen Menschen an sich gegeben hätte, so weit als man von äußerer Erfahrung nur verlangen kann (indessen, daß das *Urbild* eines solchen immer doch nirgend anders, als in unserer Vernunft zu suchen ist), hätte er durch alles dieses ein unabsehlich großes moralisches Gute in der Welt durch eine Revolution im Menschengeschlechte hervorgebracht: so würden wir doch nicht Ursache haben, an ihm etwas anders, als einen natürlich gezeugten Menschen anzunehmen (weil dieser sich doch auch verbunden fühlt, selbst ein solches Beispiel an sich abzugeben), obzwar dadurch eben nicht schlechthin verneinet würde, daß er nicht auch wohl ein übernatürlich erzeugter Mensch sein könne. Denn in praktischer Absicht kann die Voraussetzung des letztern uns doch nichts vorteilen; weil das Urbild, welches wir dieser Erscheinung unterlegen, doch immer in uns (obwohl natürlichen Menschen) selbst gesucht werden muß, dessen Dasein in der menschlichen Seele schon für sich selbst unbegreiflich genug ist, daß man nicht eben nötig hat, außer seinem übernatürlichen Ursprunge ihn noch in einem besondern Menschen hypostasiert anzunehmen. Vielmehr würde die Erhebung eines solchen Heiligen über alle Gebrechlichkeit der menschlichen Natur der praktischen Anwendung der Idee desselben auf unsere Nachfolge, nach allem, was wir einzusehen vermögen, eher im Wege sein. Denn, wenn gleich jenes Gott wohlgefälligen Menschen Natur in so weit, als menschlich, gedacht würde: daß er mit eben denselben Bedürfnissen, folglich auch denselben Leiden, mit eben denselben Naturneigungen, folglich auch eben solchen Versuchungen zur Übertretung, wie wir behaftet, aber doch so ferne als übermenschlich gedacht würde, daß nicht etwa errungene, sondern angeborne unveränderliche Reinigkeit des Willens ihm schlechterdings keine Übertretung möglich sein ließe: so würde diese Distanz vom natürlichen Menschen dadurch wiederum so unendlich groß werden, daß jener göttliche Mensch für diesen nicht mehr zum *Beispiel* aufgestellt werden könnte. Der letztere würde sagen: man gebe mir einen ganz heiligen Willen, so wird alle Versuchung zum Bösen von selbsten an mir scheitern; man gebe mir die innere vollkommenste

Gewißheit, daß, nach einem kurzen Erdenleben, ich (zufolge jener Heiligkeit) der ganzen ewigen Herrlichkeit des Himmelreichs sofort teilhaftig werden soll, so werde ich alle Leiden, so schwer sie auch immer sein mögen, bis zum schmählichsten Tode nicht allein willig, sondern auch mit Fröhlichkeit übernehmen, da ich den herrlichen und nahen Ausgang mit Augen vor mir sehe. Zwar würde der Gedanke: daß jener göttliche Mensch im wirklichen Besitze dieser Hoheit und Seligkeit von Ewigkeit war (und sie nicht allererst durch solche Leiden verdienen durfte), daß er sich derselben für lauter Unwürdige, sogar für seine Feinde willig entäußerte, um sie vom ewigen Verderben zu erretten, unser Gemüt zur Bewunderung, Liebe und Dankbarkeit gegen ihn stimmen müssen; imgleichen würde die Idee eines Verhaltens nach einer so vollkommenen Regel der Sittlichkeit für uns allerdings auch als Vorschrift zur Befolgung geltend, er selbst aber *nicht als Beispiel* der Nachahmung, mithin auch nicht als Beweis der Tunlichkeit und Erreichbarkeit eines so reinen und hohen moralischen Guts für *uns*, uns vorgestellt werden können.[23]

23 Es ist freilich eine Beschränktheit der menschlichen Vernunft, die doch einmal von ihr nicht zu trennen ist: daß wir um keinen moralischen Wert von Belange an den Handlungen einer Person denken können, ohne zugleich sie, oder ihre Äußerung auf menschliche Weise vorstellig zu machen; obzwar damit eben nicht behauptet werden will, daß es an sich (*kat' alêtheian*) auch so bewandt sei; denn wir bedürfen, um uns übersinnliche Beschaffenheiten faßlich zu machen, immer einer gewissen Analogie mit Naturwesen. So legt ein philosophischer Dichter dem Menschen, so fern er einen Hang zum Bösen in sich zu bekämpfen hat, selbst darum, wenn er ihn nur zu überwältigen weiß, einen höhern Rang auf der moralischen Stufenleiter der Wesen bei, als selbst den Himmelsbewohnern, die, vermöge der Heiligkeit ihrer Natur, über alle mögliche Verleitung weggesetzt sind. (Die Welt mit ihren Mängeln – ist besser, als ein Reich von willenlosen Engeln. *Haller.*) – Zu dieser Vorstellungsart bequemt sich auch die Schrift, um die Liebe Gottes zum menschlichen Geschlecht uns ihrem Grade nach faßlich zu machen, indem sie ihm die höchste Aufopferung beilegt, die nur ein liebendes Wesen tun kann, um selbst Unwürdige glücklich zu machen (»Also hat Gott die Welt geliebt«, u.s.w.): ob wir uns gleich durch die Vernunft keinen Begriff davon machen können, wie ein allgenugsames Wesen etwas von dem, was zu seiner Seligkeit gehört, aufopfern, und sich eines Besitzes berauben könne. Das ist der *Schematism der Analogie* (zur Erläuterung), den wir nicht entbehren können. Diesen aber in einen *Schematism der Objektsbestimmung* (zur Erweiterung unseres Erkenntnisses) zu verwandeln ist *Anthropomorphism*, der in moralischer Absicht (in der

Eben derselbe göttlichgesinnte, aber ganz eigentlich menschliche Lehrer würde doch nichts destoweniger von sich, als ob das Ideal des Guten in ihm leibhaftig (in Lehre und Wandel) dargestellt würde, mit Wahrheit reden können. Denn er würde alsdann nur von der Gesinnung sprechen, die er sich selbst zur Regel seiner Handlungen macht, die er aber, da er sie als Beispiel für andre, nicht für sich selbst sichtbar machen kann, nur durch seine Lehren und Handlungen äußerlich vor Augen stellt: »Wer unter euch kann mich einer Sünde zeihen?« Es ist aber der Billigkeit gemäß, das untadelhafte Beispiel eines Lehrers zu dem, was er lehrt, wenn dieses ohnedem für jedermann Pflicht ist, keiner andern als der lautersten Gesinnung desselben anzurechnen, wenn man keine Beweise des Gegenteils hat. Eine solche Gesinnung mit allen, um des Weltbesten willen übernommenen, Leiden, in dem Ideale der Menschheit gedacht, ist nun für alle Menschen zu allen Zeiten und in allen Welten, vor der obersten Gerechtigkeit vollgültig: wenn der Mensch die seinige derselben, wie er es tun soll, ähnlich macht. Sie wird freilich immer eine

718

Religion) von den nachteiligsten Folgen ist. – Hier will ich nur noch beiläufig anmerken, daß man im Aufsteigen vom Sinnlichen nun Übersinnlichen zwar wohl *schematisieren* (einen Begriff durch Analogie mit etwas Sinnlichem faßlich machen), schlechterdings aber nicht nach der Analogie von dem, was dem ersteren zukömmt, daß es auch dem letzteren beigelegt werden müsse, *schließen* (und so seinen Begriff *erweitern*) könne, und dieses zwar aus dem ganz einfachen Grunde, weil ein solcher Schluß *wider* alle Analogie laufen würde, der daraus, weil wir ein Schema zu einem Begriffe, um ihn uns verständlich zu machen (durch ein Beispiel zu belegen), notwendig brauchen, die Folge ziehen wollte, daß es auch notwendig dem Gegenstande selbst, als sein Prädikat zukommen müsse. Ich kann nämlich nicht sagen: so wie ich mir die Ursache einer Pflanze (oder jedes organischen Geschöpfs und überhaupt der zweckvollen Welt) nicht anders *faßlich machen* kann, als nach der Analogie eines Künstlers in Beziehung auf sein Werk (eine Uhr), nämlich dadurch, daß ich ihr Verstand beilege: so muß auch die Ursache selbst (der Pflanze, der Welt überhaupt) Verstand *haben*; d.i. ihr Verstand beizulegen ist nicht bloß eine Bedingung meiner Faßlichkeit, sondern der Möglichkeit Ursache zu sein selbst. Zwischen dem Verhältnisse aber eines Schema zu seinem Begriffe und dem Verhältnisse eben dieses Schema des Begriffs zur Sache selbst ist gar keine Analogie, sondern ein gewaltiger Sprung (*metabasis eis allo genos*), der gerade in den Anthropomorphism hinein führt, wovon ich die Beweise anderwärts gegeben habe.

Gerechtigkeit bleiben, die nicht die unsrige ist, sofern diese in einem jener Gesinnung völlig und ohne Fehl gemäßen Lebenswandel bestehen müßte. Es muß aber doch eine Zueignung der ersteren um der letzten willen, wenn diese mit der Gesinnung des Urbildes vereinigt wird, möglich sein, obwohl sie sich begreiflich zu machen noch großen Schwierigkeiten unterworfen ist, die wir jetzt vortragen wollen.

c) Schwierigkeiten gegen die Realität dieser Idee und Auflösung derselben

Die *erste* Schwierigkeit, welche die Erreichbarkeit jener Idee, der Gott wohlgefälligen Menschheit in uns, in Beziehung auf die *Heiligkeit* des Gesetzgebers, bei dem Mangel unserer eigenen Gerechtigkeit, zweifelhaft macht, ist folgende. Das Gesetz sagt: »Seid heilig (in eurem Lebenswandel), wie euer Vater im Himmel heilig ist«; denn das ist das Ideal des Sohnes Gottes, welches uns zum Vorbilde aufgestellt ist. Die Entfernung aber des Guten, was wir in uns bewirken sollen, von dem Bösen, wovon wir ausgehen, ist unendlich, und sofern, was die Tat, d.i. die Angemessenheit des Lebenswandels zur Heiligkeit des Gesetzes betrifft, in keiner Zeit erreichbar. Gleichwohl soll die sittliche Beschaffenheit des Menschen mit ihr übereinstimmen. Sie muß also in der Gesinnung, in der allgemeinen und lautern Maxime der Übereinstimmung des Verhaltens mit demselben, als dem Keime, woraus alles Gute entwickelt werden soll, gesetzt werden, die von einem heiligen Prinzip ausgeht, welches der Mensch in seine oberste Maxime aufgenommen hat. Eine Sinnesänderung, die auch möglich sein muß, weil sie Pflicht ist. – Nun besteht die Schwierigkeit darin, wie die Gesinnung für die Tat, welche *jederzeit* (nicht überhaupt, sondern in jedem Zeitpunkte) mangelhaft ist, gelten könne. Die Auflösung derselben aber beruht darauf; daß die letztere, als ein kontinuierlicher Fortschritt von mangelhaftem Guten zum Besseren ins Unendliche, nach unserer Schätzung, die wir in den Begriffen des Verhältnisses der Ursache und Wirkungen unvermeidlich auf Zeitbedingungen eingeschränkt sind, immer mangelhaft bleibt; so, daß wir das Gute in der Erscheinung, d.i. der *Tat* nach, in uns *jederzeit* als unzulänglich für ein heiliges Gesetz ansehen müssen, seinen Fortschritt aber ins Unendliche zur Angemessenheit mit dem letzteren, wegen der *Gesinnung*, daraus er abgeleitet wird, die übersinnlich ist, von einem Herzenskündiger in seiner reinen intellektuellen Anschauung als ein vollendetes Ganze, auch der Tat (dem Lebenswandel) nach, beurteilt denken können,[24] und so der Mensch, unerachtet seiner beständigen Mangelhaftigkeit doch *überhaupt* Gott wohlgefällig zu sein erwarten könne, in welchem Zeitpunkte auch sein Dasein abgebrochen werden möge.

Die *zweite* Schwierigkeit, welche sich hervortut, wenn man den zum Guten strebenden Menschen in Ansehung dieses moralischen Guten selbst in Beziehung auf die göttliche *Glückseligkeit* betrachtet, betrifft die *moralische Glückseligkeit*, worunter hier nicht die Versicherung eines immerwährenden Besitzes der Zufriedenheit mit seinem *physischen Zustande* (Befreiung von Übeln und Genuß immer wachsender Vergnügen), als der *physischen Glückseligkeit*, sondern von der Wirklichkeit und *Beharrlichkeit* einer im Guten immer fortrückenden (nie daraus fallenden) Gesinnung verstanden wird, denn das beständige »Trachten nach dem Reiche Gottes«, *wenn man nur von der Unveränderlichkeit einer solchen Gesinnung fest versichert wäre*, würde eben so viel sein, als sich schon im Besitz dieses Reichs zu wissen, da denn der so gesinnte Mensch schon von selbst vertrauen würde, daß ihm »das übrige alles (was physische Glückseligkeit betrifft) zufallen werde«.

Nun könnte man zwar den hierüber besorgten Menschen mit seinem Wunsche dahin verweisen: »sein (Gottes) Geist gibt Zeugnis unserm Geist, u.s.w.«, d.i. wer eine so lautere Gesinnung, als gefordert wird, besitzt, wird von selbst schon fühlen, daß er nie so tief fallen könne, das Böse wiederum lieb zu gewinnen, allein es ist mit solchen vermeinten Gefühlen übersinnlichen Ursprungs nur mißlich bestellt; man täuscht sich nirgends leichter, als in dem, was die gute Meinung von sich selbst

---

24 Es muß nicht übersehen werden, daß hiermit nicht gesagt werden wolle: daß die Gesinnung die Ermangelung des Pflichtmäßigen, folglich das wirkliche Böse in dieser unendlichen Reihe zu *vergüten* dienen solle (vielmehr wird vorausgesetzt, daß die Gott wohlgefällige moralische Beschaffenheit des Menschen in ihr wirklich anzutreffen sei); sondern: daß die Gesinnung, welche die Stelle der Totalität dieser Reihe der ins Unendliche fortgesetzten Annäherung vertritt, nur den von dem Dasein eines Wesens in der Zeit überhaupt unzertrennlichen Mangel, nie ganz vollständig das zu sein, was man zu werden im Begriffe ist, ersetze; denn was die Vergütung der in diesem Fortschritte vorkommenden Übertretungen betrifft, so wird diese bei der Auflösung der *dritten* Schwierigkeit in Betrachtung gezogen werden.

begünstigt. Auch scheint es nicht einmal ratsam zu sein, zu einem solchen Vertrauen aufgemuntert zu werden, sondern vielmehr zuträglicher (für die Moralität), »seine Seligkeit *mit Furcht und Zittern* zu schaffen« (ein hartes Wort, welches, mißverstanden, zur finstersten Schwärmerei antreiben kann); allein, ohne *alles* Vertrauen zu seiner einmal angenommenen Gesinnung würde kaum eine Beharrlichkeit, in derselben fortzufahren, möglich sein. Dieses findet sich aber, ohne sich der süßen oder angstvollen Schwärmerei zu überliefern, aus der Vergleichung seines bisher geführten Lebenswandels mit seinem gefaßten Vorsatze. – Denn der Mensch, welcher, von der Epoche der angenommenen Grundsätze des Guten an, ein genugsam langes Leben hindurch die Wirkung derselben auf die Tat, d.i. auf seinen zum immer Besseren fortschreitenden Lebenswandel wahrgenommen hat, und daraus auf eine gründliche Besserung in seiner Gesinnung nur vermutungsweise zu schließen Anlaß findet, kann doch auch vernünftigerweise hoffen, daß, da dergleichen Fortschritte, wenn ihr Prinzip nur gut ist, die *Kraft* zu den folgenden immer noch vergrößern, er in diesem Erdenleben diese Bahn nicht mehr verlassen, sondern immer noch mutiger darauf fortrücken werde, ja, wenn nach diesem ihm noch ein anders Leben bevorsteht, er unter andern Umständen allem Ansehen nach doch, nach eben demselben Prinzip, fernerhin darauf fortfahren, und sich dem, obgleich unerreichbaren Ziele der Vollkommenheit immer noch nähern werde, weil er nach dem, was er bisher an sich wahrgenommen hat, seine Gesinnung für von Grunde aus gebessert halten darf. Dagegen der, welcher selbst bei oft versuchtem Vorsatze zum Guten dennoch niemals fand, daß er dabei Stand hielt, der immer ins Böse zurückfiel, oder wohl gar im Fortgange seines Lebens an sich wahrnehmen mußte, aus dem Bösen ins Ärgere, gleichsam als auf einem Abhange, immer tiefer gefallen zu sein, vernünftigerweise sich keine Hoffnung machen kann, daß, wenn er noch länger hier zu leben hätte, oder ihm auch ein künftiges Leben bevorstände, er es besser machen werde, weil er bei solchen Anzeigen das Verderben, als in seiner Gesinnung gewurzelt, ansehen müßte. Nun
ist das erstere ein Blick in eine *unabsehliche*, aber gewünschte und glückliche Zukunft, das zweite dagegen in ein eben so *unabsehliches Elend*, d.i. beides für Menschen, nach dem, was sie urteilen können, in eine selige oder unselige *Ewigkeit*; Vorstellungen, die mächtig genug sind, um dem einen Teil zur Beruhigung und Befestigung im Guten, dem andern zur Aufweckung des richtenden Gewissens, um dem Bösen,

so viel möglich noch Abbruch zu tun, mithin zu Triebfedern zu dienen, ohne daß es nötig ist, auch objektiv eine Ewigkeit des Guten oder Bösen für das Schicksal des Menschen *dogmatisch* als Lehrsatz vorauszusetzen,[25]

25 Es gehört unter die Fragen, aus denen der Frager, wenn sie ihm auch beantwortet werden könnten, doch nichts Kluges zu machen verstehen würde (und die man deshalb *Kinderfragen* nennen könnte), auch die: ob die Höllenstrafen endliche, oder ewige Strafen sein werden? Würde das erste gelehrt, so ist zu besorgen, daß manche (so wie alle, die das Fegfeuer glauben, oder jener Matrose in *Moores* Reisen) sagen würden: »so hoffe ich, ich werde es aushalten können«. Würde aber das andre behauptet, und zum Glaubenssymbol gezählt, so dürfte gegen die Absicht, die man damit hat, die Hoffnung einer völligen Straflosigkeit nach dem ruchlosesten Leben herauskommen. Denn, da in den Augenblicken der späten Reue, am Ende desselben, der um Rat und Trost befragte Geistliche es doch grausam und unmenschlich finden muß, ihm seine ewige Verwerfung anzukündigen, und er zwischen dieser und der völligen Lossprechung kein Mittleres statuiert (sondern entweder ewig, oder gar nicht gestraft), so muß er ihm Hoffnung zum letzteren machen, d.i. ihn in der Geschwindigkeit zu einem Gott wohlgefälligen Menschen umzuschaffen versprechen; da dann, weil zum Einschlagen in einen guten Lebenswandel nicht mehr Zeit ist, reuevolle Bekenntnisse, Glaubensformeln, auch wohl Angelobungen eines neuen Lebens bei einem etwa noch langem Aufschub des Endes des gegenwärtigen, die Stelle der Mittel vertreten. – Das ist die unvermeidliche Folge, wenn die *Ewigkeit* des dem hier geführten Lebenswandel gemäßen künftigen Schicksals als *Dogma* vorgetragen, und nicht vielmehr der Mensch angewiesen wird, aus seinem bisherigen sittlichen Zustande sich einen Begriff vom künftigen zu machen, und darauf, als die natürlich vorherzusehende Folgen desselben, *selbst* zu schließen; denn da wird die *Unabsehlichkeit* der Reihe derselben unter der Herrschaft des Bösen für ihn dieselbe moralische Wirkung haben (ihn anzutreiben, das Geschehene, so viel ihm möglich ist, durch Reparation oder Ersatz seinen Wirkungen nach noch vor dem Ende des Lebens ungeschehen zu machen), als von der angekündigten Ewigkeit desselben erwartet werden kann: ohne doch die Nachteile des Dogma der letztern (wozu ohnedem weder Vernunfteinsicht, noch Schriftauslegung berechtigt) bei sich zu führen: da der böse Mensch im *Leben* schon zum voraus auf diesen leicht zu erlangenden Pardon rechnet, oder am Ende desselben es nur mit den Ansprüchen der himmlischen Gerechtigkeit auf ihn zu tun zu haben glaubt, die er mit bloßen Worten befriedigt, indessen daß die Rechte der Menschen hierbei leer ausgehen, und niemand das Seine wieder bekommt (ein so gewöhnlicher Ausgang dieser Art der Expiation, daß ein Beispiel vom Gegenteil beinahe unerhört ist). – Besorgt man aber: daß ihn seine Vernunft durchs

Gewissen zu gelinde beurteilen werde, so irrt man sich; wie ich glaube, sehr. Denn eben darum, weil sie frei ist, und selbst über ihn, den Menschen sprechen soll, ist sie unbestechlich, und wenn man ihm in einem solchen Zustande nur sagt: daß es wenigstens möglich sei, er werde bald vor einem Richter stehen müssen, so darf man ihn nur seinem eigenen Nachdenken überlassen, welches ihn, aller Wahrscheinlichkeit nach, mit der größten Strenge richten wird. – Ich will diesem noch ein paar Bemerkungen beifügen. Der gewöhnliche Sinnspruch: *Ende gut, alles gut*, kann auf *moralische* Fälle zwar angewandt werden, aber nur, wenn unter dem guten Ende dasjenige verstanden wird, da der Mensch ein wahrhaftig guter Mensch wird. Aber woran will er sich als einen solchen erkennen, da er es nur aus dem darauf folgenden beharrlich guten Lebenswandel schließen kann, für diesen aber am Ende des Lebens keine Zeit mehr da ist? Von der *Glückseligkeit* kann dieser Spruch eher eingeräumt werden, aber auch nur in Beziehung auf den Standpunkt, aus dem er sein Leben ansieht, nicht aus dem Anfange, sondern dem Ende desselben, indem er von da auf jenen zurücksieht. Überstandene Leiden lassen keine peinigende Rückerinnerung übrig, wenn man sich schon geborgen sieht, sondern vielmehr ein Frohsein, welches den Genuß des nun eintretenden Glückes nur um desto schmackhafter macht; weil Vergnügen oder Schmerzen (als zur Sinnlichkeit gehörig), in der Zeitreihe enthalten, mit ihr auch verschwinden, und mit dem nun existierenden Lebensgenuß nicht ein Ganzes ausmachen, sondern durch diesen, als den nachfolgenden, verdrängt werden. Wendet man aber denselben Satz auf die Beurteilung des moralischen Werts des bis dahin geführten Lebens an, so kann der Mensch sehr unrecht haben, es so zu beurteilen, ob er gleich dasselbe mit einem ganz guten Wandel beschlossen hat. Denn das moralisch subjektive Prinzip der *Gesinnung*, wornach sein Leben beurteilt werden muß, ist (als etwas Übersinnliches) nicht von der Art, daß sein Dasein in Zeitabschnitte teilbar, sondern nur als absolute Einheit gedacht werden kann, und da wir auf die Gesinnung nur aus den Handlungen (als Erscheinungen derselben) schließen können, so wird das Leben zum Behuf dieser Schätzung nur als *Zeiteinheit*, d.i. als ein *Ganzes*, in Betrachtung kommen; da dann die Vorwürfe aus dem ersten Teil des Lebens (vor der Besserung) eben so laut mitsprechen, als der Beifall im *letzteren*, und den triumphierenden Ton: Ende gut, alles gut, gar sehr dämpfen möchten. – Endlich ist mit jener Lehre, von der Dauer der Strafen in einer andern Welt, auch noch eine andere nahe verwandt, obgleich nicht einerlei, nämlich; »daß alle Sünden hier vergeben werden müssen«; daß die Rechnung mit dem Ende des Lebens völlig abgeschlossen sein müsse, und niemand hoffen könne, das hier Versäumte etwa dort noch einzubringen. Sie kann sich aber eben so wenig, wie die vorige, als Dogma ankündigen, sondern ist nur ein Grundsatz, durch welchen sich

mit welchen vermeinten Kenntnissen und Behauptungen die Vernunft 723 nur die Schranken ihrer Einsicht überschreitet. Die gute und lautere Gesinnung (die man einen guten uns regierenden Geist nennen kann), deren man sich bewußt ist, führt also auch das Zutrauen zu ihrer Beharrlichkeit und Festigkeit obzwar nur mittelbar bei sich, und ist der Tröster (Paraklet), wenn uns unsere Fehltritte wegen ihrer Beharrlichkeit besorgt machen. Gewißheit in Ansehung derselben ist dem Menschen weder möglich, noch, so viel wir einsehen, moralisch zuträglich. Denn (was wohl zu merken ist) wir können dieses Zutrauen nicht auf ein 724 unmittelbares Bewußtsein der Unveränderlichkeit unserer Gesinnungen gründen, weil wir diese nicht durchschauen können, sondern wir müssen allenfalls nur aus den Folgen derselben im Lebenswandel auf sie schließen, welcher Schluß aber, weil er nur aus Wahrnehmungen als Erscheinungen der guten und bösen Gesinnung gezogen worden, vornehmlich die *Stärke* derselben niemals mit Sicherheit zu erkennen gibt, am wenigsten, wenn man seine Gesinnung gegen das vorausgesehene nahe Ende 725 des Lebens gebessert zu haben meint, da jene empirische Beweise der Echtheit derselben gar mangeln, indem kein Lebenswandel zur Begründung des Urteilsspruchs unsers moralischen Werts mehr gegeben ist, und Trostlosigkeit (dafür aber die Natur des Menschen bei der Dunkelheit aller Aussichten über die Grenzen dieses Lebens hinaus schon von selbst sorgt, daß sie nicht in wilde Verzweiflung ausschlage) die unver-

die praktische Vernunft im Gebrauche ihrer Begriffe des Übersinnlichen die Regel vorschreibt, indessen sie sich bescheidet: daß sie von der objektiven Beschaffenheit des letzteren nichts weiß. Sie sagt nämlich nur so viel: Wir können nur aus unserm geführten Lebenswandel schließen, ob wir Gott wohlgefällige Menschen sind, oder nicht, und, da derselbe mit diesem Leben zu Ende geht, so schließt sich auch für uns die Rechnung, deren Fazit es allein geben muß, ob wir uns für gerechtfertigt halten können, oder nicht. – Überhaupt, wenn wir statt der *konstitutiven* Prinzipien der Erkenntnis übersinnlicher Objekte, deren Einsicht uns doch unmöglich ist, unser Urteil auf die *regulative*, sich an dem möglichen praktischen Gebrauch derselben begnügende Prinzipien einschränkten, so würde es in gar vielen Stücken mit der menschlichen Weisheit besser stehen, und nicht vermeintliches Wissen dessen, wovon man im Grunde nichts weiß, grundlose, obzwar eine Zeitlang schimmernde Vernünftelei zum endlich sich doch einmal daraus hervorfindenden Nachteil der Moralität ausbrüten.

meidliche Folge von der vernünftigen Beurteilung seines sittlichen Zustandes ist.

Die *dritte* und dem Anscheine nach größte Schwierigkeit, welche jeden Menschen, selbst nachdem er den Weg des Guten eingeschlagen hat, doch in der Aburteilung seines ganzen Lebenswandels vor einer göttlichen *Gerechtigkeit* als verwerflich vorstellt, ist folgende. – Wie es auch mit der Annehmung einer guten Gesinnung an ihm zugegangen sein mag und sogar, wie beharrlich er auch darin in einem ihr gemäßen Lebenswandel fortfahre, *so fing er doch vom Bösen an*, und diese Verschuldung ist ihm nie auszulöschen möglich. Daß er nach seiner Herzensänderung keine neue Schulden mehr macht, kann er nicht dafür ansehen, als ob er dadurch die alten bezahlt habe. Auch kann er in einem fernerhin geführten guten Lebenswandel keinen Überschuß über das, was er jedesmal an sich zu tun schuldig ist, herausbringen; denn es ist jederzeit seine Pflicht, alles Gute zu tun, was in seinem Vermögen steht. – Diese ursprüngliche, oder überhaupt vor jedem Guten, was er immer tun mag, vorhergehende Schuld, die auch dasjenige ist, was, und nichts mehr, wir unter dem *radikalen* Bösen verstanden (s. das erste Stück), kann aber auch, so viel wir nach unserem Vernunftrecht einsehen, nicht von einem andern getilgt werden; denn sie ist keine *transmissible* Verbindlichkeit, die etwa, wie eine Geldschuld (bei der es dem Gläubiger einerlei ist, ob der Schuldner selbst, oder ein anderer für ihn bezahlt), auf einen andern übertragen werden kann, sondern die *allerpersönlichste*, nämlich eine Sündenschuld, die nur der Strafbare, nicht der Unschuldige, er mag auch noch so großmütig sein, sie für jenen übernehmen zu wollen, tragen kann. – Da nun das Sittlich-Böse (Übertretung des moralischen Gesetzes, *als göttlichen Gebotes, Sünde* genannt) nicht sowohl wegen der *Unendlichkeit* des höchsten Gesetzgebers, dessen Autorität dadurch verletzt worden (von welchem überschwenglichen Verhältnisse des Menschen zum höchsten Wesen wir nichts verstehen), sondern als ein Böses in der *Gesinnung* und den Maximen überhaupt (wie *allgemeine Grundsätze* vergleichungsweise gegen einzelne Übertretungen) eine *Unendlichkeit* von Verletzungen des Gesetzes, mithin der Schuld, bei sich führt (welches vor einem menschlichen Gerichtshofe, der nur das einzelne Verbrechen, mithin nur die Tat und darauf bezogene, nicht aber die allgemeine Gesinnung in Betrachtung zieht, anders ist), so würde jeder Mensch sich einer *unendlichen Strafe* und Verstoßung aus dem Reiche Gottes zu gewärtigen haben.

Die Auflösung dieser Schwierigkeit beruht auf folgendem: Der Richterausspruch eines Herzenskündigers muß als ein solcher gedacht werden, der aus der allgemeinen Gesinnung des Angeklagten, nicht aus den Erscheinungen derselben, den vom Gesetz abweichenden, oder damit zusammenstimmenden Handlungen gezogen worden. Nun wird hier aber in dem Menschen eine über das in ihm vorher mächtige böse Prinzip die Oberhand habende gute Gesinnung vorausgesetzt, und es ist nun die Frage: ob die moralische Folge der ersteren, die Strafe (mit andern Worten, die Wirkung des Mißfallens Gottes an dem Subjekt), auch auf seinen Zustand in der gebesserten Gesinnung könne gezogen werden, in der er schon ein Gegenstand des göttlichen Wohlgefallens ist. Da hier die Frage nicht ist: ob auch *vor* der Sinnesänderung die über ihn verhängte Strafe mit der göttlichen Gerechtigkeit zusammenstimmen würde (als woran niemand zweifelt), so *soll* sie (in dieser Untersuchung) nicht als vor der Besserung an ihm vollzogen gedacht werden. Sie kann aber auch nicht *als nach derselben*, da der Mensch schon im neuen Leben wandelt, und moralisch ein anderer Mensch ist, dieser seiner neuen Qualität (eines Gott wohlgefälligen Menschen) angemessen angenommen werden, gleichwohl aber muß der höchsten Gerechtigkeit, vor der ein Strafbarer nie straflos sein kann, ein Genüge geschehen. Da sie also weder vor noch nach der Sinnesänderung der göttlichen Weisheit gemäß, und doch notwendig ist: so würde sie als *in* dem Zustande der Sinnesänderung selbst ihr angemessen und ausgeübt gedacht werden müssen. Wir müssen also sehen, ob in diesem letzteren schon durch den Begriff einer moralischen Sinnesänderung diejenigen Übel als enthalten gedacht werden können, die der neue gutgesinnte Mensch als vor ihm (in andrer Beziehung) verschuldete, und als solche *Strafen* ansehen kann,[26] wodurch

⁷²⁷ — *(marginalia)* 727

26 Die Hypothese: alle Übel in der Welt im allgemeinen als Strafen für begangene Übertretungen anzusehen, kann nicht sowohl, als zum Behuf einer Theodizee, oder als Erfindung zum Behuf der Priesterreligion (des Kultus) ersonnen, angenommen werden (denn sie ist zu gemein, um so künstlich ausgedacht zu sein), sondern liegt vermutlich der menschlichen Vernunft sehr nahe, welche geneigt ist, den Lauf der Natur an die Gesetze der Moralität anzuknüpfen, und die daraus den Gedanken sehr natürlich hervorbringt: daß wir zuvor bessere Menschen zu werden suchen sollen, ehe wir verlangen können, von den Übeln des Lebens befreit zu werden, oder sie durch überwiegendes Wohl zu vergüten. – Darum wird der erste Mensch (in der heiligen Schrift) als zur Arbeit, wenn er essen wollte, sein Weib, daß sie mit Schmerzen Kinder gebären sollte, und beide als zum Sterben,

der göttlichen Gerechtigkeit ein Genüge geschieht. – Die Sinnesänderung ist nämlich ein Ausgang vom Bösen, und ein Eintritt ins Gute, das Ablegen des alten, und das Anziehen des neuen Menschen, da das Subjekt der Sünde (mithin auch alle Neigungen, sofern sie dazu verleiten) abstirbt, um der Gerechtigkeit zu leben. In ihr aber als intellektueller Bestimmung sind nicht zwei durch eine Zwischenzeit getrennte moralische Actus enthalten, sondern sie ist nur ein einiger, weil die Verlassung des Bösen nur durch die gute Gesinnung, welche den Eingang ins Gute bewirkt, möglich ist, und so umgekehrt. Das gute Prinzip ist also in der Verlassung der bösen eben sowohl, als in der Annehmung der guten Gesinnung enthalten, und der Schmerz, der die erste rechtmäßig begleitet, entspringt gänzlich aus der zweiten. Der Ausgang aus der verderbten Gesinnung in die gute ist (als »das Absterben am alten Menschen, Kreuzigung des Fleisches«) an sich schon Aufopferung und Antretung einer langen Reihe von Übeln des Lebens, die der neue Mensch in der Gesinnung des Sohnes Gottes, nämlich bloß um des Guten willen übernimmt; die aber doch eigentlich einem andern, nämlich dem alten (denn dieser ist moralisch ein anderer), als *Strafe* gebührten. – Ob er also gleich *physisch* (seinem empirischen Charakter als Sinnenwesen nach betrachtet) eben derselbe strafbare Mensch ist, und als ein solcher vor einem moralischen Gerichtshofe, mithin auch von ihm selbst gerichtet werden muß, so ist er doch in seiner neuen Gesinnung (als intelligibles Wesen) vor einem göttlichen Richter, vor welchem diese die Tat vertritt, *moralisch* ein anderer, und diese in ihrer Reinigkeit, wie die des Sohnes Gottes, welche er in sich aufgenommen hat, oder (wenn wir diese Idee personifizieren) *dieser* selbst trägt für ihn, und so auch für alle, die an ihn (praktisch) glauben, als *Stellvertreter* die Sündenschuld, tut durch Leiden und Tod der höchsten Gerechtigkeit als *Erlöser* genug, und macht als *Sachverwalter*, daß sie hoffen können, vor ihrem Richter

um *ihrer Übertretung willen* verdammt vorgestellt, obgleich nicht abzusehen ist, wie, wenn diese auch nicht begangen worden, tierische mit solchen Gliedmaßen versehene Geschöpfe sich einer andern Bestimmung hätten gewärtigen können. Bei den *Hindus* sind die Menschen nichts anders, als in tierische Körper zur Strafe für ehemalige Verbrechen eingesperrte Geister (Dewas genannt), und selbst ein Philosoph (*Malebranche*) wollte den vernunftlosen Tieren lieber gar keine Seelen und hiermit auch keine Gefühle beilegen, als einräumen, daß die Pferde so viel Plagen ausstehen müßten, »ohne doch vom verbotenen Heu gefressen zu haben«.

als gerechtfertigt zu erscheinen, nur daß (in dieser Vorstellungsart) jenes Leiden, was der neue Mensch indem er dem *alten* abstirbt, im Leben fortwährend übernehmen muß,[27] an dem Repräsentanten der Menschheit als ein für allemal erlittener Tod vorgestellt wird. – Hier ist nun derjenige Überschuß über das Verdienst der Werke, der oben vermißt wurde, und ein Verdienst, das uns *aus Gnaden* zugerechnet wird. Denn damit das, was bei uns im Erdenleben (vielleicht auch in allen künftigen Zeiten

27 Auch die reinste moralische Gesinnung bringt am Menschen, als Weltwesen, doch nichts mehr, als ein kontinuierliches Werden eines Gott wohlgefälligen Subjekts der Tat nach (die in der Sinnenwelt angetroffen wird) hervor. Der Qualität nach (da sie, als übersinnlich *gegründet*, gedacht werden muß) soll und kann sie zwar heilig und der seines Urbildes gemäß sein; dem Grade nach – wie sie sich in Handlungen offenbart – bleibt sie immer mangelhaft, und von der ersteren unendlich weit abstehend, Demungeachtet vertritt diese Gesinnung, weil sie den Grund des kontinuierlichen Fortschritts im Ergänzen dieser Mangelhaftigkeit enthält, als intellektuelle Einheit des Ganzen, *die Stelle der Tat* in ihrer Vollendung. Allein nun fragt's sich: kann wohl derjenige, »an dem nichts Verdammliches ist«, oder sein muß sich gerechtfertigt glauben, und sich gleichwohl die Leiden, die ihm auf dem Wege zu immer größerem Guten zustoßen, immer noch *als strafend* zurechnen, also hierdurch eine Strafbarkeit, mithin auch eine Gott mißfällige Gesinnung bekennen? Ja, aber nur in der Qualität des Menschen, den er kontinuierlich auszieht. Was ihm in jener Qualität (der des alten Menschen) als Strafe gebühren würde (und das sind alle Leiden und Übel des Lebens überhaupt), das nimmt er in der Qualität des neuen Menschen freudig, bloß um des Guten willen, über sich; folglich werden sie ihm sofern und als einem solchen nicht als Strafen zugerechnet, sondern der Ausdruck will nur so viel sagen: alle ihm zustoßenden Übel und Leiden, die der alte Mensch sich als Strafe hätte zurechnen müssen, und die er sich auch, sofern er ihm abstirbt, wirklich als solche zurechnet, die nimmt er, in der Qualität des neuen, als so viel Anlässe der Prüfung und Übung seiner Gesinnung zum Guten willig auf, wovon selbst jene Bestrafung die Wirkung und zugleich die Ursache, mithin auch von derjenigen Zufriedenheit und *moralischen Glückseligkeit* ist, welche im Bewußtsein seines Fortschritts im Guten (der mit der Verlassung des Bösen ein Actus ist) besteht; dahingegen eben dieselbe Übel in der alten Gesinnung nicht allein als Strafen hätten gelten, sondern auch als solche *empfunden* werden müssen, weil sie, selbst als bloße Übel betrachtet, doch demjenigen gerade entgegengesetzt sind, was sich der Mensch in solcher Gesinnung als *physische Glückseligkeit* zu seinem einzigen Ziele macht.

und allen Welten) immer nur im bloßen *Werden* ist (nämlich ein Gott wohlgefälliger Mensch zu sein), uns gleich, als ob wir schon hier im vollen Besitz desselben wären, zugerechnet werde, dazu haben wir doch wohl keinen Rechtsanspruch[28] (nach der empirischen Selbsterkenntnis), so weit wir uns selbst kennen (unsere Gesinnung nicht unmittelbar, sondern nur nach unsern Taten ermessen), so daß der Ankläger in uns eher noch auf ein Verdammungsurteil antragen würde. Es ist also immer nur ein Urteilsspruch aus Gnade, obgleich (als auf Genugtuung gegründet, die für uns nur in der Idee der gebesserten Gesinnung liegt, die aber Gott allein kennt) der ewigen Gerechtigkeit völlig gemäß, wenn wir, um jenes Guten im Glauben willen, aller Verantwortung entschlagen werden.

Es kann nun noch gefragt werden, ob diese Deduktion der Idee einer *Rechtfertigung* des zwar verschuldeten, aber doch zu einer Gott wohlgefälligen Gesinnung übergegangenen Menschen irgend einen praktischen Gebrauch habe, und welcher es sein könne. Es ist nicht abzusehen, welcher *positive* Gebrauch davon für die Religion und den Lebenswandel zu machen sei; da in jener Untersuchung die Bedingung zum Grunde liegt, daß der, den sie angeht, in der erforderlichen guten Gesinnung schon wirklich sei, auf deren Behuf (Entwickelung und Beförderung) aller praktische Gebrauch moralischer Begriffe eigentlich abzweckt; denn was den Trost betrifft, so führt ihn eine solche Gesinnung für den, der sich ihrer bewußt ist (als Trost und Hoffnung, nicht als Gewißheit) schon bei sich. Sie ist also in so fern nur die Beantwortung einer spekulativen Frage, die aber darum nicht mit Stillschweigen übergangen werden kann, weil sonst der Vernunft vorgeworfen werden könnte, sie sei schlechterdings unvermögend, die Hoffnung auf die Lossprechung des Menschen von seiner Schuld mit der göttlichen Gerechtigkeit zu vereinigen; ein Vorwurf, der ihr in mancherlei, vornehmlich in moralischer Rücksicht nachteilig sein könnte. Allein der *negative* Nutzen, der daraus für Religion und Sitten zum Behuf eines jeden Menschen gezogen werden kann, erstreckt sich sehr weit. Denn man sieht aus der gedachten Deduktion: daß nur unter der Voraussetzung der gänzlichen Herzensän-

---

28 Sondern nur *Empfänglichkeit*, welche alles ist, was wir unsererseits uns beilegen können, der Ratschluß aber eines Oberen zu Erteilung eines Guten, wozu der Untergeordnete nichts weiter als die (moralische) Empfänglichkeit hat, heißt *Gnade*.

derung sich für den mit Schuld belasteten Menschen vor der himmlischen Gerechtigkeit Lossprechung denken lasse, mithin alle Expiationen, sie mögen von der büßenden oder feierlichen Art sein, alle Anrufungen 731 und Hochpreisungen (selbst die des stellvertretenden Ideals des Sohnes Gottes) den Mangel der erstern nicht ersetzen, oder, wenn diese da ist, ihre Gültigkeit vor jenem Gerichte nicht im mindesten vermehren können; denn dieses Ideal muß in unserer Gesinnung aufgenommen sein, um an die Stelle der Tat zu gelten. Ein anderes enthält die Frage: was sich der Mensch von seinem geführten Lebenswandel *am Ende desselben* zu versprechen, oder was er zu fürchten habe. Hier muß er allererst seinen Charakter wenigstens einigermaßen kennen; also, wenn er gleich glaubt, es sei mit seiner Gesinnung eine Besserung vorgegangen, die alte (verderbte), von der er ausgegangen ist, zugleich mit in Betrachtung ziehen, und was und wie viel von der ersteren er abgelegt habe, und welche *Qualität* (ob lautere oder noch unlautere) sowohl, als welchen *Grad* die vermeinte neue Gesinnung habe, abnehmen können, um die erste zu überwinden, und den Rückfall in dieselbe zu verhüten; er wird sie also durchs ganze Leben nachzusuchen haben. Da er also von seiner wirklichen Gesinnung durch unmittelbares Bewußtsein gar keinen sichern und bestimmten Begriff bekommen, sondern ihn nur aus seinem wirklich geführten Lebenswandel abnehmen kann: so wird er für das Urteil des künftigen Richters (des aufwachenden Gewissens in ihm selbst, zugleich mit der herbeigerufenen empirischen Selbsterkenntnis) sich keinen andern Zustand zu seiner Überführung denken können, als daß ihm *sein ganzes Leben* dereinst werde vor Augen gestellt werden, nicht bloß ein Abschnitt desselben, vielleicht der letzte, und für ihn noch günstigste; hiermit aber würde er von selbst die Aussicht in ein noch weiter fortgesetztes Leben (ohne sich hier Grenzen zu setzen), wenn es noch länger gedauert hätte, verknüpfen. Hier kann nun nicht die zuvor erkannte Gesinnung die Tat vertreten lassen, sondern umgekehrt, er soll aus der ihm vorgestellten Tat seine Gesinnung abnehmen. Was meint der Leser wohl: wird bloß dieser Gedanke, welcher dem Menschen (der eben nicht der ärgste sein darf) vieles in die Erinnerung zurückruft, was er sonst 732 leichtsinnigerweise längst aus der Acht gelassen hat, wenn man ihm auch nichts weiter sagte, als, er habe Ursache zu glauben, er werde dereinst vor einem Richter stehen, von seinem künftigen Schicksal nach seinem bisher geführten Lebenswandel urteilen? Wenn man im Menschen den Richter, der in ihm selbst ist, anfragt: so beurteilt er sich strenge, denn er kann seine Vernunft nicht bestechen; stellt man ihm aber einen andern Richter vor, so wie man von ihm aus anderweitigen Belehrungen Nachricht haben will, so hat er wider seine Strenge vieles vom Vorwande der menschlichen Gebrechlichkeit Hergenommenes einzuwenden, und überhaupt denkt er, ihm beizukommen: es sei, daß er, durch reuige, nicht aus wahrer Gesinnung der Besserung entspringende Selbstpeinigungen, der Bestrafung von ihm zuvorzukommen, oder ihn durch Bitten und Flehen, auch durch Formeln, und für gläubig ausgegebene Bekenntnisse zu erweichen denkt; und wenn ihm hiezu Hoffnung gemacht wird (nach dem Sprichwort: Ende gut, alles gut): so macht er darnach schon frühzeitig seinen Anschlag, um nicht ohne Not zu viel am vergnügten Leben einzubüßen, und beim nahen Ende desselben doch in der Geschwindigkeit die Rechnung zu seinem Vorteile abzuschließen.[29]

29 Die Absicht derer, die am Ende des Lebens einen Geistlichen rufen lassen, ist gewöhnlich: daß sie an ihm einen *Tröster* haben wollen; nicht wegen der *physischen* Leiden, welche die letale Krankheit, ja auch nur die natürliche Furcht vor dem Tod mit sich führt (denn darüber kann der Tod selber, der sie beendigt, Tröster sein), sondern wegen der *moralischen*, nämlich der Vorwürfe des Gewissens. Hier sollte nun dieses eher *aufgeregt* und *geschärft* werden, um, was noch Gutes zu tun, oder Böses in seinen übrig bleibenden Folgen zu vernichten (reparieren) sei, ja nicht zu verabsäumen, nach der Warnung: »sei willfährig deinem Widersacher (dem, der einen Rechtsanspruch wider dich hat), so lange du noch mit ihm auf dem Wege bist (d.i. so lange du noch lebst), damit er dich nicht dem Richter (nach dem Tode) überliefere, u.s.w.« An dessen Statt aber gleichsam Opium fürs Gewissen zu geben, ist Verschuldigung an ihm selbst und andern ihn Überlebenden; ganz wider die Endabsicht, wozu ein solcher Gewissensbeistand am Ende des Lebens für nötig gehalten werden kann.

Zweiter Abschnitt. Von dem Rechtsanspruche des bösen Prinzips auf die Herrschaft über den Menschen, und dem Kampf beider Prinzipien mit einander

Die heilige Schrift (christlichen Anteils) trägt dieses intelligible moralische Verhältnis in der Form einer Geschichte vor, da zwei, wie Himmel und Hölle einander entgegengesetzte Prinzipien im Menschen, als Personen außer ihm, vorgestellt, nicht bloß ihre Macht gegen einander versuchen, sondern auch (der eine Teil als Ankläger, der andere als Sachwalter des Menschen) ihre Ansprüche gleichsam vor einem höchsten Richter *durchs Recht* gelten machen wollen.

Der Mensch war ursprünglich zum Eigentümer aller Güter der Erde eingesetzt (1. Mos. I, 28), doch, daß er diese nur als sein Untereigentum (dominium utile) unter seinem Schöpfer und Herrn, als Obereigentümer (dominus directus), besitzen sollte. Zugleich wird ein böses Wesen (wie es so böse geworden, um seinem Herrn untreu zu werden, da es doch uranfänglich gut war, ist nicht bekannt) aufgestellt, welches durch seinen Abfall alles Eigentums, das es im Himmel besessen haben mochte, verlustig geworden, und sich nun ein anderes auf Erden erwerben will. Da ihm nun als einem Wesen höherer Art – als einem Geiste – irdische und körperliche Gegenstände keinen Genuß gewähren können, so sucht er eine Herrschaft *über die Gemüter* dadurch zu erwerben, daß er die Stammeltern aller Menschen von ihrem Oberherrn abtrünnig und ihm anhängig macht, da es ihm dann gelingt, sich so zum Obereigentümer aller Güter der Erde, d.i. zum Fürsten dieser Welt, aufzuwerfen. Nun könnte man hierbei zwar es bedenklich finden: warum sich Gott gegen diesen Verräter nicht seiner Gewalt bediente,[30] und das Reich, was er 734 zu stiften zur Absicht hatte, lieber in seinem Anfange vernichtete; aber die Beherrschung und Regierung der höchsten Weisheit über vernünftige

---

30 Der P. *Charlevoix* berichtet: daß, da er seinem irokesischen Katechismusschüler alles Böse vorerzählte, was der böse Geist in die zu Anfang gute Schöpfung hineingebracht habe, und wie er noch beständig die besten göttlichen Veranstaltungen zu vereiteln suche, dieser mit Unwillen gefragt habe: aber warum schlägt Gott den Teufel nicht tot? auf welche Frage er treuherzig gesteht, daß er in der Eil keine Antwort habe finden können.

Wesen verfährt mit ihnen nach dem Prinzip ihrer Freiheit, und was sie Gutes oder Böses treffen soll, das sollen sie sich selbst zuzuschreiben haben. Hier war also, dem guten Prinzip zum Trotz, ein Reich des Bösen errichtet, welchem alle von Adam (natürlicherweise) abstammende Menschen unterwürfig wurden, und zwar mit ihrer eignen Einwilligung, weil das Blendwerk der Güter dieser Welt ihre Blicke von dem Abgrunde des Verderbens abzog, für das sie aufgespart wurden. Zwar verwahrte sich das gute Prinzip wegen seines Rechtsanspruchs an der Herrschaft über den Menschen durch die Errichtung der Form einer Regierung, die bloß auf öffentliche alleinige Verehrung seines Namens angeordnet war (in der *jüdischen* Theokratie), da aber die Gemüter der Untertanen in derselben für keine andere Triebfedern, als die Güter dieser Welt, gestimmt blieben, und sie also auch nicht anders, als durch Belohnungen und Strafen in diesem Leben regiert sein wollten, dafür aber auch keiner andern Gesetze fähig waren, als solcher, welche teils lästige Zeremonien und Gebräuche auferlegten, teils zwar sittliche, aber nur solche, wobei ein äußerer Zwang statt fand, also nur bürgerliche waren, wobei das Innere der moralischen Gesinnung gar nicht in Betrachtung kam: so tat diese Anordnung dem Reiche der Finsternis keinen wesentlichen Abbruch, sondern diente nur dazu, um das unauslöschliche Recht des ersten Eigentümers immer im Andenken zu erhalten. – Nun erschien in eben demselben Volke zu einer Zeit, da es alle Übel einer hierarchischen Verfassung im vollen Maße fühlte, und das sowohl dadurch, als vielleicht durch die den Sklavensinn erschütternden moralischen Freiheitslehren der griechischen Weltweisen, die auf dasselbe allmählich Einfluß bekommen hatten, großenteils zum Besinnen gebracht, mithin zu einer Revolution reif war, auf einmal eine Person, deren Weisheit noch reiner, als die der bisherigen Philosophen, wie vom Himmel herabgekommen war, und die sich auch selbst, was ihre Lehren und Beispiel betraf, zwar als wahren Menschen, aber doch als einen Gesandten solchen Ursprungs ankündigte, der in ursprünglicher Unschuld in dem Vertrage, den das übrige Menschengeschlecht durch seinen Repräsentanten, den ersten Stammvater, mit dem bösen Prinzip eingegangen, nicht mit begriffen war,[31] und »an dem der Fürst dieser Welt also keinen Teil hatte«.

31 Eine vom angebornen Hange zum Bösen freie Person so als möglich sich zu denken, daß man sie von einer jungfräulichen Mutter gebären läßt, ist eine Idee der sich zu einem schwer zu erklärenden und doch auch nicht abzuleugnenden gleichsam moralischen Instinkt bequemenden Vernunft;

Hierdurch war des letztern Herrschaft in Gefahr gesetzt. Denn widerstand dieser Gott wohlgefällige Mensch seinen Versuchungen, jenem Kontrakt auch beizutreten, nahmen andere Menschen auch dieselbe Gesinnung gläubig an, so büßte er eben soviel Untertanen ein, und sein Reich lief Gefahr, gänzlich zerstört zu werden. Dieser bot ihm also an, ihn zum Lehnsträger seines ganzen Reichs zu machen, wenn er ihm nur als Eigentümer desselben huldigen wollte. Da dieser Versuch nicht gelang, so entzog er nicht allein diesem Fremdlinge auf seinem Boden alles, was ihm sein Erdenleben angenehm machen konnte (bis zur größten Armut), sondern erregte gegen ihn alle Verfolgungen, wodurch böse Menschen es verbittern können, Leiden, die nur der Wohlgesinnte recht

da wir nämlich die natürliche Zeugung, weil sie ohne Sinnenlust beider Teile nicht geschehen kann, uns aber doch (für die Würde der Menschheit) in gar zu nahe Verwandtschaft mit der allgemeinen Tiergattung zu bringen scheint, als etwas ansehen, dessen wir uns zu *schämen* haben – eine Vorstellung, die gewiß die eigentliche Ursache von der vermeinten Heiligkeit des Mönchsstandes geworden ist – welches uns also etwas Unmoralisches, mit der Vollkommenheit eines Menschen nicht Vereinbares, doch in seine Natur Eingepfropftes und also sich auch auf seine Nachkommen als eine böse Anlage Vererbendes zu sein deucht. – Dieser dunklen (von einer Seite bloß sinnlichen, von der andern aber doch moralischen, mithin intellektuellen) Vorstellung ist nun die Idee einer von keiner Geschlechtsgemeinschaft abhängigen (jungfräulichen) Geburt eines mit keinem moralischen Fehler behafteten Kindes wohl angemessen, aber nicht ohne Schwierigkeit in der Theorie (in Ansehung deren aber etwas zu bestimmen in praktischer Absicht gar nicht nötig ist). Denn nach der Hypothese der Epigenesis würde doch die Mutter, die durch *natürliche* Zeugung von ihren Eltern abstammt, mit jenem moralischen Fehler behaftet sein und diesen wenigstens der Hälfte nach auch bei einer übernatürlichen Zeugung auf ihr Kind vererben; mithin müßte, damit dies nicht die Folge sei, das System der *Präexistenz* der Keime in den Eltern, aber auch nicht das der Einwickelung im *weiblichen* (weil dadurch jene Folge nicht vermieden wird) sondern bloß im *männlichen* Teile (nicht das der ovu lorum sondern der animalcul. sperm.) angenommen werden; welcher Teil nun bei einer übernatürlichen Schwangerschaft wegfällt, und so jener Idee theoretisch angemessen jene Vorstellungsart verteidigt werden könnte. – Wozu aber alle diese Theorie, dafür oder dawider, wenn es für das Praktische genug ist, jene Idee, als Symbol der sich selbst über die Versuchung zum Bösen erhebenden (diesem siegreich widerstehenden) Menschheit, uns zum Muster vorzustellen?

tief fühlt, Verleumdung der lautern Absicht seiner Lehren (um ihm allen Anhang zu entziehen), und verfolgte ihn bis zum schmählichsten Tode, ohne gleichwohl durch diese Bestürmung seiner Standhaftigkeit und Freimütigkeit in Lehre und Beispiel für das Beste von lauter Unwürdigen im mindesten etwas gegen ihn auszurichten. Und nun der Ausgang dieses Kampfs! Der Ausschlag desselben kann als ein *rechtlicher*, oder auch als ein *physischer* betrachtet werden. Wenn man den letztern ansieht (der in die Sinne fällt), so ist das gute Prinzip der unterliegende Teil; er mußte in diesem Streite, nach vielen erlittenen Leiden, sein Leben hingeben,[32] weil er in einer fremden Herrschaft (die Gewalt hat) einen Aufstand erregte. Da aber das Reich, in welchem *Prinzipien* machthabend sind (sie mögen nun gut oder böse sein), nicht ein Reich der Natur, sondern der Freiheit ist, d.i. ein solches, in welchem man über die Sachen

737

32 Nicht daß er (wie D. *Bahrdt* romanhaft dichtete) den Tod *suchte*, um eine gute Absicht, durch ein Aufsehen erregendes glänzendes Beispiel, zu befördern; das wäre Selbstmord gewesen. Denn man darf zwar auf die Gefahr des Verlustes seines Lebens etwas wagen, oder auch den Tod von den Händen eines andern erdulden, wenn man ihm nicht ausweichen kann, ohne einer unnachlaßlichen Pflicht untreu zu werden, aber nicht über sich und sein Leben als Mittel, zu welchem Zweck es auch sei, disponieren und so *Urheber* seines Todes sein. – Aber auch nicht daß er (wie der Wolfenbüttelsche Fragmentist argwohnt) sein Leben nicht in moralischer, sondern bloß in politischer, aber unerlaubter Absicht, um etwa die Priesterregierung zu stürzen und sich mit weltlicher Obergewalt selbst an ihre Stelle zu setzen, *gewagt* habe; denn dawider streitet seine, nachdem er die Hoffnung, es zu erhalten, schon aufgegeben hatte, an seine Jünger beim Abendmahl ergangene Ermahnung, es zu seinem Gedächtnis zu tun; welches, wenn es die Erinnerung einer fehlgeschlagenen weltlichen Absicht hätte sein sollen, eine kränkende, Unwillen gegen den Urheber erregende, mithin sich selbst widersprechende Ermahnung gewesen wäre. Gleichwohl konnte diese Erinnerung auch das Fehlschlagen einer sehr guten reinmoralischen Absicht des Meisters betreffen, nämlich noch bei seinem Leben, durch Stürzung des alle moralische Gesinnung verdrängenden Zeremonialglaubens und des Ansehens der Priester desselben, eine *öffentliche* Revolution (in der Religion) zu bewirken (wozu die Anstalten, seine im Lande zerstreute Jünger am Ostern zu versammeln, abgezweckt sein mochten): von welcher freilich auch noch jetzt bedauert werden kann, daß sie nicht gelungen ist; die aber doch nicht vereitelt, sondern, nach seinem Tode, in eine sich im stillen, aber unter viel Leiden, ausbreitende Religionsumänderung übergegangen ist.

nur in sofern disponieren kann, als man über die Gemüter herrscht, in welchem also niemand Sklave (Leibeigner) ist, als der, und solange er es sein will: so war eben dieser Tod (die höchste Stufe der Leiden eines Menschen) die Darstellung des guten Prinzips, nämlich der Menschheit, in ihrer moralischen Vollkommenheit, als Beispiel der Nachfolge für jedermann. Die Vorstellung desselben sollte und konnte auch für seine, ja sie kann für jede Zeit vom größten Einfluss auf menschliche Gemüter sein, indem es die Freiheit der Kinder des Himmels und die Knechtschaft eines bloßen Erdensohns in dem allerauffallendsten Kontraste sehen läßt. Das gute Prinzip aber ist nicht bloß zu einer gewissen Zeit, sondern von dem Ursprunge des menschlichen Geschlechts an unsichtbarerweise vom Himmel in die Menschheit herabgekommen gewesen (wie ein jeder, der auf seine Heiligkeit und zugleich die Unbegreiflichkeit der Verbindung derselben mit der sinnlichen Natur des Menschen in der moralischen Anlage Acht hat, gestehen muß) und hat in ihr rechtlicherweise seinen ersten Wohnsitz. Da es also in einem wirklichen Menschen als einem Beispiele für alle andere erschien, »so kam er in sein Eigentum, und die Seinen nahmen ihn nicht auf, denen aber, die ihn aufnahmen, hat er Macht gegeben, Gottes Kinder zu heißen, die an seinen Namen glauben«; d.i. durch das Beispiel desselben (in der moralischen Idee) eröffnet er die Pforte der Freiheit für jedermann, die eben so, wie er, allem dem absterben wollen, was sie zum Nachteil der Sittlichkeit an das Erdenleben gefesselt hält, und sammelt sich unter diesen »ein Volk, das fleißig wäre in guten Werken, zum Eigentum« und unter seine Herrschaft, indessen daß er die, so die moralische Knechtschaft vorziehen, der ihrigen überläßt.

Also ist der moralische Ausgang dieses Streits auf Seiten des Helden dieser Geschichte (bis zum Tode desselben) eigentlich nicht die *Besiegung* des bösen Prinzips; denn sein Reich währet noch, und es muß allenfalls noch eine neue Epoche eintreten, in der es zerstört werden soll, – sondern nur Brechung seiner Gewalt, die, welche ihm so lange untertan gewesen sind, nicht wider ihren Willen zu halten, indem ihnen eine andere moralische Herrschaft (denn unter irgend einer muß der Mensch stehen) als Freistatt eröffnet wird, in der sie Schutz für ihre Moralität finden können, wenn sie die alte verlassen wollen. Übrigens wird das böse Prinzip noch immer, der Fürst dieser Welt genannt, in welcher die, so dem guten Prinzip anhängen, sich immer auf physische Leiden, Aufopferungen, Kränkungen der Selbstliebe, welche hier als Verfolgungen des bösen Prinzips vorgestellt werden, gefaßt sein mögen, weil er nur für die, so das Erdenwohl zu ihrer Endabsicht gemacht haben, Belohnungen in seinem Reiche hat.

Man sieht leicht: daß, wenn man diese lebhafte, und wahrscheinlich für ihre Zeit auch einzige *populäre* Vorstellungsart von ihrer mystischen Hülle entkleidet, sie (ihr Geist und Vernunftsinn) für alle Welt, zu aller Zeit praktisch gültig und verbindlich gewesen, weil sie jedem Menschen nahe genug liegt, um hierüber seine Pflicht zu erkennen. Dieser Sinn besteht darin, daß es schlechterdings kein Heil für die Menschen gebe, als in innigster Aufnehmung echter sittlicher Grundsätze in ihre Gesinnung: daß dieser Aufnahme nicht etwa die so oft beschuldigte Sinnlichkeit, sondern eine gewisse selbst verschuldete Verkehrtheit, oder wie man diese Bösartigkeit noch sonst nennen will, Betrug (fausseté), (Satanslist, wodurch das Böse in die Welt gekommen) entgegen wirket, eine Verderbtheit, welche in allen Menschen liegt, und durch nichts überwältigt werden kann, als durch die Idee des Sittlichguten in seiner ganzen Reinigkeit, mit dem Bewußtsein, daß sie wirklich zu unserer ursprüng739lichen Anlage gehöre, und man nur beflissen sein müsse, sie von aller unlauteren Beimischung frei zu erhalten, und sie tief in unsere Gesinnung aufzunehmen, um durch die Wirkung, die sie allmählich aufs Gemüt tut, überzeugt zu werden, daß die gefürchteten Mächte des Bösen dagegen nichts ausrichten (»die Pforten der Hölle sie nicht überwältigen«) können, und daß, damit wir nicht etwa den Mangel dieses Zutrauens, *abergläubisch*, durch Expiationen, die keine Sinnesänderung voraussetzen, oder *schwärmerisch* durch vermeinte (bloß passive) innere Erleuchtungen ergänzen, und so von dem auf Selbsttätigkeit gegründeten Guten immer entfernt gehalten werden, wir ihm kein anders Merkmal als das eines wohlgeführten Lebenswandels unterlegen sollen. – Übrigens kann eine Bemühung, wie die gegenwärtige, in der Schrift denjenigen Sinn zu suchen, der mit dem *Heiligsten*, was die Vernunft lehrt, in Harmonie steht, nicht allein für erlaubt, sie muß vielmehr für Pflicht gehalten werden,[33] und man kann sich dabei desjenigen erinnern, was der *weise* Lehrer seinen Jüngern von jemanden sagte, der seinen besondern Weg ging, wobei er am Ende doch auf eben dasselbe Ziel hinaus kommen mußte: »wehret ihm nicht; denn wer nicht wider uns ist, der ist für uns«.

---

33 Wobei man einräumen kann, daß er nicht der einzige sei.

Allgemeine Anmerkung

Wenn eine moralische Religion (die nicht in Satzungen und Observanzen, sondern in der Herzensgesinnung zu Beobachtung aller Menschenpflichten, als göttlicher Gebote zu setzen ist) gegründet werden soll, so müssen alle *Wunder*, die die Geschichte mit ihrer Einführung verknüpft, den Glauben an Wunder überhaupt endlich selbst entbehrlich machen; denn es verrät einen sträflichen Grad moralischen Unglaubens, wenn man den Vorschriften der Pflicht, wie sie ursprünglich ins Herz des Menschen durch die Vernunft geschrieben sind, anders nicht hinreichende Autorität zugestehen will, als wenn sie noch dazu durch Wunder beglaubigt werden: »wenn ihr nicht Zeichen und Wunder sehet, so glaubt ihr nicht«. Nun ist es doch der gemeinen Denkungsart der Menschen ganz angemessen, daß, wenn eine Religion des bloßen Kultus und der Observanzen ihr Ende erreicht, und dafür eine im Geist und in der Wahrheit (der moralischen Gesinnung) gegründete eingeführt werden soll, die Introduktion der letzteren, ob sie es zwar nicht bedarf, in der Geschichte noch mit Wundern begleitet und gleichsam ausgeschmückt werde, um die Endschaft der ersteren, die ohne Wunder gar keine Autorität gehabt haben würde, anzukündigen; ja auch wohl so, daß, um die Anhänger der ersteren für die neue Revolution zu gewinnen, sie als jetzt in Erfüllung gegangenes älteres Vorbild dessen, was in der letztern der Endzweck der Vorsehung war, ausgelegt wird, und unter solchen Umständen kann es nichts fruchten, jene Erzählungen oder Ausdeutungen jetzt zu bestreiten, wenn die wahre Religion einmal da ist, und sich nun und fernerhin durch Vernunftgründe selbst erhalten kann, die zu ihrer Zeit durch solche Hülfsmittel introduziert zu werden bedurfte; man müßte denn annehmen wollen, daß das bloße Glauben und Nachsagen unbegreiflicher Dinge (was ein jeder kann, ohne darum ein besserer Mensch zu sein, oder jemals dadurch zu werden) eine Art und gar die einzige sei, Gott wohl zu gefallen; als wider welches Vorgeben mit aller Macht gestritten werden muß. Es mag also sein, daß die Person des Lehrers der alleinigen für alle Welten gültigen Religion ein Geheimnis, daß seine Erscheinung auf Erden, so wie seine Entrückung von derselben, daß sein tatenvolles Leben und Leiden lauter Wunder, ja gar, daß die Geschichte, welche die Erzählung aller jener Wunder beglaubigen soll, selbst auch ein Wunder (übernatürliche Offenbarung) sei: so können wir sie insgesamt auf ihrem Werte beruhen lassen, ja auch die Hülle noch ehren, welche gedient hat, eine Lehre, deren Beglaubigung auf einer Urkunde beruht, die unauslöschlich in jeder Seele aufbehalten ist, und keiner Wunder bedarf, öffentlich in Gang zu bringen; wenn wir nur, den Gebrauch dieser historischen Nachrichten betreffend, es nicht zum Religionsstücke machen, daß das Wissen, Glauben und Bekennen derselben für sich etwas sei, wodurch wir uns Gott wohlgefällig machen können.

Was aber Wunder überhaupt betrifft, so findet sich, daß vernünftige Menschen den Glauben an dieselbe, dem sie gleichwohl nicht zu entsagen gemeint sind, doch niemals wollen praktisch aufkommen lassen; welches so viel sagen will, als: sie glauben zwar, was die *Theorie* betrifft, daß es dergleichen gebe, *in Geschäften* aber statuieren sie keine. Daher haben weise Regierungen jederzeit zwar eingeräumt, ja wohl gar unter die öffentlichen Religionslehren die Meinung gesetzlich aufgenommen, daß *vor alters* Wunder geschehen wären, *neue* Wunder aber nicht erlaubt.[34]

34 Selbst Religionslehrer, die ihre Glaubensartikel an die Autorität der Regierung anschließen (Orthodoxe), befolgen hierin mit der letzteren die nämliche Maxime. Daher Hr. *Pfenninger*, da er seinen Freund, Herrn *Lavater*, wegen seiner Behauptung eines noch immer möglichen Wunderglaubens, verteidigte, ihnen mit Recht Inkonsequenz vorwarf, daß sie (denn die in diesem Punkt *naturalistisch* denkende nahm er ausdrücklich aus), da sie doch die vor etwa siebzehn Jahrhunderten in der christlichen Gemeinde wirklich gewesenen Wundertäter behaupteten, jetzt keine mehr statuieren wollten, ohne doch aus der Schrift beweisen zu können, daß, und wenn sie einmal gänzlich aufhören sollten (denn die Vernünftelei, daß sie jetzt nicht mehr nötig sein, ist Anmaßung größerer Einsicht, als ein Mensch sich wohl zutrauen soll), und diesen Beweis sind sie ihm schuldig geblieben. Es war also nur Maxime der Vernunft, sie jetzt nicht einzuräumen, und zu erlauben, nicht objektive Einsicht, es gebe keine. Gilt aber dieselbe Maxime, die für diesmal auf den besorglichen Unfug im bürgerlichen Wesen zurücksieht, nicht auch für die Befürchtung eines ähnlichen Unfugs im philosophierenden und überhaupt vernünftig nachdenkenden gemeinen Wesen? – Die, so zwar *große* (Aufsehen machende) Wunder nicht einräumen, aber *kleine* unter dem Namen einer *außerordentlichen Direktion* freigebig erlauben (weil die letzteren, als bloße Lenkung, nur wenig Kraftanwendung der übernatürlichen Ursache erfordern), bedenken nicht, daß es hiebei nicht auf die Wirkung und deren Größe, sondern auf die Form des Weltlaufs, d.i. auf die Art, *wie jene geschehe*, ob natürlich, oder übernatürlich, ankomme, und daß für Gott kein Unterschied des Leichten und Schweren zu denken sei. Was aber das *Geheime* der übernatürlichen

Denn die alten Wunder waren nach und nach schon so bestimmt, und durch die Obrigkeit beschränkt, daß keine Verwirrung im gemeinen Wesen dadurch angerichtet werden konnte, wegen neuer Wundertäter aber mußten sie allerdings der Wirkungen halber besorgt sein, die sie auf den öffentlichen Ruhestand, und die eingeführte Ordnung haben konnten. Wenn man aber fragt: was unter dem Worte *Wunder* zu verstehen sei, so kann man (da uns eigentlich nur daran gelegen ist, zu wissen, was sie *für uns*, d.i. zu unserm praktischen Vernunftgebrauch sein) sie dadurch erklären, daß sie Begebenheiten in der Welt sind, von deren Ursache uns die *Wirkungsgesetze* schlechterdings unbekannt sind, und bleiben müssen. Da kann man sich nun entweder *theistische* oder *dämonische* Wunder denken, die letzteren aber in *englische* (agathodämonische), oder *teuflische* (kakodämonische) Wunder einteilen, von welchen aber die letzteren eigentlich nur in Nachfrage kommen, weil die *guten Engel* (ich weiß nicht, warum) wenig oder gar nichts von sich zu reden geben.

Was die *theistischen* Wunder betrifft: so können wir uns von den Wirkungsgesetzen ihrer Ursache (als eines allmächtigen etc. und dabei moralischen Wesens) allerdings einen Begriff machen, aber nur einen *allgemeinen*, sofern wir ihn als Weltschöpfer und Regierer nach der Ordnung der Natur sowohl, als der moralischen denken, weil wir von dieser ihren Gesetzen unmittelbar und für sich Kenntnis bekommen können, deren sich dann die Vernunft zu ihrem Gebrauche bedienen kann. Nehmen wir aber an, daß Gott die Natur auch bisweilen und in besondern Fällen von dieser ihren Gesetzen abweichen lasse: so haben wir nicht den mindesten Begriff, und können auch nie hoffen, einen von dem Gesetze zu bekommen, nach welchem Gott alsdann bei Veranstaltung einer solchen Begebenheit verfährt (außer dem *allgemeinen moralischen*, daß, was er tut, alles gut sein werde; wodurch aber in Ansehung dieses besondern Vorfalls nichts bestimmt wird). Hier wird nun die Vernunft wie gelähmt, indem sie dadurch in ihrem Geschäfte nach bekannten Gesetzen aufgehalten, durch kein neues aber belehrt wird, auch nie in der Welt davon belehrt zu werden hoffen kann. Unter diesen sind aber die dämonischen Wunder die allerunverträglichsten mit dem Gebrauche unsrer Vernunft. Denn in Ansehung der *theistischen* würde

743

Einflüsse betrifft: so ist eine solche absichtliche Verbergung der Wichtigkeit einer Begebenheit dieser Art noch weniger angemessen.

sie doch wenigstens noch ein negatives Merkmal für ihren Gebrauch haben können, nämlich daß, wenn etwas als von Gott in einer unmittelbaren Erscheinung desselben geboten vorgestellt wird, das doch geradezu der Moralität widerstreitet, bei allem Anschein eines göttlichen Wunders, es doch nicht ein solches sein könne (z.B. wenn einem Vater befohlen würde, er solle seinen, so viel er weiß, ganz unschuldigen Sohn töten); bei einem angenommenen dämonischen Wunder aber fällt auch dieses Merkmal weg, und wollte man dagegen für solche das entgegengesetzte positive zum Gebrauch der Vernunft ergreifen: nämlich daß, wenn dadurch eine Einladung zu einer guten Handlung geschieht, die wir an sich schon als Pflicht erkennen, sie nicht von einem bösen Geiste geschehen sei, so würde man doch auch alsdann falsch greifen können; denn dieser verstellt sich, wie man sagt, oft in einen Engel des Lichts.

In Geschäften kann man also unmöglich auf Wunder rechnen, oder sie bei seinem Vernunftgebrauch (und der ist in allen Fällen des Lebens nötig) irgend in Anschlag bringen. Der Richter (so wundergläubig er auch in der Kirche sein mag) hört das Vorgeben des Delinquenten von teuflischen Versuchungen, die er erlitten haben will, so an, als ob gar nichts gesagt wäre; ungeachtet, wenn er diesen Fall als möglich betrachtete, es doch immer einiger Rücksicht darauf wohl wert wäre, daß ein einfältiger gemeiner Mensch in die Schlingen eines abgefeimten Bösewichts geraten ist; allein er kann diesen nicht vorfodern, beide konfrontieren, mit einem Worte, schlechterdings nichts Vernünftiges daraus machen. Der vernünftige Geistliche wird sich also wohl hüten, den Kopf der seiner Seelsorge Anbefohlnen mit Geschichtchen aus dem *höllischen Proteus* anzufüllen, und ihre Einbildungskraft zu verwildern. Was aber die Wunder von der guten Art betrifft: so werden sie von Leuten in Geschäften bloß als Phrasen gebraucht. So sagt der Arzt: dem Kranken ist, wenn nicht etwa ein Wunder geschieht, nicht zu helfen, d.i. er stirbt gewiß. – Zu Geschäften gehöret nun auch das des Naturforschers, die Ursachen der Begebenheiten in dieser ihren Naturgesetzen aufzusuchen; ich sage, in den Naturgesetzen dieser Begebenheiten, die er also durch Erfahrung belegen kann, wenn er gleich auf die Kenntnis dessen, was nach diesen Gesetzen wirkt, an sich selbst, oder was sie in Beziehung auf einen andern möglichen Sinn für uns sein möchten, Verzicht tun muß. Eben so ist die moralische Besserung des Menschen ein ihm obliegendes Geschäfte, und nun mögen noch immer himmlische Einflüsse dazu mitwirken, oder zu Erklärung der Möglichkeit derselben für nötig gehalten werden: er versteht sich nicht darauf, weder sie sicher von den natürlichen zu unterscheiden, noch sie und so gleichsam den Himmel zu sich herabzuziehen; da er also mit ihnen unmittelbar nichts anzufangen weiß, so *statuiert*[35] er in diesem Falle keine Wunder, sondern, wenn er der Vorschrift der Vernunft Gehör gibt, so verfährt er so, als ob alle Sinnesänderung und Besserung lediglich von seiner eignen angewandten Bearbeitung abhinge. Aber daß man durch die Gabe, recht *fest* an Wunder theoretisch zu glauben, sie auch wohl gar selbst bewirken, und so den Himmel bestürmen könne, geht zu weit aus den Schranken der Vernunft hinaus, um sich bei einem solchen sinnlosen Einfalle lange zu verweilen.[36]

35 Heißt so viel als, er nimmt den Wunderglauben nicht in seine Maximen (weder der theoretischen noch praktischen Vernunft) auf, ohne doch ihre Möglichkeit oder Wirklichkeit anzufechten.

36 Es ist eine gewöhnliche Ausflucht derjenigen, welche den Leichtgläubigen *magische* Künste vorgaukeln, oder sie solche wenigstens im allgemeinen wollen glaubend machen, daß sie sich auf das Geständnis der Naturforscher von ihrer *Unwissenheit* berufen. Kennen wir doch nicht, sagen sie, die *Ursache* der Schwere, der magnetischen Kraft u.d.gl. – Aber die Gesetze derselben erkennen wir doch mit hinreichender Ausführlichkeit, unter bestimmten Einschränkungen auf die Bedingungen, unter denen allein gewisse Wirkungen geschehen; und das ist genug, sowohl für einen sichern Vernunftgebrauch dieser Kräfte, als auch für Erklärung ihrer Erscheinungen, secundum quid, *abwärts* zum Gebrauch dieser Gesetze, um Erfahrungen darunter zu ordnen, wenn gleich nicht simpliciter und *aufwärts*, um selbst die Ursachen der nach diesen Gesetzen wirkenden Kräfte einzusehen. – Dadurch wird auch das innere Phänomen des menschlichen Verstandes begreiflich: warum sogenannte Naturwunder, d.i. genugsam beglaubigte, obwohl widersinnische Erscheinungen, oder sich hervortuende unerwartete und von den bis dahin bekannten Naturgesetzen abweichende Beschaffenheiten der Dinge mit Begierde aufgefaßt werden, und das Gemüt *ermuntern*, so lange als sie dennoch für natürlich gehalten werden, da es hingegen durch die Ankündigung eines wahren Wunders *niedergeschlagen* wird. Denn die erstere eröffnen eine Aussicht in einen neuen Erwerb von Nahrung für die Vernunft; sie machen nämlich *Hoffnung*, neue Naturgesetze zu entdecken; das zweite dagegen erregt *Besorgnis*, auch das Zutrauen zu den schon für bekannt angenommenen zu verlieren. Wenn aber die Vernunft um die Erfahrungsgesetze gebracht wird, so ist sie in einer solchen bezauberten Welt weiter zu gar nichts nutze, selbst nicht für den moralischen Gebrauch in derselben, zu Befolgung seiner Pflicht; denn man weiß

nicht mehr, ob nicht selbst mit den sittlichen Triebfedern, uns unwissend, durch Wunder Veränderungen vorgehen, an denen niemand unterscheiden kann, ob er sie sich selbst oder einer andern unerforschlichen Ursache zuschreiben solle. – Die, deren Urteilskraft hierin so gestimmt ist, daß sie sich ohne Wunder nicht behelfen zu können meinen, glauben den Anstoß, den die Vernunft daran nimmt, dadurch zu mildern, daß sie annehmen, sie geschehen nur *selten*. Wollen sie damit sagen, daß dies schon im Begriff eines Wunders liegt (weil, wenn eine solche Begebenheit gewöhnlich geschähe, sie für kein Wunder erklärt werden würde): so kann man ihnen diese Sophisterei (eine objektive Frage, von dem, was die Sache ist, in eine subjektive, was das Wort, durch welches wir sie anzeigen, bedeute, umzuändern) allenfalls schenken, und wieder fragen, wie *selten*? in hundert Jahren etwa einmal, oder zwar vor alters, jetzt aber gar nicht mehr? Hier ist nichts für uns aus der Kenntnis des Objekts Bestimmbares (denn das ist unserm eignen Geständnisse nach für uns überschwenglich), sondern nur aus den notwendigen Maximen des Gebrauchs unserer Vernunft: entweder sie als *täglich* (obzwar unter dem Anscheine natürlicher Vorfälle versteckt), oder *niemals* zuzulassen, und im letztern Falle sie weder unsern Vernunfterklärungen noch den Maßregeln unserer Handlungen zum Grunde zu legen; und da das erstere sich mit der Vernunft gar nicht verträgt, so bleibt nichts übrig, als die letztere Maxime anzunehmen; denn nur Maxime der Beurteilung, nicht theoretische Behauptung bleibt dieser Grundsatz immer. Niemand kann die Einbildung von seiner Einsicht so hoch treiben, entscheidend aussprechen zu wollen: daß z.B. die höchst bewunderungswürdige Erhaltung der Spezies im Pflanzen- und Tierreiche, da jede neue Zeugung ihr Original mit aller innern Vollkommenheit des Mechanismus, und (wie im Pflanzenreiche) selbst aller sonst so zärtlichen Farbenschönheit, in jedem Frühjahre unvermindert wiederum darstellt, ohne daß die sonst so zerstörenden Kräfte der unorganischen Natur in böser Herbst- und Winter-Witterung jener ihrem Samen in diesem Punkte etwas anhaben können, daß, sage ich, dieses eine bloße Folge nach Naturgesetzen sei, und ob nicht vielmehr jedesmal ein unmittelbarer Einfluß des Schöpfers dazu erfordert werde, *einsehen* zu wollen. – Aber es sind Erfahrungen; *für uns* sind sie also nichts anders, als Naturwirkungen, und *sollen* auch nie anders beurteilt werden; denn das will die Bescheidenheit der Vernunft in ihren Ansprüchen; über diese Grenzen aber hinaus zu gehen, ist Vermessenheit und Unbescheidenheit in Ansprüchen; wiewohl man mehrenteils in der Behauptung der Wunder eine demütigende sich selbst entäußernde Denkungsart zu beweisen vorgibt.

Drittes Stück. Der Sieg des guten Prinzips über das Böse, und die Gründung eines Reichs Gottes auf Erden

Der Kampf, den ein jeder moralisch wohlgesinnter Mensch, unter der Anführung des guten Prinzips gegen die Anfechtungen des bösen, in diesem Leben bestehen muß, kann ihm, wie sehr er sich auch bemüht, doch keinen großem Vorteil verschaffen, als die Befreiung von der *Herrschaft* des letztern. Daß er *frei*, daß er »der Knechtschaft unter dem Sündengesetz entschlagen wird, um der Gerechtigkeit zu leben«, das ist der höchste Gewinn, den er erringen kann. Den Angriffen des letztern bleibt er nichts destoweniger noch immer ausgesetzt; und seine Freiheit, die beständig angefochten wird, zu behaupten, muß er forthin immer zum Kampfe gerüstet bleiben.

In diesem gefahrvollen Zustande ist der Mensch gleichwohl durch seine eigene Schuld; folglich ist er *verbunden*, soviel er vermag, wenigstens Kraft anzuwenden, um sich aus demselben herauszuarbeiten. Wie aber? das ist die Frage. – Wenn er sich nach den Ursachen und Umständen umsieht, die ihm diese Gefahr zuziehen und darin erhalten, so kann er sich leicht überzeugen, daß sie ihm nicht sowohl von seiner eigenen rohen Natur, sofern er abgesondert da ist, sondern von Menschen kommen, mit denen er in Verhältnis oder Verbindung steht. Nicht durch die Anreize der ersteren werden die eigentlich so zu benennende *Leidenschaften* in ihm rege, welche so große Verheerungen in seiner ursprünglich guten Anlage anrichten. Seine Bedürfnisse sind nur klein, und sein Gemütszustand in Besorgung derselben gemäßigt und ruhig. Er ist nur arm (oder hält sich dafür), sofern er besorgt, daß ihn andere Menschen dafür halten und darüber verachten möchten. Der Neid, die Herrschsucht, die Habsucht und die damit verbundenen feindseligen Neigungen bestürmen alsbald seine an sich genügsame Natur, *wenn er unter Menschen ist*, und es ist nicht einmal nötig, daß diese schon als <abbr>751</abbr> im Bösen versunken, und als verleitende Beispiele vorausgesetzt werden; es ist genug, daß sie da sind, daß sie ihn umgeben, und daß sie Menschen sind, um einander wechselseitig in ihrer moralischen Anlage zu verderben, und sich einander böse zu machen. Wenn nun keine Mittel ausgefunden werden könnten, eine ganz eigentlich auf die Verhütung dieses Bösen und zu Beförderung des Guten im Menschen abzweckende Vereinigung, als eine bestehende, und sich immer ausbreitende, bloß auf die Erhaltung der Moralität angelegte Gesellschaft zu errichten, welche mit vereinigten Kräften dem Bösen entgegenwirkte, so würde dieses, so viel der einzelne Mensch auch getan haben möchte, um sich der Herrschaft desselben zu entziehen, ihn doch unabläßlich in der Gefahr des Rückfalls unter dieselbe erhalten. – Die Herrschaft des guten Prinzips, so fern Menschen dazu hinwirken können, ist also, so viel wir einsehen, nicht anders erreichbar, als durch Errichtung und Ausbreitung einer Gesellschaft nach Tugendgesetzen und zum Behuf derselben; einer Gesellschaft, die dem ganzen Menschengeschlecht in ihrem Umfange sie zu beschließen durch die Vernunft zur Aufgabe und zur Pflicht gemacht wird. – Denn so allein kann für das gute Prinzip über das Böse ein Sieg gehofft werden. Es ist von der moralischgesetzgebenden Vernunft außer den Gesetzen, die sie jedem einzelnen vorschreibt, noch überdem eine Fahne der Tugend als Vereinigungspunkt für alle, die das Gute lieben, ausgesteckt, um sich darunter zu versammeln, und so allererst über das sie rastlos anfechtende Böse die Oberhand zu bekommen.

Man kann eine Verbindung der Menschen unter bloßen Tugendgesetzen, nach Vorschrift dieser Idee, eine *ethische*, und sofern diese Gesetze öffentlich sind, eine *ethischbürgerliche* (im Gegensatz der *rechtlichbürgerlichen*) Gesellschaft, oder ein *ethisches gemeines Wesen* nennen. Dieses kann mitten in einem politischen gemeinen Wesen, und sogar aus allen Gliedern desselben bestehen (wie es denn auch, ohne daß das letztere zum Grunde liegt, von Menschen gar nicht zu Stande gebracht werden könnte). Aber jenes hat ein besonderes und ihm eigentümliches Vereinigungsprinzip (die Tugend), und daher auch eine Form und Verfassung, die sich von der des letztern wesentlich unterscheidet. Gleichwohl ist eine gewisse Analogie zwischen beiden, als zweier gemeinen Wesen überhaupt betrachtet, in Ansehung deren das erstere auch ein *ethischer Staat*, d.i. ein *Reich* der Tugend (des guten Prinzips) genannt werden kann, wovon die Idee in der menschlichen Vernunft ihre ganz wohl gegründete objektive Realität hat (als Pflicht, sich zu einem solchen Staate zu einigen), wenn es gleich subjektiv von dem guten Willen der Menschen nie gehofft werden könnte, daß sie zu diesem Zwecke mit Eintracht hinzuwirken sich entschließen würden.

Erste Abteilung. Philosophische Vorstellung des Sieges des guten Prinzips unter Gründung eines Reichs Gottes auf Erden

I. Von dem ethischen Naturzustande

Ein *rechtlichbürgerlicher* (politischer) *Zustand* ist das Verhältnis der Menschen untereinander, so fern sie gemeinschaftlich unter *öffentlichen Rechtsgesetzen* (die insgesamt Zwangsgesetze sind) stehen. Ein *ethisch-bürgerlicher* Zustand ist der, da sie unter dergleichen zwangsfreien, d.i. bloßen *Tugendgesetzen* vereinigt sind.

So wie nun dem ersteren der rechtliche (darum aber nicht immer rechtmäßige), d.i. der *juridische Naturzustand* entgegengesetzt wird, so wird von dem letzteren der *ethische Naturzustand* unterschieden. In beiden gibt ein jeder sich selbst das Gesetz, und es ist kein äußeres, dem er sich, samt allen andern, unterworfen erkennte. In beiden ist ein jeder sein eigner Richter, und es ist keine *öffentliche* machthabende Autorität da, die, nach Gesetzen, was in vorkommenden Fällen eines jeden Pflicht sei, rechtskräftig bestimme, und jene in allgemeine Ausübung bringe.

In einem schon bestehenden politischen gemeinen Wesen befinden sich alle politische Bürger, als solche doch im *ethischen Naturzustande*, und sind berechtigt, auch darin zu bleiben; denn daß jenes seine Bürger zwingen sollte, in ein ethisches gemeines Wesen zu treten, wäre ein Widerspruch (in adiecto); weil das letztere schon in seinem Begriffe die Zwangsfreiheit bei sich führt. Wünschen kann es wohl jedes politische gemeine Wesen, daß in ihm auch eine Herrschaft über die Gemüter nach Tugendgesetzen angetroffen werde; denn, wo jener ihre Zwangs-mittel nicht hinlangen, weil der menschliche Richter das Innere anderer Menschen nicht durchschauen kann, da würden die Tugendgesinnungen das Verlangte bewirken. Weh aber dem Gesetzgeber, der eine auf ethische Zwecke gerichtete Verfassung durch Zwang bewirken wollte! Denn er würde dadurch nicht allein gerade das Gegenteil der ethischen bewirken, sondern auch seine politische untergraben und unsicher machen. – Der Bürger des politischen gemeinen Wesens bleibt also, was die gesetzge-bende Befugnis des letztern betrifft, völlig frei: ob er mit andern Mitbürgern überdem auch in eine ethische Vereinigung treten, oder lieber im Naturzustande dieser Art bleiben wolle. Nur so fern ein ethisches gemeines Wesen doch auf *öffentlichen* Gesetzen beruhen, und eine darauf sich gründende Verfassung enthalten muß, werden diejenigen, die sich freiwillig verbinden, in diesen Zustand zu treten, sich von der politischen Macht nicht, wie sie solche innerlich einrichten, oder nicht einrichten sollen, befehlen, aber wohl Einschränkungen gefallen lassen müssen, nämlich auf die Bedingung, daß darin nichts sei, was der Pflicht ihrer Glieder *als Staatsbürger* widerstreite; wiewohl, wenn die erstere Verbindung echter Art ist, das letztere ohnedem nicht zu besorgen ist.

Übrigens, weil die Tugendpflichten das ganze menschliche Geschlecht angehen, so ist der Begriff eines ethischen gemeinen Wesens immer auf das Ideal eines Ganzen aller Menschen bezogen, und darin unterscheidet es sich von dem eines politischen. Daher kann eine Menge in jener Absicht vereinigter Menschen noch nicht das ethische gemeine Wesen selbst, sondern nur eine besondere Gesellschaft heißen, die zur Einhelligkeit mit allen Menschen (ja aller endlichen vernünftigen Wesen) hinstrebt, um ein absolutes ethisches Ganze zu errichten, wovon jede partiale Gesellschaft nur eine Vorstellung oder ein Schema ist, weil eine jede selbst wiederum im Verhältnis auf andere dieser Art als im ethischen Naturzustande, samt allen Unvollkommenheiten desselben, befindlich vorgestellt werden kann (wie es mit verschiedenen politischen Staaten, die in keiner Verbindung durch ein öffentliches Völkerrecht stehen, eben so bewandt ist).

II. Der Mensch soll aus dem ethischen Naturzustande herausgehen, um ein Glied eines ethischen gemeinen Wesens zu werden

So wie der juridische Naturzustand ein Zustand des Krieges von jedermann gegen jedermann ist, so ist auch der ethische Naturzustand ein Zustand der unaufhörlichen Befehdung durch das Böse, welches in ihm und zugleich in jedem andern angetroffen wird, die sich (wie oben bemerkt worden) einander wechselseitig ihre moralische Anlage verderben, und selbst bei dem guten Willen jenes einzelnen, durch den Mangel eines sie vereinigenden Prinzips sie, gleich als ob sie *Werkzeuge des Bösen* wären, durch ihre Mißhelligkeiten von dem gemeinschaftlichen Zweck des Guten entfernen, und einander in Gefahr bringen, seiner Herrschaft wiederum in die Hände zu fallen. So wie nun ferner der Zustand einer gesetzlosen äußeren (brutalen) Freiheit und Unabhängigkeit von Zwangsgesetzen ein Zustand der Ungerechtigkeit und des Krieges von jedermann gegen jedermann ist, aus welchem der Mensch herausgehen soll, um in einen politischbürgerlichen zu treten:[37] so ist der ethische Naturzustand eine *öffentliche* wechselseitige Befehdung der Tugendprinzipien und ein Zustand der innern Sittenlosigkeit, aus welchem der natürliche Mensch, so bald wie möglich, herauszukommen sich befleißigen soll.

Hier haben wir nun eine Pflicht von ihrer eignen Art, nicht der Menschen gegen Menschen, sondern des menschlichen Geschlechts gegen sich selbst. Jede Gattung vernünftiger Wesen ist nämlich objektiv, in der Idee der Vernunft, zu einem gemeinschaftlichen Zwecke, nämlich der Beförderung des höchsten, als eines gemeinschaftlichen Guts, bestimmt. Weil aber das höchste sittliche Gut durch die Bestrebung der einzelnen Person zu ihrer eigenen moralischen Vollkommenheit allein nicht bewirkt wird, sondern eine Vereinigung derselben in ein Ganzes zu eben demselben Zwecke, zu einem System wohlgesinnter Menschen erfordert, in welchem und durch dessen Einheit es allein zu Stande kommen kann, die Idee aber von einem solchen Ganzen, als einer allgemeinen Republik nach Tugendgesetzen, eine von allen moralischen Gesetzen (die das betreffen, wovon wir wissen, daß es in unserer Gewalt stehe) ganz unterschiedene Idee ist, nämlich auf ein Ganzes hinzuwirken, wovon wir nicht wissen können, ob es als ein solches auch in unserer

---

37 *Hobbes'* Satz: status hominum naturalis est *bellum* omnium in omnes, hat weiter keinen Fehler, als daß es heißen sollte: *est status belli* etc. Denn wenn man gleich nicht einräumet, daß zwischen Menschen, die nicht unter äußern und öffentlichen Gesetzen stehen, jederzeit wirkliche *Feindseligkeiten* herrschen: so ist doch der Zustand derselben (status iuridicus), d.i. das Verhältnis, in und durch welches sie der Rechte (des Erwerbs oder der Erhaltung derselben) fähig sind, ein solcher Zustand, in welchem ein jeder selbst Richter über das sein will, was ihm gegen andere recht sei, aber auch für dieses keine Sicherheit von andern hat, oder ihnen gibt, als jedes seine eigene Gewalt; welches ein Kriegszustand ist, in dem jedermann wider jedermann beständig gerüstet sein muß. Der zweite Satz desselben: exeundum esse e statu naturali, ist eine Folge aus dem erstern: denn dieser Zustand ist eine kontinuierliche Läsion der Rechte aller andern durch die Anmaßung, in seiner eigenen Sache Richter zu sein, und andern Menschen keine Sicherheit wegen des Ihrigen zu lassen, als bloß seine eigene Willkür.

Gewalt stehe: so ist die Pflicht, der Art und dem Prinzip nach, von allen andern unterschieden. – Man wird schon zum voraus vermuten, daß diese Pflicht der Voraussetzung einer andern Idee, nämlich der eines höhern moralischen Wesens bedürfen werde, durch dessen allgemeine Veranstaltung die für sich unzulänglichen Kräfte der einzelnen zu einer gemeinsamen Wirkung vereinigt werden. Allein wir müssen allererst dem Leitfaden jenes sittlichen Bedürfnisses überhaupt nachgehen, und sehen, worauf uns dieses führen werde.

III. Der Begriff eines ethischen gemeinen Wesens ist der Begriff von einem Volke Gottes unter ethischen Gesetzen

Wenn ein ethisches gemeines Wesen zu Stande kommen soll, so müssen alle einzelne einer öffentlichen Gesetzgebung unterworfen werden, und alle Gesetze, welche jene verbinden, müssen als Gebote eines gemeinschaftlichen Gesetzgebers angesehen werden können. Sollte nun das zu gründende gemeine Wesen ein *juridisches* sein: so würde die sich zu einem Ganzen vereinigende Menge selbst der Gesetzgeber (der Konstitutionsgesetze) sein müssen, weil die Gesetzgebung von dem Prinzip ausgeht: *die Freiheit eines jeden auf die Bedingungen einzuschränken, unter denen sie mit jedes andern Freiheit nach einem allgemeinen Gesetze zusammen bestehen kann,*[38] und wo also der allgemeine Wille einen gesetzlichen äußeren Zwang errichtet. Soll das gemeine Wesen aber ein *ethisches* sein, so kann das Volk als ein solches nicht selbst für gesetzgebend angesehen werden. Denn in einem solchen gemeinen Wesen sind alle Gesetze ganz eigentlich darauf gestellt, die *Moralität* der Handlungen (welche etwas *Innerliches* ist, mithin nicht unter öffentlichen menschlichen Gesetzen stehen kann) zu befördern, da im Gegenteil die letzteren, welches ein juridisches gemeines Wesen ausmachen würde, nur auf die *Legalität* der Handlungen, die in die Augen fällt, gestellt sind, und nicht auf die (innere) Moralität, von der hier allein die Rede ist. Es muß also ein anderer, als das Volk sein, der für ein ethisches gemeines Wesen als öffentlich gesetzgebend angegeben werden könnte. Gleichwohl können ethische Gesetze auch nicht als bloß von dem Willen dieses Obern *ursprünglich* ausgehend (als Statute, die etwa, ohne daß ein Befehl vorher ergangen, nicht verbindend sein würden) gedacht werden, weil sie als-

---

38 Dieses ist das Prinzip alles äußern Rechts.

dann keine ethische Gesetze, und die ihnen gemäße Pflicht nicht freie Tugend, sondern zwangsfähige Rechtspflicht sein würde. Also kann nur ein solcher als oberster Gesetzgeber eines ethischen gemeinen Wesens gedacht werden, in Ansehung dessen alle *wahren Pflichten*, mithin auch die ethischen[39] *zugleich* als seine Gebote vorgestellt werden müssen; welcher daher auch ein Herzenskündiger sein muß, um auch das Innerste der Gesinnungen eines jeden zu durchschauen, und, wie es in jedem gemeinen Wesen sein muß, jedem, was seine Taten wert sind, zukommen zu lassen. Dieses ist aber der Begriff von Gott als einem moralischen Weltherrscher. Also ist ein ethisches gemeines Wesen nur als ein Volk unter göttlichen Geboten, d.i. als ein *Volk Gottes*, und zwar *nach Tugendgesetzen*, zu denken möglich. Man könnte sich wohl auch ein Volk Gottes *nach statutarischen Gesetzen* denken, nach solchen nämlich, bei deren Befolgung es nicht auf die Moralität, sondern bloß auf die Legalität der Handlungen ankömmt, welches ein juridisches gemeines Wesen sein würde, von welchem zwar Gott der Gesetzgeber (mithin die *Verfassung* desselben Theokratie) sein würde, Menschen aber, als Priester, welche seine Befehle unmittelbar von ihm empfangen, eine aristokratische *Regierung* führeten. Aber eine solche Verfassung, deren Existenz und Form gänzlich auf historischen Gründen beruht, ist nicht diejenige, welche die Aufgabe der reinen moralischgesetzgebenden Vernunft ausmacht, deren Auflösung wir hier allein zu bewirken haben; sie wird in der historischen Abteilung als Anstalt nach politischbürgerlichen Geset-

758

---

39 Sobald etwas als Pflicht erkannt wird, wenn es gleich durch die bloße Willkür eines menschlichen Gesetzgebers auferlegte Pflicht wäre, so ist es doch zugleich göttliches Gebot, ihr zu gehorchen. Die statutarischen bürgerlichen Gesetze kann man zwar nicht göttliche Gebote nennen, wenn sie aber rechtmäßig sind, so ist die *Beobachtung* derselben zugleich göttliches Gebot. Der Satz »man muß Gott mehr gehorchen, als den Menschen« bedeutet nur, daß, wenn die letzten etwas gebieten, was an sich böse (dem Sittengesetz unmittelbar zuwider) ist, ihnen nicht gehorcht werden darf und soll. Umgekehrt aber, wenn einem politischbürgerlichen, an sich nicht unmoralischen Gesetze ein dafür gehaltenes göttliches statutarisches entgegengesetzt wird, so ist Grund da, das letztere für untergeschoben anzusehen, weil es einer klaren Pflicht widerstreitet, selbst aber, daß es wirklich auch göttliches Gebot sei, durch empirische Merkmale niemals hinreichend beglaubigt werden kann, um eine sonst bestehende Pflicht jenem zufolge übertreten zu dürfen.

zen, deren Gesetzgeber, obgleich Gott, doch äußerlich ist, in Erwägung kommen, anstatt daß wir hier es nur mit einer solchen, deren Gesetzgebung bloß innerlich ist, einer Republik unter Tugendgesetzen, d.i. mit einem Volke Gottes, »das fleißig wäre zu guten Werken«, zu tun haben.

Einem solchen *Volke* Gottes kann man die Idee einer *Rotte* des bösen Prinzips entgegensetzen, als Vereinigung derer, die seines Teils sind, zur Ausbreitung des Bösen, welchem daran gelegen ist, jene Vereinigung nicht zu Stande kommen zu lassen; wiewohl auch hier das die Tugendgesinnungen anfechtende Prinzip gleichfalls in uns selbst liegt, und nur bildlich als äußere Macht vorgestellt wird.

IV. Die Idee eines Volks Gottes ist (unter menschlicher Veranstaltung) nicht anders als in der Form einer Kirche auszuführen

Die erhabene nie völlig erreichbare Idee eines ethischen gemeinen Wesens verkleinert sich sehr unter menschlichen Händen, nämlich zu einer Anstalt, die allenfalls nur die Form desselben rein vorzustellen vermögend, was aber die Mittel betrifft, ein solches Ganze zu errichten, unter Bedingungen der sittlichen Menschennatur sehr eingeschränkt ist. Wie kann man aber erwarten, daß aus so krummen Holze etwas völlig Gerades gezimmert werde?

Ein moralisches Volk Gottes zu stiften, ist also ein Werk, dessen Ausführung nicht von Menschen, sondern nur von Gott selbst erwartet werden kann. Deswegen ist aber doch dem Menschen nicht erlaubt, in Ansehung dieses Geschäftes untätig zu sein, und die Vorsehung walten zu lassen, als ob ein jeder nur seiner moralischen Privatangelegenheit nachgehen, das Ganze der Angelegenheit des menschlichen Geschlechts aber (seiner moralischen Bestimmung nach) einer hohem Weisheit überlassen dürfe. Er muß vielmehr so verfahren, als ob alles auf ihn ankomme, und nur unter dieser Bedingung darf er hoffen, daß höhere Weisheit seiner wohlgemeinten Bemühung die Vollendung werde angedeihen lassen.

Der Wunsch aller Wohlgesinnten ist also: »daß das Reich Gottes komme, daß sein Wille auf Erden geschehe«; aber was haben sie nun zu veranstalten, damit dieses mit ihnen geschehe?

Ein ethisches gemeines Wesen unter der göttlichen moralischen Gesetzgebung ist eine *Kirche*, welche, so fern sie kein Gegenstand möglicher

Erfahrung ist, die *unsichtbare Kirche* heißt (eine bloße Idee von der Vereinigung aller Rechtschaffenen unter der göttlichen unmittelbaren aber moralischen Weltregierung, wie sie jeder von Menschen zu stiftenden zum Urbilde dient). Die *sichtbare* ist die wirkliche Vereinigung der Menschen zu einem Ganzen, das mit jenem Ideal zusammenstimmt. So fern eine jede Gesellschaft unter öffentlichen Gesetzen eine Unterordnung ihrer Glieder (in Verhältnis derer, die den Gesetzen derselben gehorchen, zu denen, welche auf die Beobachtung derselben halten) bei sich führt, ist die zu jenem Ganzen (der Kirche) vereinigte Menge die *Gemeinde*, welche unter ihren Obern (Lehrer oder auch Seelenhirten genannt) nur die Geschäfte des unsichtbaren Oberhaupts derselben verwalten, und in dieser Beziehung insgesamt *Diener* der Kirche heißen, so wie im politischen Gemeinwesen das sichtbare Oberhaupt sich selbst bisweilen den obersten Diener des Staats nennt, ob er zwar keinen einzigen Menschen 760 (gemeiniglich auch nicht einmal das Volksganze selbst) über sich erkennt. Die wahre (sichtbare) Kirche ist diejenige, welche das (moralische) Reich Gottes auf Erden, so viel es durch Menschen geschehen kann, darstellt. Die Erfordernisse, mithin auch die Kennzeichen der wahren Kirche sind folgende:

1. Die *Allgemeinheit*, folglich numerische *Einheit* derselben; wozu sie die Anlage in sich enthalten muß: daß nämlich, ob sie zwar in zufällige Meinungen geteilt und uneins, doch in Ansehung der wesentlichen Absicht auf solche Grundsätze errichtet ist, welche sie notwendig zur allgemeinen Vereinigung in eine einzige Kirche führen müssen (also keine Sektenspaltung).

2. Die *Beschaffenheit* (Qualität) derselben; d.i. die *Lauterkeit*, die Vereinigung unter keinen andern, als *moralischen* Triebfedern. (Gereinigt vom Blödsinn des Aberglaubens und dem Wahnsinn der Schwärmerei.)

3. Das *Verhältnis* unter dem Prinzip der *Freiheit*, sowohl das innere Verhältnis ihrer Glieder untereinander, als auch das äußere der Kirche, zur politischen Macht, beides in einem *Freistaat* (also weder *Hierarchie*, noch *Illuminatism*, eine Art von *Demokratie*, durch besondere Eingebungen, die, nach jedes seinem Kopfe, von andrer ihrer verschieden sein können).

4. Die *Modalität* derselben, die *Unveränderlichkeit* ihrer *Konstitution* nach, doch mit dem Vorbehalt der nach Zeit und Umständen abzuändernden, bloß die *Administration* derselben betreffenden zufälligen Anordnungen, wozu sie doch auch die sichern Grundsätze schon in

sich selbst (in der Idee ihres Zwecks) a priori enthalten muß. (Also unter ursprünglichen, einmal, gleich als durch ein Gesetzbuch, öffentlich zur Vorschrift gemachten Gesetzen, nicht willkürlichen Symbolen, die, weil ihnen die Authentizität mangelt, zufällig, dem Widerspruche ausgesetzt und veränderlich sind.)

Ein ethisches gemeines Wesen also, als Kirche, d.i. als bloße *Repräsentantin* eines Staats Gottes betrachtet, hat eigentlich keine ihren Grundsätzen nach der politischen ähnliche Verfassung. Diese ist in ihm weder *monarchisch* (unter einem Papst oder Patriarchen), noch *aristokratisch* (unter Bischöfen und Prälaten), noch *demokratisch* (als sektierischer Illuminaten). Sie würde noch am besten mit der einer Hausgenossenschaft (Familie) unter einem gemeinschaftlichen, obzwar unsichtbaren, moralischen Vater verglichen werden können, sofern sein heiliger Sohn, der seinen Willen weiß, und zugleich mit allen ihren Gliedern in Blutsverwandtschaft steht, die Stelle desselben darin vertritt, daß er seinen Willen diesen näher bekannt macht, welche daher in ihm den Vater ehren, und so untereinander in eine freiwillige, allgemeine und fortdauernde Herzensvereinigung treten.

V. Die Konstitution einer jeden Kirche geht allemal von irgend einem historischen (Offenbarungs-) glauben aus, den man den Kirchenglauben nennen kann, und dieser wird am besten auf eine heilige Schrift gegründet

Der *reine Religionsglaube* ist zwar der, welcher allein eine allgemeine Kirche gründen kann; weil er ein bloßer Vernunftglaube ist, der sich jedermann zur Überzeugung mitteilen läßt; indessen daß ein bloß auf Facta gegründeter historischer Glaube seinen Einfluß nicht weiter ausbreiten kann, als so weit die Nachrichten, in Beziehung auf das Vermögen, ihre Glaubwürdigkeit zu beurteilen, nach Zeit- und Ortsumständen hingelangen können. Allein es ist eine besondere Schwäche der menschlichen Natur daran schuld, daß auf jenen reinen Glauben niemals so viel gerechnet werden kann, als er wohl verdient, nämlich eine Kirche auf ihn allein zu gründen.

Die Menschen, ihres Unvermögens in Erkenntnis sinnlicher Dinge sich bewußt, ob sie zwar jenem Glauben (als welcher im allgemeinen für sie überzeugend sein muß) alle Ehre widerfahren lassen, sind doch nicht leicht zu überzeugen: daß die standhafte Beflissenheit zu einem moralischguten Lebenswandel alles sei, was Gott von Menschen fordert, um ihm wohlgefällige Untertanen in seinem Reiche zu sein. Sie können sich ihre Verpflichtung nicht wohl anders, als zu irgend einem *Dienst* denken, den sie Gott zu leisten haben; wo es nicht sowohl auf den innern moralischen Wert der Handlungen, als vielmehr darauf ankömmt, daß sie Gott geleistet werden, um, so moralisch indifferent sie auch an sich selbst sein möchten, doch wenigstens durch passiven Gehorsam, Gott zu gefallen. Daß sie, wenn sie ihre Pflichten gegen Menschen (sich selbst und andere) erfüllen, eben dadurch auch göttliche Gebote ausrichten, mithin in allem ihren Tun und Lassen, sofern es Beziehung auf Sittlichkeit hat, *beständig im Dienste Gottes* sind, und daß es auch schlechterdings unmöglich sei, Gott auf andere Weise näher zu dienen (weil sie doch auf keine andern, als bloß auf Weltwesen, nicht aber auf Gott wirken und Einfluß haben können), will ihnen nicht in den Kopf. Weil ein jeder großer Herr der Welt ein besonderes Bedürfnis hat, von seinen Untertanen *geehrt* und durch Unterwürfigkeitsbezeigungen *gepriesen* zu werden, ohne welches er nicht so viel Folgsamkeit gegen seine Befehle, als er wohl nötig hat, um sie beherrschen zu können, von ihnen erwarten kann; überdem auch der Mensch, so vernunftvoll er auch sein mag, an Ehrenbezeigungen doch immer ein unmittelbares Wohlgefallen findet, so behandelt man die Pflicht, so fern sie zugleich göttliches Gebot ist, als Betreibung einer *Angelegenheit* Gottes, nicht des Menschen, und so entspringt der Begriff einer *gottesdienstlichen*, statt des Begriffs einer reinen moralischen Religion.

Da alle Religion darin besteht: daß wir Gott für alle unsere Pflichten als den allgemein zu verehrenden Gesetzgeber ansehen, so kommt es bei der Bestimmung der Religion in Absicht auf unser ihr gemäßes Verhalten darauf an, zu wissen: wie *Gott* verehrt (und gehorcht) sein *wolle.* – Ein göttlicher gesetzgebender Wille aber gebietet entweder durch an sich *bloß statutarische*, oder durch *rein moralische* Gesetze. In Ansehung der letztern kann ein jeder aus sich selbst durch seine eigene Vernunft den Willen Gottes, der seiner Religion zum Grunde liegt, erkennen; denn eigentlich entspringt der Begriff von der Gottheit nur aus dem Bewußtsein dieser Gesetze und dem Vernunftbedürfnisse, eine Macht anzunehmen, welche diesen den ganzen, in einer Welt möglichen, zum sittlichen Endzweck zusammenstimmenden Effekt verschaffen kann. Der Begriff eines nach bloßen reinmoralischen Gesetzen bestimmten göttlichen Willens läßt uns, wie nur *einen* Gott, also auch nur *eine* Religion denken, die rein moralisch ist. Wenn wir aber statutarische Gesetze desselben annehmen, und in unserer Befolgung derselben die Religion setzen, so ist die Kenntnis derselben nicht durch unsere eigene bloße Vernunft, sondern nur durch Offenbarung möglich, welche, sie mag nun jedem einzelnen ingeheim oder öffentlich gegeben werden, um durch Tradition oder Schrift unter Menschen fortgepflanzt zu werden, ein *historischer*, nicht ein *reiner Vernunftglaube* sein würde. – Es mögen nun aber auch statutarische göttliche Gesetze (die sich nicht von selbst als verpflichtend, sondern nur als geoffenbarter göttlicher Wille für solche erkennen lassen) angenommen werden: so ist doch die reine *moralische* Gesetzgebung, dadurch der Wille Gottes ursprünglich in unser Herz geschrieben ist, nicht allein die unumgängliche Bedingung aller wahren Religion überhaupt, sondern sie ist auch das, was diese selbst eigentlich ausmacht, und wozu die statutarische nur das Mittel ihrer Beförderung und Ausbreitung enthalten kann.

Wenn also die Frage: wie Gott verehrt sein wolle, für jeden Menschen, *bloß als Mensch betrachtet*, allgemeingültig beantwortet werden soll, so ist kein Bedenken hierüber, daß die Gesetzgebung seines Willens nicht sollte bloß *moralisch* sein; denn die statutarische (welche eine Offenbarung voraussetzt) kann nur als zufällig und als eine solche, die nicht an jeden Menschen gekommen ist, oder kommen kann, mithin nicht als den Menschen überhaupt verbindend betrachtet werden. Also: »nicht, die da sagen: Herr, Herr! sondern die den Willen Gottes tun«; mithin die nicht durch Hochpreisung desselben (oder seines Gesandten, als eines Wesens von göttlicher Abkunft) nach geoffenbarten Begriffen, die nicht jeder Mensch haben kann, sondern durch den guten Lebenswandel, in Ansehung dessen jeder seinen Willen weiß, ihm wohlgefällig zu werden suchen, werden diejenigen sein, die ihm die wahre Verehrung, die er verlangt, leisten.

Wenn wir uns aber nicht bloß als Menschen, sondern auch als *Bürger* in einem göttlichen Staate auf Erden zu betragen, und auf die Existenz einer solchen Verbindung, unter dem Namen einer Kirche zu wirken uns verpflichtet halten, so scheint die Frage: wie Gott in *einer Kirche* (als einer Gemeinde Gottes) verehrt sein wolle, nicht durch bloße Vernunft beantwortlich zu sein, sondern einer statutarischen und durch Offenbarung kundwerdenden Gesetzgebung, mithin eines historischen Glaubens, welchen man, im Gegensatz mit dem reinen Religionsglauben, den Kirchenglauben nennen kann, zu bedürfen. Denn bei dem erstern kömmt es bloß auf das, was die Materie der Verehrung Gottes ausmacht, nämlich die in moralischer Gesinnung geschehende Beobachtung aller Pflichten, als seiner Gebote, an; eine Kirche aber, als Vereinigung vieler Menschen unter solchen Gesinnungen zu einem moralischen gemeinen Wesen, bedarf einer *öffentlichen* Verpflichtung, einer gewissen auf Erfahrungsbedingungen beruhenden kirchlichen Form, die an sich zufällig und mannigfaltig ist, mithin ohne göttliche statutarische Gesetze nicht als Pflicht erkannt werden kann. Aber diese Form zu bestimmen darf darum nicht sofort als ein Geschäft des göttlichen Gesetzgebers angesehen werden, vielmehr kann man mit Grunde annehmen, der göttliche Wille sei: daß wir die Vernunftidee eines solchen gemeinen Wesens selbst ausführen, und, ob die Menschen zwar manche Form einer Kirche mit unglücklichem Erfolg versucht haben möchten, sie dennoch nicht aufhören sollen, nötigenfalls durch neue Versuche, welche die Fehler der vorigen bestmöglichst vermeiden, diesem Zwecke nachzustreben; indem dieses Geschäft, welches zugleich für sie Pflicht ist, gänzlich ihnen selbst überlassen ist. Man hat also nicht Ursach, zur Gründung und Form irgend einer Kirche die Gesetze geradezu für göttliche *statutarische* zu halten, vielmehr ist es Vermessenheit, sie dafür auszugeben, um sich der Bemühung zu überheben, noch ferner an der Form der letztern zu bessern, oder wohl gar Usurpation höhern Ansehens, um mit Kirchensatzungen durch das Vorgeben göttlicher Autorität der Menge ein Joch aufzulegen; wobei es aber doch eben sowohl Eigendünkel sein würde, schlechtweg zu leugnen, daß die Art, wie eine Kirche angeordnet ist, nicht vielleicht auch eine besondere göttliche Anordnung sein könne, wenn sie, so viel wir einsehen, mit der moralischen Religion in der größten Einstimmung ist, und noch dazu kommt, daß, wie sie ohne die gehörig vorbereiteten Fortschritte des Publikums in Religionsbegriffen auf einmal habe erscheinen können, nicht wohl eingesehen werden kann. In der Zweifelhaftigkeit dieser Aufgabe nun, ob Gott oder die Menschen selbst eine Kirche gründen sollen, beweist sich nun der Hang der letztern zu einer *gottesdienstlichen Religion* (cultus), und weil diese auf willkürlichen Vorschriften beruht, zum Glauben an statutarische göttliche Gesetze, unter der Voraussetzung, daß über dem besten Lebenswandel (den der Mensch nach Vorschrift der rein moralischen Religion immer einschlagen mag) doch noch eine durch Vernunft nicht erkennbare, sondern eine der Offenbarung bedürftige göttliche Gesetzgebung hinzukommen müsse; womit es unmittelbar auf Verehrung des höchsten Wesens (nicht vermittelst der durch Vernunft uns schon vorgeschriebenen Befolgung seiner Gebote) angesehen ist. Hierdurch geschieht es nun, daß Menschen die Vereinigung zu einer Kirche und die Einigung in Ansehung der ihr zu gebenden Form, ungleichen *öffentliche* Veranstaltungen zur Beförderung des Moralischen in der Religion niemals für an sich notwendig halten werden; sondern nur, um durch Feierlichkeiten, Glaubensbekenntnisse geoffenbarter Gesetze, und Beobachtung der zur Form der Kirche (die doch selbst bloß Mittel ist) gehörigen Vorschriften, wie sie sagen, ihrem Gott zu dienen; obgleich alle diese Observanzen im Grunde moralisch indifferente Handlungen sind, eben darum aber, weil sie bloß um seinetwillen geschehen sollen, für ihm desto gefälliger gehalten werden. Der Kirchenglaube geht also in der Bearbeitung der Menschen zu einem ethischen gemeinen Wesen, natürlicherweise[40], vor dem reinen Religionsglauben vorher, und *Tempel* (dem öffentlichen Gottesdienste geweihete Gebäude) waren eher, als *Kirchen* (Versammlungsörter zur Belehrung und Belebung in moralischen Gesinnungen), *Priester* (geweihte Verwalter frommer Gebräuche) eher, als *Geistliche* (Lehrer der rein moralischen Religion), und sind es mehrenteils auch noch im Range und Werte, den ihnen die große Menge zugesteht.

Wenn es nun also einmal nicht zu ändern steht, daß nicht ein statutarischer *Kirchenglaube* dem reinen Religionsglauben, als Vehikel und Mittel der öffentlichen Vereinigung der Menschen zur Beförderung des letztern beigegeben werde, so muß man auch eingestehen, daß die unveränderliche Aufbehaltung desselben, die allgemeine einförmige Ausbreitung, und selbst die Achtung für die in ihm angenommene Offenbarung, schwerlich durch *Tradition*, sondern nur durch *Schrift*, die selbst wiederum als Offenbarung für Zeitgenossen und Nachkommenschaft ein Gegenstand der Hochachtung sein muß, hinreichend gesorgt werden kann; denn das fördert das Bedürfnis der Menschen, um ihrer gottesdienstlichen Pflicht gewiß zu sein. Ein heiliges Buch erwirbt sich selbst bei denen (und gerade bei diesen am meisten), die es nicht lesen, wenigstens sich daraus keinen zusammenhängenden Religionsbegriff machen können, die größte Achtung, und alles Vernünfteln verschlägt nichts wider den alle Einwürfe niederschlagenden Machtspruch: *da steht's geschrieben*. Daher heißen auch die Stellen desselben, die einen Glaubenspunkt darlegen sollen, schlechthin *Sprüche*. Die bestimmten Ausleger

---

40 Moralischerweise sollte es umgekehrt zugehen.

99

einer solchen Schrift sind eben durch dieses ihr Geschäft selbst gleichsam geweihte Personen, und die Geschichte beweist, daß kein auf Schrift gegründeter Glaube selbst durch die verwüstendsten Staatsrevolutionen hat vertilgt werden können; indessen daß der, so sich auf Tradition und alte öffentliche Observanzen gründete, in der Zerrüttung des Staats zugleich seinen Untergang fand. Glücklich![41] wenn ein solches den Menschen zu Händen gekommenes Buch, neben seinen Statuten als Glaubensgesetzen, zugleich die reinste moralische Religionslehre mit Vollständigkeit enthält, die mit jenen (als Vehikeln ihrer Introduktion) in die beste Harmonie gebracht werden kann, in welchem Falle es, sowohl des dadurch zu erreichenden Zwecks halber, als wegen der Schwierigkeit, sich den Ursprung einer solchen durch dasselbe vorgegangenen Erleuchtung des Menschengeschlechts nach natürlichen Gesetzen begreiflich zu machen, das Ansehen, gleich einer Offenbarung, behaupten kann.

* * *

Nun noch einiges, was diesem Begriffe eines Offenbarungsglaubens anhängt.

Es ist nur *eine* (wahre) *Religion*; aber es kann vielerlei Arten des *Glaubens* geben. – Man kann hinzusetzen, daß in den mancherlei sich, der Verschiedenheit ihrer Glaubensarten wegen, von einander absondernden Kirchen dennoch eine und dieselbe wahre Religion anzutreffen sein kann.

Es ist daher schicklicher (wie es auch wirklich mehr im Gebrauche ist), zu sagen: dieser Mensch ist von diesem oder jenem (jüdischen, mohammedanischen, christlichen, katholischen, lutherischen) *Glauben*, als: er ist von dieser oder jener Religion. Der letztere Ausdruck sollte billig nicht einmal in der Anrede an das große Publikum (in Katechismen und Predigten) gebraucht werden; denn er ist diesen zu gelehrt und unverständlich; wie denn auch die neuern Sprachen für ihn kein gleichbedeutendes Wort liefern. Der gemeine Mann versteht darunter jederzeit seinen Kirchenglauben, der ihm in die Sinne fällt, anstatt daß

41 Ein Ausdruck für alles Gewünschte, oder Wünschenswerte, was wir doch weder voraussehen, noch durch unsre Bestrebung nach Erfahrungsgesetzen herbeiführen können; von dem wir also, wenn wir einen Grund nennen wollen, keinen andern, als eine gütige Vorsehung anführen können.

Religion innerlich verborgen ist, und auf moralische Gesinnungen ankömmt. Man tut den meisten zu viel Ehre an, von ihnen zu sagen: sie
bekennen sich zu dieser oder jener Religion; denn sie kennen und verlangen keine; der statutarische Kirchenglaube ist alles, was sie unter
diesem Worte verstehen. Auch sind die sogenannten Religionsstreitig-
keiten, welche die Welt so oft erschüttert und mit Blut besprützt haben,
nie etwas anders, als Zänkereien um den Kirchenglauben gewesen, und
der Unterdrückte klagte nicht eigentlich darüber, daß man ihn hinderte,
seiner Religion anzuhängen (denn das kann keine äußere Gewalt), sondern daß man ihm seinen Kirchenglauben öffentlich zu befolgen nicht
erlaubte.

Wenn nun eine Kirche sich selbst, wie gewöhnlich geschieht, für die
einige allgemeine ausgibt (ob sie zwar auf einen besondern Offenbarungsglauben gegründet ist, der, als historisch, nimmermehr von jedermann
gefordert werden kann), so wird der, welcher ihren (besondern) Kirchenglauben gar nicht anerkennt, von ihr ein *Ungläubiger* genannt, und von
ganzem Herzen gehaßt; der nur zum Teil (im Nichtwesentlichen) davon
abweicht, ein *Irrgläubiger*, und wenigstens als ansteckend vermieden.
Bekennt er sich endlich zwar zu derselben Kirche, weicht aber doch im
wesentlichen des Glaubens derselben (was man nämlich dazu macht)
von ihr ab, so heißt er, vornehmlich wenn er seinen Irrglauben ausbrei-
tet, ein *Ketzer*[42], und wird, so wie ein Aufrührer, noch für strafbarer
gehalten, als ein äußerer Feind, und von der Kirche durch einen Bann-
fluch (dergleichen die Römer über den aussprachen, der wider des Senats
Einwilligung über den Rubikon ging) ausgestoßen, und allen Höllengöt-
tern übergeben. Die angemaßte alleinige Rechtgläubigkeit der Lehrer,
oder Häupter einer Kirche in dem Punkte des Kirchenglaubens heißt
Orthodoxie, welche man wohl in *despotische* (*brutale*) und *liberale* Orthodoxie einteilen könnte. – Wenn eine Kirche, die ihren Kirchenglauben

---

42 Die Mongolen nennen *Tibet* (nach Georgii Alphab. Tibet, pag. 11) *Tangut-*
   Chazar, d.i. das Land der Häuserbewohner, um diese von sich als in
   Wüsten unter Zelten lebenden Nomaden zu unterscheiden, woraus der
   Name der Chazaren, und, aus diesem, der der *Ketzer* entsprungen ist; weil
   jene dem tibetanischen Glauben (der Lamas), der mit dem Manichäism
   übereinstimmt, vielleicht auch wohl von daher seinen Ursprung nimmt,
   anhänglich waren, und ihn bei ihren Einbrüchen in Europa verbreiteten;
   daher auch eine geraume Zeit hindurch die Namen Haeretici und Mani-
   chaei als gleichbedeutend im Gebrauch waren.

für allgemein verbindlich ausgibt, eine *katholische*, diejenige aber, welche sich gegen diese Ansprüche anderer verwahrt (ob sie gleich diese öfters selbst gerne ausüben möchte, wenn sie könnte), eine *protestantische* Kirche genannt werden soll; so wird ein aufmerksamer Beobachter manche rühmliche Beispiele von protestantischen Katholiken, und dagegen noch mehrere anstößige von erzkatholischen Protestanten antreffen; die erste von Männern einer sich *erweiternden* Denkungsart (ob es gleich die ihrer Kirche wohl nicht ist), gegen welche die letzteren mit ihrer *eingeschränkten* gar sehr, doch keineswegs zu ihrem Vorteil, abstechen.

VI. Der Kirchenglaube hat zu seinem höchsten Ausleger den reinen Religionsglauben

Wir haben angemerkt, daß, ob zwar eine Kirche das wichtigste Merkmal ihrer Wahrheit, nämlich das eines rechtmäßigen Anspruchs auf Allgemeinheit entbehrt, wenn sie sich auf einen Offenbarungsglauben, der, als historischer (obwohl durch Schrift weit ausgebreiteter, und der spätesten Nachkommenschaft zugesicherter) Glaube, doch keiner allgemeinen überzeugenden Mitteilung fähig ist, gründet: dennoch wegen des natürlichen Bedürfnisses aller Menschen, zu den höchsten Vernunftbegriffen und Gründen immer etwas *Sinnlichhaltbares*, irgend eine Erfahrungsbestätigung u.d.g. zu verlangen (worauf man bei der Absicht, einen Glauben allgemein zu *introduzieren*, wirklich auch Rücksicht nehmen muß), irgend ein historischer Kirchenglaube, den man auch gemeiniglich schon vor sich findet, müsse benutzt werden.

Um aber nun mit einem solchen empirischen Glauben, den uns dem Ansehen nach ein Ungefähr in die Hände gespielt hat, die Grundlage eines moralischen Glaubens zu vereinigen (er sei nun Zweck oder nur Hülfsmittel), dazu wird eine Auslegung der uns zu Händen gekommenen Offenbarung erfodert, d.i. durchgängige Deutung derselben zu einem Sinn, der mit den allgemeinen praktischen Regeln einer reinen Vernunftreligion zusammenstimmt. Denn das Theoretische des Kirchenglaubens kann uns moralisch nicht interessieren, wenn es nicht zur Erfüllung aller Menschenpflichten als göttlicher Gebote (was das Wesentliche aller Religion ausmacht) hinwirkt. Diese Auslegung mag uns selbst in Ansehung des Texts (der Offenbarung) oft gezwungen scheinen, oft es auch wirklich sein, und doch muß sie, wenn es nur möglich ist, daß dieser sie annimmt, einer solchen buchstäblichen vorgezogen werden, die entweder schlechterdings nichts für die Moralität in sich enthält, oder dieser ihren Triebfedern wohl gar entgegen wirkt.[43] – Man wird auch finden, daß es mit allen alten und neuern zum Teil in heiligen Büchern abgefaßten Glaubensarten jederzeit so ist gehalten worden, und daß vernünftige wohldenkende Volkslehrer sie so lange gedeutet haben, bis sie dieselbe, ihrem wesentlichen Inhalte nach, nachgerade mit den allgemeinen moralischen Glaubenssätzen in Übereinstimmung brachten. Die Moralphilosophen unter den *Griechen* und nachher den *Römern* machten es nachgerade mit ihrer fabelhaften Götterlehre eben so. Sie wußten den gröbsten Polytheism doch zuletzt als bloße symbolische Vorstellung der Eigenschaften des einigen göttlichen Wesens auszudeuten, und den mancherlei lasterhaften Handlungen, oder auch wilden aber doch schönen Träumereien ihrer Dichter einen mystischen Sinn unterzulegen, der einen Volksglauben (welchen zu vertilgen nicht einmal ratsam gewe-

43 Um dieses an einem Beispiel zu zeigen, nehme man den Psalm LIX, V. 11-16, wo ein *Gebet um Rache*, die bis zum Entsetzen weit geht, angetroffen wird. *Michaelis* (Moral 2ter Teil S. 202) billigt dieses Gebet und setzt hinzu: »Die Psalmen sind *inspiriert*; wird in diesen um Strafe gebeten, so kann es nicht unrecht sein und *wir sollen keine heiligere Moral haben als die Bibel*«. Ich halte mich hier an den letzteren Ausdruck und frage, ob die Moral nach der Bibel, oder die Bibel vielmehr nach der Moral ausgelegt werden müsse? – Ohne nun einmal auf die Stelle des N. T.: »Zu den Alten wurde gesagt, u.s.w. Ich aber sage euch: Liebet eure Feinde, *segnet, die euch fluchen*, u.s.w.«, Rücksicht zu nehmen, wie diese, die auch inspiriert ist, mit jener zusammen bestehen könne, werde ich versuchen, sie entweder meinen für sich bestehenden sittlichen Grundsätzen anzupassen (daß etwa hier nicht leibliche, sondern, unter dem Symbol derselben, die uns weit verderblicheren unsichtbaren Feinde, nämlich böse Neigungen, verstanden werden, die wir wünschen müssen völlig unter den Fuß zu bringen), oder, will dieses nicht angehen, so werde ich lieber annehmen: daß diese Stelle gar nicht im moralischen Sinn, sondern nach dem Verhältnis, in welchem sich die Juden zu Gott, als ihrem politischen Regenten, betrachteten, zu verstehen sei, so wie auch eine andere Stelle der Bibel, da es heißt: »Die Rache ist mein; Ich will vergelten, spricht der Herr!«, die man gemeiniglich als moralische Warnung vor Selbstrache auslegt, ob sie gleich wahrscheinlich nur das in jedem Staat geltende Gesetz andeutet, Genugtuung wegen Beleidigungen im Gerichtshofe des Oberhauptes nachzusuchen; wo die Rachsucht des Klägers gar nicht für gebilligt angesehen werden darf, wenn der Richter ihm verstattet, auf noch so harte Strafe, als er will, anzutragen.

sen wäre, weil daraus vielleicht ein dem Staat noch gefährlicherer Atheism hätte entstehen können) einer allen Menschen verständlichen und allein ersprießlichen moralischen Lehre nahe brachte. Das spätere *Judentum* und selbst das Christentum besteht aus solchen zum Teil sehr gezwungenen Deutungen, aber beides zu ungezweifelt guten und für alle Menschen notwendigen Zwecken. Die *Mohammedaner* wissen (wie *Reland* zeigt) der Beschreibung ihres aller Sinnlichkeit geweihten Paradieses sehr gut einen geistigen Sinn unterzulegen, und eben das tun die *Inder* mit der Auslegung ihres *Vedas*, wenigstens für den aufgeklärteren Teil ihres Volks. – Daß sich dies aber tun läßt, ohne eben immer wider den buchstäblichen Sinn des Volksglaubens sehr zu verstoßen, kommt daher: weil lange vor diesem letzteren die Anlage zur moralischen Religion in der menschlichen Vernunft verborgen lag, wovon zwar die ersten rohen Äußerungen bloß auf gottesdienstlichen Gebrauch ausgingen, und zu diesem Behuf selbst jene angeblichen Offenbarungen veranlaßten, hierdurch aber auch etwas von dem Charakter ihres übersinnlichen Ursprungs selbst in diese Dichtungen, obzwar unvorsätzlich, gelegt haben. – Auch kann man dergleichen Auslegungen nicht der Unredlichkeit beschuldigen, vorausgesetzt, daß man nicht behaupten will, der Sinn, den wir den Symbolen des Volksglaubens oder auch heiligen Büchern geben, sei von ihnen auch durchaus so beabsichtigt worden, sondern dieses dahin gestellt sein läßt, und nur die *Möglichkeit*, die Verfasser derselben so zu verstehen, annimmt. Denn selbst das Lesen dieser heiligen Schriften, oder die Erkundigung nach ihrem Inhalt, hat zur Endabsicht, bessere Menschen zu machen; das Historische aber, was dazu nichts beiträgt, ist etwas an sich ganz Gleichgültiges, mit dem man es halten kann, wie man will. – (Der Geschichtsglaube ist »tot an ihm selber«, d.i. für sich, als Bekenntnis betrachtet, enthält er nichts, führt auch auf nichts, was einen moralischen Wert für uns hätte.)

Wenn also gleich eine Schrift als göttliche Offenbarung angenommen worden, so wird doch das oberste Kriterium derselben, als einer solchen, sein: »alle Schrift, von Gott eingegeben, ist nützlich zur Lehre, zur Strafe, zur Besserung u.s.w.«, und da das letztere, nämlich die moralische Besserung des Menschen, den eigentlichen Zweck aller Vernunftreligion ausmacht, so wird diese auch das oberste Prinzip aller Schriftauslegung enthalten. Diese Religion ist »der Geist Gottes, der uns in alle Wahrheit leitet«. Dieser aber ist derjenige, der, indem er uns *belehrt*, auch zugleich mit Grundsätzen zu Handlungen *belebt*, und er bezieht alles, was die

Schrift für den historischen Glauben noch enthalten mag, gänzlich auf die Regeln und Triebfedern des reinen moralischen Glaubens, der allein in jedem Kirchenglauben dasjenige ausmacht, was darin eigentliche Religion ist. Alles Forschen und Auslegen der Schrift muß von dem Prinzip ausgehen, diesen Geist darin zu suchen, und »man kann das ewige Leben darin nur finden, sofern sie von diesem Prinzip zeuget«.

Diesem Schriftausleger ist nun noch ein anderer beigesellt, aber untergeordnet, nämlich der *Schriftgelehrte*. Das Ansehen der Schrift, als des würdigsten, und jetzt in dem aufgeklärtesten Weltteile einzigen Instruments der Vereinigung aller Menschen in eine Kirche, macht den Kirchenglauben aus, der als Volksglaube nicht vernachlässigt werden kann, weil dem Volke keine Lehre zu einer unveränderlichen Norm tauglich zu sein scheint, die auf bloße Vernunft gegründet ist, und es göttliche Offenbarung, mithin auch eine historische Beglaubigung ihres Ansehens durch die Deduktion ihres Ursprunges fordert. Weil nun menschliche Kunst und Weisheit nicht bis zum Himmel hinaufsteigen kann, um das Kreditiv der Sendung des ersten Lehrers selbst nachzusehen, sondern sich mit den Merkmalen, die, außer dem Inhalt, noch von der Art, wie ein solcher Glaube introduziert worden, hergenommen werden können, d.i. mit menschlichen Nachrichten begnügen muß, die nachgerade in sehr alten Zeiten, und jetzt toten Sprachen aufgesucht werden müssen, um sie nach ihrer historischen Glaubhaftigkeit zu würdigen: so wird *Schriftgelehrsamkeit* erfordert werden, um eine auf heilige Schrift gegründete Kirche, nicht eine Religion (denn die muß, um allgemein zu sein, jederzeit auf bloße Vernunft gegründet sein), im Ansehen zu erhalten; wenn diese gleich nichts mehr ausmacht, als daß jener ihr Ursprung nichts in sich enthält, was die Annahme derselben als unmittelbarer göttlichen Offenbarung unmöglich machte; welches hinreichend sein würde, um diejenigen, welche in dieser Idee besondere Stärkung ihres moralischen Glaubens zu finden meinen, und sie daher gerne annehmen, daran nicht zu hindern. – Aber nicht bloß die *Beur-*

kundung, sondern auch die *Auslegung* der heiligen Schrift bedarf aus derselben Ursache Gelehrsamkeit. Denn wie will der Ungelehrte, der sie nur in Übersetzungen lesen kann, von dem Sinne derselben gewiß sein? daher der Ausleger, welcher auch die Grundsprache inne hat, doch noch ausgebreitete historische Kenntnis und Kritik besitzen muß, um aus dem Zustande, den Sitten und den Meinungen (dem Volksglauben) der damaligen Zeit die Mittel zu nehmen, wodurch dem kirchlichen gemeinen Wesen das Verständnis geöffnet werden kann.

Vernunftreligion und Schriftgelehrsamkeit sind also die eigentlichen berufenen Ausleger und Depositäre einer heiligen Urkunde. Es fällt in die Augen: daß diese an öffentlichem Gebrauche ihrer Einsichten und Entdeckungen in diesem Felde vom weltlichen Arm schlechterdings nicht können gehindert und an gewisse Glaubenssätze gebunden werden; weil sonst *Laien* die *Kleriker* nötigen würden, in ihre Meinung einzutreten, die jene doch nur von dieser ihrer Belehrung her haben. Wenn der Staat nur dafür sorgt, daß es nicht an Gelehrten und ihrer Moralität nach im guten Rufe stehenden Männern fehle, welche das Ganze des Kirchenwesens verwalten, deren Gewissen er diese Besorgung anvertraut, so hat er alles getan, was seine Pflicht und Befugnis mit sich bringen. Diese selbst aber in die Schule zu führen, und sich mit ihren Streitigkeiten zu befassen (die, wenn sie nur nicht von Kanzeln geführt werden, das Kirchenpublikum im völligen Frieden lassen), ist eine Zumutung, die das Publikum an den Gesetzgeber nicht ohne Unbescheidenheit tun kann, weil sie unter seiner Würde ist.

Aber es tritt noch ein dritter Prätendent zum Amte eines Auslegers auf, welcher weder Vernunft, noch Gelehrsamkeit, sondern nur ein inneres *Gefühl* bedarf, um den wahren Sinn der Schrift und zugleich ihren göttlichen Ursprung zu erkennen. Nun kann man freilich nicht in Abrede ziehen, daß, »wer ihrer Lehre folgt, und das *tut*, was sie vorschreibt, allerdings finden wird, daß sie von Gott sei«, und daß selbst der Antrieb zu guten Handlungen und zur Rechtschaffenheit im Lebenswandel, den der Mensch, der sie liest, oder ihren Vortrag hört, fühlen muß, ihn von der Göttlichkeit derselben überführen müsse; weil er nichts anders, als die Wirkung von dem den Menschen mit inniglicher Achtung erfüllenden moralischen Gesetze ist, welches darum auch als göttliches Gebot angesehen zu werden verdient. Aber so wenig, wie, aus irgend einem Gefühl, Erkenntnis der Gesetze, und daß diese moralisch sind, ebensowenig, und noch weniger, kann durch ein Gefühl das sichere Merkmal eines unmittelbaren göttlichen Einflusses gefolgert und ausgemittelt werden; weil zu derselben Wirkung mehr, als eine Ursache statt finden kann, in diesem Falle aber die bloße Moralität des Gesetzes (und der Lehre), durch die Vernunft erkannt, die Ursache derselben ist, und, selbst in dem Falle der bloßen Möglichkeit dieses Ursprungs, es Pflicht ist, ihm die letztere Deutung zu geben, wenn man nicht aller Schwärmerei Tür und Tor öffnen, und nicht selbst das unzweideutige moralische Gefühl, durch die Verwandtschaft mit jedem anderen phantastischen um seine Würde bringen will. – Gefühl, wenn das Gesetz, woraus, oder auch, wornach es erfolgt, vorher bekannt ist, hat jeder nur für sich, und kann es andern nicht zumuten, also auch nicht als einen Probierstein der Echtheit einer Offenbarung anpreisen, denn es lehrt schlechterdings nichts, sondern enthält nur die Art, wie das Subjekt in Ansehung seiner Lust oder Unlust affiziert wird, worauf gar keine Erkenntnis gegründet werden kann. –

Es gibt also keine Norm des Kirchenglaubens, als die Schrift, und keinen andern Ausleger desselben, als reine *Vernunftreligion* und *Schriftgelehrsamkeit* (welche das Historische derselben angeht), von welchen der erstere allein *authentisch*, und für alle Welt gültig, der zweite aber nur *doktrinal* ist, um den Kirchenglauben für ein gewisses Volk zu einer gewissen Zeit in ein bestimmtes sich beständig erhaltendes System zu verwandeln. Was aber diesen betrifft, so ist es nicht zu ändern, daß der historische Glaube nicht endlich ein bloßer Glaube an Schriftgelehrte, und ihre Einsicht werde: welches freilich der menschlichen Natur nicht sonderlich zur Ehre gereicht, aber doch durch die öffentliche Denkfreiheit wiederum gut gemacht wird, dazu diese deshalb um destomehr berechtigt ist, weil nur dadurch, daß Gelehrte ihre Auslegungen jedermanns Prüfung aussetzen, selbst aber auch zugleich für bessere Einsicht immer offen und empfänglich bleiben, sie auf das Zutrauen des gemeinen Wesens zu ihren Entscheidungen rechnen können.

VII. Der allmähliche Übergang des Kirchenglaubens zur Alleinherrschaft des reinen Religionsglaubens ist die Annäherung des Reichs Gottes

Das Kennzeichen der wahren Kirche ist ihre *Allgemeinheit*; hievon aber ist wiederum das Merkmal ihre Notwendigkeit und ihre nur auf eine einzige Art mögliche Bestimmbarkeit. Nun hat der historische Glaube (der auf Offenbarung, als Erfahrung gegründet ist) nur partikuläre Gültigkeit, für die nämlich, an welche die Geschichte gelangt ist, worauf er beruht, und enthält, wie alle Erfahrungserkenntnis, nicht das Bewußtsein, daß der geglaubte Gegenstand so und nicht anders sein *müsse*, sondern nur, daß er so sei, in sich; mithin enthält er zugleich das Bewußtsein seiner Zufälligkeit. Also kann er zwar zum Kirchenglauben (deren es mehrere geben kann) zulangen, aber nur der reine Religionsglaube, der sich gänzlich auf Vernunft gründet, kann als notwendig, mithin für den einzigen erkannt werden, der die *wahre* Kirche auszeichnet. – Wenn also gleich (der unvermeidlichen Einschränkung der menschlichen Vernunft gemäß) ein historischer Glaube als Leitmittel die reine Religion affiziert, doch mit dem Bewußtsein, daß er bloß ein solches sei, und dieser, als Kirchenglaube, ein Prinzip bei sich führe, dem reinen Religionsglauben sich kontinuierlich zu nähern, um jenes Leitmittel endlich entbehren zu können, so kann eine solche Kirche immer die *wahre* heißen; da aber über historische Glaubenslehren der Streit nie vermieden werden kann, nur die *streitende* Kirche genennet werden; doch mit der Aussicht, endlich in die unveränderliche und alles vereinigende, *triumphierende* auszuschlagen! Man nennt den Glauben jedes einzelnen, der die moralische Empfänglichkeit (Würdigkeit) mit sich führt, ewig glückselig zu sein, den *seligmachenden* Glauben. Dieser kann also auch nur ein einziger sein, und bei aller Verschiedenheit des Kirchenglaubens doch in jedem angetroffen werden, in welchem er, sich auf sein Ziel, den reinen Religionsglauben, beziehend, praktisch ist. Der Glaube einer gottesdienstlichen Religion ist dagegen ein *Fron-* und Lohnglaube (fides mercenaria, servilis), und kann nicht für den seligmachenden angesehen werden, weil er nicht moralisch ist. Denn dieser muß ein freier, auf lauter Herzensgesinnungen gegründeter Glaube (fides ingenua) sein. Der erstere wähnt durch Handlungen (des Kultus), welche (ob zwar mühsam) doch für sich keinen moralischen Wert haben, mithin nur durch Furcht oder Hoffnung abgenötigte Handlungen sind, die auch ein böser Mensch ausüben kann, Gott wohlgefällig zu werden, anstatt daß der letztere dazu eine moralisch gute Gesinnung als notwendig voraussetzt.

Der seligmachende Glaube enthält zwei Bedingungen seiner Hoffnung der Seligkeit: die eine in Ansehung dessen, was er selbst nicht tun kann, nämlich seine geschehene Handlungen rechtlich (vor einem göttlichen Richter) ungeschehen zu machen, die andere in Ansehung dessen, was er selbst tun kann und soll, nämlich in einem neuen seiner Pflichtgemäßen Leben zu wandeln. Der erstere Glaube ist der an eine Genugtuung (Bezahlung für seine Schuld, Erlösung, Versöhnung mit Gott), der zweite ist der Glaube, in einem ferner zu führenden guten Lebenswandel Gott wohlgefällig werden zu können. – Beide Bedingungen machen nur einen Glauben aus, und gehören notwendig zusammen. Man kann aber die Notwendigkeit einer Verbindung nicht anders einsehen, als wenn man annimmt, es lasse sich eine von der andern ableiten, also, daß entweder der Glaube an die Lossprechung von der auf uns liegenden Schuld den guten Lebenswandel, oder daß die wahrhafte und tätige Gesinnung eines jederzeit zu führenden guten Lebenswandels den Glauben an jene Lossprechung, nach dem Gesetze moralisch wirkender Ursachen, hervorbringe.

Hier zeigt sich nun eine merkwürdige Antinomie der menschlichen Vernunft mit ihr selbst, deren Auflösung, oder, wenn diese nicht möglich sein sollte, wenigstens Beilegung es allein ausmachen kann, ob ein historischer (Kirchen-) Glaube jederzeit als wesentliches Stück des seligmachenden, über den reinen Religionsglauben hinzukommen müsse, oder ob er als bloßes Leitmittel endlich, wie ferne diese Zukunft auch sei, in den reinen Religionsglauben übergehen könne.

1. Vorausgesetzt: daß für die Sünden des Menschen eine Genugtuung geschehen sei, so ist zwar wohl begreiflich, wie ein jeder Sünder sie gern auf sich beziehen möchte, und, wenn es bloß aufs *Glauben* ankömmt (welches soviel, als Erklärung bedeutet, er wolle, sie sollte auch für ihn geschehen sein), deshalb nicht einen Augenblick Bedenken tragen würde. Allein es ist gar nicht einzusehen, wie ein vernünftiger Mensch, der sich strafschuldig weiß, im Ernst glauben könne, er habe nur nötig, die Botschaft von einer für ihn geleisteten Genugtuung zu glauben, und sie (wie die Juristen sagen) utiliter anzunehmen, um seine Schuld als getilgt anzusehen, und zwar dermaßen (mit der Wurzel sogar), daß auch fürs künftige ein guter Lebenswandel, um den er sich bisher nicht die mindeste Mühe gegeben hat, von diesem Glauben und der Akzeptation der angebotenen Wohltat, die unausbleibliche Folge sein werde. Diesen Glauben kann kein überlegter Mensch, so sehr auch die Selbstliebe öfters den bloßen Wunsch eines Gutes, wozu man nichts tut, oder tun kann, in Hoffnung verwandelt, als werde sein Gegenstand, durch die bloße Sehnsucht gelockt, von selbst kommen, in sich zuwege bringen. Man kann dieses sich nicht anders möglich denken, als daß der Mensch sich diesen Glauben selbst als ihm himmlisch eingegeben, und so als etwas, worüber er seiner Vernunft weiter keine Rechenschaft zu geben

nötig hat, betrachte. Wenn er dies nicht kann, oder noch zu aufrichtig ist, ein solches Vertrauen als bloßes Einschmeichelungsmittel in sich zu erkünsteln, so wird er, bei aller Achtung für eine solche überschwengliche Genugtuung, bei allem Wunsche, daß eine solche auch für ihn offen stehen möge, doch nicht umhin können, sie nur als bedingt anzusehen, nämlich daß sein, so viel in seinem Vermögen ist, gebesserter Lebenswandel vorhergehen müsse, um auch nur den mindesten Grund zur Hoffnung zu geben, ein solches höheres Verdienst könne ihm zu Gute kommen. – Wenn also das historische Erkenntnis von dem letztern zum Kirchenglauben, der erstere aber als Bedingung zum reinen moralischen Glauben gehört, so wird *dieser vor jenem vorhergehen müssen.*

2. Wenn aber der Mensch von Natur verderbt ist, wie kann er glauben, aus sich, er mag sich auch bestreben, wie er wolle, einen neuen, Gott wohlgefälligen, Menschen zu machen; wenn er, sich der Vergehungen, deren er sich bisher schuldig gemacht hat, bewußt, noch unter der Macht des bösen Prinzips steht, und in sich kein hinreichendes Vermögen antrifft, es künftighin besser zu machen? Wenn er nicht die Gerechtigkeit, die er selbst wider sich erregt hat, durch fremde Genugtuung als versöhnt, sich selbst aber durch diesen Glauben gleichsam als neugeboren ansehen, und so allererst einen neuen Lebenswandel antreten kann, der alsdann die Folge von dem mit ihm vereinigten guten Prinzip sein würde, worauf will er seine Hoffnung, ein Gott gefälliger Mensch zu werden, gründen? – Also muß der Glaube an ein Verdienst, das nicht das seinige ist, und wodurch er mit Gott versöhnt wird, vor aller Bestrebung zu guten Werken vorhergehen; welches dem vorigen Satze widerstreitet. Dieser Streit kann nicht durch Einsicht in die Kausalbestimmung der Freiheit des menschlichen Wesens, d.i. der Ursachen, welche machen, daß ein Mensch gut oder böse wird, also nicht theoretisch ausgeglichen werden: denn diese Frage übersteigt das ganze Spekulationsvermögen unserer Vernunft. Aber fürs Praktische, wo nämlich nicht gefragt wird, was physisch, sondern was moralisch für den Gebrauch unserer freien Willkür das erste sei, wovon wir nämlich den Anfang machen sollen, ob vom Glauben an das, was Gott unsertwegen getan hat, oder von dem, was wir tun sollen, um dessen (es mag auch bestehen, worin es wolle) würdig zu werden, ist kein Bedenken, für das letztere zu entscheiden.

Denn die Annehmung des ersten Requisits zur Seligmachung, nämlich des Glaubens an eine stellvertretende Genugtuung, ist allenfalls bloß für den theoretischen Begriff notwendig; wir können die Entsündigung uns nicht anders *begreiflich machen.* Dagegen ist die Notwendigkeit des zweiten Prinzips praktisch und zwar rein moralisch: wir können sicher nicht anders hoffen, der Zueignung selbst eines fremden genugtuenden

Verdienstes, und so der Seligkeit teilhaftig zu werden, als wenn wir uns dazu durch unsere Bestrebung in Befolgung jeder Menschenpflicht qualifizieren, welche letztere die Wirkung unserer eignen Bearbeitung, und nicht wiederum ein fremder Einfluß sein muß, dabei wir passiv sind. Denn da das letztere Gebot unbedingt ist, so ist es auch notwendig, daß der Mensch es seinem Glauben als Maxime unterlege, daß er nämlich von der Besserung des Lebensanfange, als der obersten Bedingung, unter der allein ein seligmachender Glaube statt finden kann.

Der Kirchenglaube, als ein historischer, fängt mit Recht von dem erstern an; da er aber nur das Vehikel für den reinen Religionsglauben enthält (in welchem der eigentliche Zweck liegt), so muß das, was in diesem als einem praktischen die Bedingung ist, nämlich die Maxime des *Tuns*, den Anfang machen, und die des *Wissens*, oder theoretischen Glaubens, nur die Befestigung und Vollendung der erstern bewirken.

Hiebei kann noch angemerkt werden, daß nach dem ersten Prinzip der Glaube (nämlich der an eine stellvertretende Genugtuung) dem Menschen zur Pflicht, dagegen der Glaube des guten Lebenswandels, als durch höhern Einfluß gewirkt, ihm zur Gnade angerechnet werden würde. – Nach dem zweiten Prinzip aber ist es umgekehrt. Denn nach diesem ist der *gute Lebenswandel*, als oberste Bedingung der Gnade, unbedingte *Pflicht*, dagegen die höhere Genugtuung eine bloße *Gnadensache*. – Dem erstern wirft man (oft nicht mit Unrecht) den gottesdienstlichen *Aberglauben* vor, der einen sträflichen Lebenswandel doch mit der Religion zu vereinigen weiß; dem zweiten den *naturalistischen Unglauben*, welcher mit einem sonst vielleicht auch wohl exemplarischen Lebenswandel Gleichgültigkeit, oder wohl gar Widersetzlichkeit gegen alle Offenbarung verbindet. – Das wäre aber den Knoten (durch eine praktische Maxime) zerhauen, anstatt ihn (theoretisch) aufzulösen, welches auch allerdings in Religionsfragen erlaubt ist. – Zur Befriedigung des letzteren Ansinnens kann indessen Folgendes dienen. – Der lebendige Glaube an das Urbild der Gott wohlgefälligen Menschheit (den Sohn Gottes) *an sich selbst* ist auf eine moralische Vernunftidee bezogen, sofern diese uns nicht allein zur Richtschnur, sondern auch zur Triebfeder dient, und also einerlei, ob ich von ihm, als *rationalem* Glauben, oder vom Prinzip des guten Lebenswandels anfange. Dagegen ist der Glaube an eben dasselbe Urbild *in der Erscheinung* (an den Gottmenschen), als *empirischer* (historischer) Glaube, nicht einerlei mit dem Prinzip des guten Lebenswandels (welches ganz rational sein muß), und es wäre ganz etwas anders, von einem solchen[44] anfangen, und daraus den guten Lebenswandel ableiten zu wollen. Sofern wäre also ein Widerstreit zwischen den obigen zwei Sätzen. Allein in der Erscheinung des Gottmenschen ist nicht das, was von ihm in die Sinne fällt, oder durch Erfahrung erkannt werden kann, sondern das in unsrer Vernunft liegende Urbild, welches wir dem letztern unterlegen (weil, so viel sich an seinem Beispiel wahrnehmen läßt, er jenem gemäß befunden wird), eigentlich das Objekt des seligmachenden Glaubens, und ein solcher Glaube ist einerlei mit dem Prinzip eines Gott wohlgefälligen Lebenswandels. – Also sind hier nicht zwei an sich verschiedene Prinzipien, von deren einem oder dem andern anzufangen entgegengesetzte Wege einzuschlagen wären, sondern nur eine und dieselbe praktische Idee, von der wir ausgehen, einmal, so fern sie das Urbild als in Gott befindlich, und von ihm ausgehend, ein andermal, sofern sie es, als in uns befindlich, beidemal aber, sofern sie es als Richtmaß unsers Lebenswandels vorstellt; und die Antinomie ist also nur scheinbar; weil sie eben dieselbe praktische Idee, nur in verschiedener Beziehung genommen, durch einen Mißverstand für zwei verschiedene Prinzipien ansieht. – Wollte man aber den Geschichtsglauben an die Wirklichkeit einer solchen einmal in der Welt vorgekommenen Erscheinung zur Bedingung des allein seligmachenden Glaubens machen, so wären es allerdings zwei ganz verschiedene Prinzipien (das eine empirisch, das andre rational), über die, ob man von einem oder dem andern ausgehen und anfangen müßte, ein wahrer Widerstreit der Maximen eintreten würde, den aber auch keine Vernunft je würde schlichten können. – Der Satz: Man muß glauben, daß es einmal einen Menschen, der durch seine Heiligkeit und Verdienst sowohl für sich (in Ansehung seiner Pflicht) als auch für alle andre (und deren Ermangelung in Ansehung ihrer Pflicht) genug getan, gegeben habe (wovon uns die Vernunft nichts sagt), um zu hoffen, daß wir selbst in einem guten Lebenswandel, doch nur kraft jenes Glaubens, selig werden können, dieser Satz sagt ganz etwas anders, als folgender: man muß mit allen Kräften der heiligen Gesinnung eines Gott wohlgefälligen Lebenswandels nachstreben, um glauben zu können, daß die (uns schon durch die Vernunft versicherte) Liebe desselben zur Menschheit, sofern sie seinem Willen nach allem ihrem Vermögen nachstrebt, in Rücksicht

---

44 Der die Existenz einer solchen Person auf historische Beweistümer gründen muß.

auf die redliche Gesinnung, den Mangel der Tat, auf welche Art es auch sei, ergänzen werde. – Das erste aber steht nicht in jedes (auch des ungelehrten) Menschen Vermögen. Die Geschichte beweist, daß in allen Religionsformen dieser Streit zweier Glaubensprinzipien obgewaltet hat; denn Expiationen hatten alle Religionen, sie mochten sie nun setzen, worein sie wollten. Die moralische Anlage in jedem Menschen aber ermangelte ihrerseits auch nicht, ihre Forderungen hören zu lassen. Zu aller Zeit klagten aber doch die Priester mehr, als die Moralisten; jene nämlich laut (und unter der Aufforderung an Obrigkeiten, dem Unwesen zu steuern) über Vernachlässigung des Gottesdienstes, welcher, das Volk mit dem Himmel zu versöhnen, und Unglück vom Staat abzuwenden, eingeführt war; diese dagegen über den Verfall der Sitten, den sie sehr auf die Rechnung jener Entsündigungsmittel schrieben, wodurch die Priester es jedermann leicht machten, sich wegen der gröbsten Laster mit der Gottheit auszusöhnen. In der Tat, wenn ein unerschöpflicher Fonds zu Abzahlung gemachter oder noch zu machender Schulden schon vorhanden ist, da man nur hinlangen darf (und bei allen Ansprüchen, die das Gewissen tut, auch ohne Zweifel zu allererst hinlangen wird), um sich schuldenfrei zu machen, indessen daß der Vorsatz des guten Lebenswandels, bis man wegen jener allererst im Reinen ist, ausgesetzt werden kann: so kann man sich nicht leicht andre Folgen eines solchen Glaubens denken. – Würde aber sogar dieser Glaube selbst so vorgestellt, als ob er eine so besondere Kraft und einen solchen mystischen (oder magischen) Einfluß habe, daß, ob er zwar, so viel wir wissen, für bloß historisch gehalten werden sollte, er doch, wenn man ihm, und den damit verbundenen Gefühlen, nachhängt, den ganzen Menschen von Grunde aus zu bessern (einen neuen Menschen aus ihm zu machen) im Stande sei: so müßte dieser Glaube selbst als unmittelbar vom Himmel (mit und unter dem historischen Glauben) erteilt und eingegeben angesehen werden, wo denn alles selbst mit der moralischen Beschaffenheit des Menschen zuletzt auf einen unbedingten Ratschluß Gottes hinausläuft: »er erbarmet sich, welches er will, und *verstocket*, welchen er will«,[45] welches, nach dem Buchstaben genommen, der salto mortale der menschlichen Vernunft ist.

45 Das kann wohl so ausgelegt werden: kein Mensch kann mit Gewißheit sagen, woher dieser ein guter, jener ein böser Mensch (beide comparative) wird, da oftmals die Anlage zu diesem Unterschiede schon in der Geburt anzutreffen zu sein scheint, bisweilen auch Zufälligkeiten des Lebens, für

Es ist also eine notwendige Folge der physischen und zugleich der moralischen Anlage in uns, welche letztere die Grundlage und zugleich Auslegerin aller Religion ist, daß diese endlich von allen empirischen Bestimmungsgründen, von allen Statuten, welche auf Geschichte beruhen, und die vermittelst eines Kirchenglaubens provisorisch die Menschen zur Beförderung des Guten vereinigen, allmählich losgemacht werde, und so reine Vernunftreligion zuletzt über alle herrsche, »damit Gott sei alles in allem«. – Die Hüllen, unter welchen der Embryo sich zuerst zum Menschen bildete, müssen abgelegt werden, wenn er nun an das Tageslicht treten soll. Das Leitband der heiligen Überlieferung, mit seinen Anhängseln, den Statuten und Observanzen, welches zu seiner Zeit gute Dienste tat, wird nach und nach entbehrlich, ja endlich zur Fessel, wenn er in das Jünglingsalter eintritt. So lange er (die Menschengattung) »ein Kind war, war er klug als ein Kind« und wußte mit Satzungen, die ihm ohne sein Zutun auferlegt worden, auch wohl Gelehrsamkeit, ja sogar eine der Kirche dienstbare Philosophie zu verbinden; »nun er aber ein Mann wird, legt er ab, was kindisch ist«. Der erniedrigende Unterschied zwischen *Laien* und *Klerikern* hört auf, und Gleichheit entspringt aus der wahren Freiheit, jedoch ohne Anarchie, weil ein jeder zwar dem (nicht statutarischen) Gesetz gehorcht, das er sich selbst vorschreibt, das er aber auch zugleich als den ihm durch die Vernunft geoffenbarten Willen des Weltherrschers ansehen muß, der alle unter einer gemeinschaftlichen Regierung unsichtbarer Weise in einem Staate verbindet, welcher durch die sichtbare Kirche vorher dürftig vorgestellt und vorbereitet war. – Das alles ist nicht von einer äußeren Revolution zu erwarten, die stürmisch und gewaltsam ihre von Glücksumständen sehr ab-

die niemand kann, hierin einen Ausschlag geben; eben so wenig auch, was aus ihm werden könne. Hierüber müssen wir also das Urteil dem Allsehenden überlassen, welches hier so ausgedruckt wird, als ob, ehe sie geboren wurden, sein Ratschluß, über sie ausgesprochen, einem jeden seine Rolle vorgezeichnet habe, die er einst spielen sollte. Das *Vorhersehen* ist in der Ordnung der Erscheinungen für den Welturheber, wenn er hiebei selbst anthropopathisch gedacht wird, zugleich ein *Vorherbeschließen*. In der übersinnlichen Ordnung der Dinge aber nach Freiheitsgesetzen, wo die Zeit wegfällt, ist es bloß ein *allsehendes Wissen*, ohne, warum der eine Mensch so, der andere nach entgegengesetzten Grundsätzen verfährt, erklären, und doch auch zugleich mit der Freiheit des Willens vereinigen zu können.

hängige Wirkung tut, in welcher, was bei der Gründung einer neuen Verfassung einmal versehen worden, Jahrhunderte hindurch mit Bedauern beibehalten wird, weil es nicht mehr, wenigstens nicht anders, als durch eine neue (jederzeit gefährliche) Revolution abzuändern ist. – In dem Prinzip der reinen Vernunftreligion, als einer an alle Menschen beständig geschehenen göttlichen (ob zwar nicht empirischen) Offenbarung, muß der Grund zu jenem Überschritt zu jener neuen Ordnung der Dinge liegen, welcher, einmal aus reifer Überlegung gefaßt, durch allmählich fortgehende Reform zur Ausführung gebracht wird, so fern sie ein menschliches Werk sein soll; denn was Revolutionen betrifft, die diesen Fortschritt abkürzen können, so bleiben sie der Vorsehung überlassen, und lassen sich nicht planmäßig, der Freiheit unbeschadet, einleiten. –

Man kann aber mit Grunde sagen: »daß das Reich Gottes zu uns gekommen sei«, wenn auch nur das Prinzip des allmählichen Überganges des Kirchenglaubens zur allgemeinen Vernunftreligion, und so zu einem (göttlichen) ethischen Staat auf Erden, allgemein, und irgendwo auch *öffentlich* Wurzel gefaßt hat: obgleich die wirkliche Errichtung desselben noch in unendlicher Weite von uns entfernt liegt. Denn, weil dieses Prinzip den Grund einer kontinuierlichen Annäherung zu dieser Vollkommenheit enthält, so liegt in ihm als in einem sich entwickelnden, und in der Folge wiederum besamenden Keime das Ganze (unsichtbarer Weise), welches dereinst die Welt erleuchten und beherrschen soll. Das Wahre und Gute aber, wozu in der Naturanlage jedes Menschen der Grund, sowohl der Einsicht als des Herzensanteils liegt, ermangelt nicht, wenn es einmal öffentlich geworden, vermöge der natürlichen Affinität, in der es mit der moralischen Anlage vernünftiger Wesen überhaupt steht, sich durchgängig mitzuteilen. Die Hemmung durch politische bürgerliche Ursachen, die seiner Ausbreitung von Zeit zu Zeit zustoßen mögen, dienen eher dazu, die Vereinigung der Gemüter zum Guten (was, nachdem sie es einmal ins Auge gefaßt haben, ihre Gedanken nie verläßt) noch desto inniglicher zu machen.[46]

46 Dem Kirchenglauben kann, ohne daß man ihm weder den Dienst aufsagt, noch ihn befehdet, sein nützlicher Einfluß als eines Vehikels erhalten, und ihm gleichwohl als einem Wahne von gottesdienstlicher Pflicht aller Einfluß auf den Begriff der eigentlichen (nämlich moralischen) Religion abgenommen werden, und so, bei Verschiedenheit statutarischer Glaubensarten, Verträglichkeit der Anhänger derselben unter einander durch die Grund-

Das ist also die, menschlichen Augen unbemerkte, aber beständig fortgehende Bearbeitung des guten Prinzips, sich im menschlichen Geschlecht, als einem gemeinen Wesen nach Tugendgesetzen, eine Macht und ein Reich zu errichten, welches den Sieg über das Böse behauptet, und unter seiner Herrschaft der Welt einen ewigen Frieden zusichert.

sätze der einigen Vernunftreligion, wohin die Lehrer alle jene Satzungen und Observanzen auszulegen haben, gestiftet werden; bis man mit der Zeit, vermöge der überhandgenommenen wahren Aufklärung (einer Gesetzlichkeit, die aus der moralischen Freiheit hervorgeht) mit jedermanns Einstimmung die Form eines erniedrigenden Zwangsmittels gegen eine kirchliche Form, die der Würde einer moralischen Religion angemessen ist, nämlich die eines freien Glaubens vertauschen kann. – Die kirchliche Glaubenseinheit mit der Freiheit in Glaubenssachen zu vereinigen, ist ein Problem, zu dessen Auflösung die Idee der objektiven Einheit der Vernunftreligion durch das moralische Interesse, welches wir an ihr nehmen, kontinuierlich antreibt, welches aber in einer sichtbaren Kirche zu Stande zu bringen, wenn wir hierüber die menschliche Natur befragen, wenig Hoffnung vorhanden ist. Es ist eine Idee der Vernunft, deren Darstellung in einer ihr angemessenen Anschauung uns unmöglich ist, die aber doch als praktisches regulatives Prinzip objektive Realität hat, um auf diesen Zweck, der Einheit der reinen Vernunftreligion, hinzuwirken. Es geht hiermit, wie mit der politischen Idee eines Staatsrechts, so fern es zugleich auf ein allgemeines und *machthabendes* Völkerrecht bezogen werden soll. Die Erfahrung spricht uns hierzu alle Hoffnung ab. Es scheint ein Hang in das menschliche Geschlecht (vielleicht absichtlich) gelegt zu sein, daß ein jeder einzelne Staat, wenn es ihm nach Wunsch geht, sich jeden andern zu unterwerfen, und eine Universalmonarchie zu errichten, strebe; wenn er aber eine gewisse Größe erreicht hat, sich doch von selbst in kleinere Staaten zersplittere. So hegt eine jede Kirche den stolzen Anspruch, eine allgemeine zu werden; so wie sie sich aber ausgebreitet hat, und herrschend wird, zeigt sich bald ein Prinzip der Auflösung und Trennung in verschiedene Sekten. Das zu frühe und dadurch (daß es eher kommt, als die Menschen moralisch besser geworden sind) schädliche Zusammenschmelzen der Staaten wird – wenn es uns erlaubt ist, hierin eine Absicht der Vorsehung anzunehmen – vornehmlich durch zwei mächtig wirkende Ursachen, nämlich Verschiedenheit der Sprachen und Verschiedenheit der Religionen, verhindert.

Zweite Abteilung. Historische Vorstellung der allmählichen Gründung der Herrschaft des guten Prinzips auf Erden

Von der Religion auf Erden (in der engsten Bedeutung des Worts) kann man keine *Universalhistorie* des menschlichen Geschlechtsverlangen; denn die ist, als auf dem reinen moralischen Glauben gegründet, kein öffentlicher Zustand, sondern jeder kann sich der Fortschritte, die er in demselben gemacht hat, nur für sich selbst bewußt sein. Der Kirchenglaube ist es daher allein, von dem man eine allgemeine historische Darstellung erwarten kann; indem man ihn, nach seiner verschiedenen und veränderlichen Form, mit dem alleinigen, unveränderlichen, reinen Religionsglauben vergleicht. Von da an, wo der erstere seine Abhängigkeit von den einschränkenden Bedingungen des letztern, und der Notwendigkeit der Zusammenstimmung mit ihm öffentlich anerkennt, fängt die *allgemeine Kirche* an, sich zu einem ethischen Staat Gottes zu bilden, und nach einem feststehenden Prinzip, welches für alle Menschen und Zeiten ein und dasselbe ist, zur Vollendung desselben fortzuschreiten. – Man kann voraussehen, daß diese Geschichte nichts, als die Erzählung von dem beständigen Kampf zwischen dem gottesdienstlichen und dem moralischen Religionsglauben sein werde, deren ersteren, als Geschichtsglauben, der Mensch beständig geneigt ist oben anzusetzen, anstatt daß der letztere seinen Anspruch auf den Vorzug, der ihm als allein seelenbessernden Glauben zukommt, nie aufgegeben hat, und ihn endlich gewiß behaupten wird.

Diese Geschichte kann aber nur Einheit haben, wenn sie bloß auf denjenigen Teil des menschlichen Geschlechts eingeschränkt wird, bei welchem jetzt die Anlage zur Einheit der allgemeinen Kirche schon ihrer Entwickelung nahe gebracht ist, indem durch sie wenigstens die Frage, wegen des Unterschieds des Vernunft- und Geschichtglaubens schon öffentlich angestellt, und ihre Entscheidung zur größten moralischen Angelegenheit gemacht ist; denn die Geschichte verschiedner Völker, deren Glaube in keiner Verbindung unter einander steht, gewährt sonst keine Einheit der Kirche. Zu dieser Einheit aber kann nicht gerechnet werden: daß in einem und demselben Volk ein gewisser neuer Glaube einmal entsprungen ist, der sich von dem vorher herrschenden namhaft unterschied; wenn gleich dieser die *veranlassenden* Ursachen zu des neuen Erzeugung bei sich führte. Denn es muß Einheit des Prinzips sein, wenn man die Folge verschiedner Glaubensarten nacheinander zu den Modifikationen einer und derselben Kirche rechnen soll, und die Geschichte der letztern ist es eigentlich, womit wir uns jetzt beschäftigen.

Wir können also in dieser Absicht nur die Geschichte derjenigen Kirche, die von ihrem ersten Anfange an den Keim und die Prinzipien zur objektiven Einheit des wahren und *allgemeinen* Religionsglaubens bei sich führte, dem sie allmählich näher gebracht wird, abhandeln. – Da zeigt sich nun zuerst: daß der *jüdische* Glaube mit diesem Kirchenglauben, dessen Geschichte wir betrachten wollen, in ganz und gar keiner wesentlichen Verbindung, d.i. in keiner Einheit nach Begriffen steht, ob zwar jener unmittelbar vorhergegangen, und zur Gründung dieser (der christlichen) Kirche die physische Veranlassung gab.

Der *jüdische Glaube* ist, seiner ursprünglichen Einrichtung nach, ein Inbegriff bloß statutarischer Gesetze, auf welchem eine Staatsverfassung gegründet war; denn welche moralische Zusätze entweder damals schon, oder auch in der Folge ihm *angehängt* worden sind, die sind schlechterdings nicht zum Judentum, als einem solchen, gehörig. Das letztere ist eigentlich gar keine Religion, sondern bloß Vereinigung einer Menge Menschen, die, da sie zu einem besondern Stamm gehörten, sich zu einem gemeinen Wesen unter bloß politischen Gesetzen, mithin nicht zu einer Kirche formten; vielmehr *sollte* es ein bloß weltlicher Staat sein, so daß, wenn dieser etwa durch widrige Zufälle zerrissen worden, ihm noch immer der (wesentlich zu ihm gehörige) politische Glaube übrig bliebe, ihn (bei Ankunft des Messias) wohl einmal wiederherzustellen. Daß diese Staatsverfassung Theokratie zur Grundlage hat (sichtbarlich eine Aristokratie der Priester, oder Anführer, die sich unmittelbar von Gott erteilter Instruktion rühmten), mithin der Name von Gott, der doch hier bloß als weltlicher Regent, der über und an das Gewissen gar keinen Anspruch tut, verehrt wird, macht sie nicht zu einer Religionsverfassung. Der Beweis, daß sie das letztere nicht hat sein sollen, ist klar. *Erstlich* sind alle Gebote von der Art, daß auch eine politische Verfassung darauf halten, und sie als Zwangsgesetze auferlegen kann, weil sie bloß äußere Handlungen betreffen, und obzwar die zehn Gebote auch, ohne daß sie öffentlich gegeben sein möchten, schon als ethische vor der Vernunft gelten, so sind sie in jener Gesetzgebung gar nicht mit der Forderung an die *moralische Gesinnung* in Befolgung derselben (worin nachher das Christentum das Hauptwerk setzte) gegeben, sondern schlechterdings nur auf die äußere Beobachtung gerichtet worden; welches auch daraus erhellt, daß: *zweitens,* alle Folgen aus der Erfüllung oder Übertretung dieser Gebote, alle Belohnung oder Bestrafung nur auf solche eingeschränkt werden, welche in dieser Welt jedermann zugeteilt werden können, und selbst diese auch nicht einmal nach ethischen Begriffen; indem beide auch die Nachkommenschaft, die an jenen Taten oder Untaten keinen praktischen Anteil genommen, treffen sollten, welches in einer politischen Verfassung allerdings wohl ein Klugheitsmittel sein kann, sich Folgsamkeit zu verschaffen, in einer ethischen aber aller Billigkeit zuwider sein würde. Da nun ohne Glauben an ein 790 künftiges Leben gar keine Religion gedacht werden kann, so enthält das Judentum als ein solches, in seiner Reinigkeit genommen, gar keinen Religionsglauben. Dieses wird durch folgende Bemerkung noch mehr bestärkt. Es ist nämlich kaum zu zweifeln: daß die Juden eben sowohl, wie andre, selbst die rohesten Völker, nicht auch einen Glauben an ein künftiges Leben, mithin ihren Himmel und ihre Hölle sollten gehabt haben; denn dieser Glaube dringt sich, kraft der allgemeinen moralischen Anlage in der menschlichen Natur, jedermann von selbst auf. Es ist also gewiß *absichtlich* geschehen, daß der Gesetzgeber dieses Volks, ob er gleich als Gott selbst vorgestellt wird, doch nicht die mindeste Rücksicht auf das künftige Leben habe nehmen *wollen,* welches anzeigt: daß er nur ein politisches, nicht ein ethisches gemeines Wesen habe gründen wollen; in dem erstern aber von Belohnungen und Strafen zu reden, die hier im Leben nicht sichtbar werden können, wäre unter jener Voraussetzung ein ganz inkonsequentes und unschickliches Verfahren gewesen. Ob nun gleich auch nicht zu zweifeln ist, daß die Juden sich nicht in der Folge, ein jeder für sich selbst, einen gewissen Religionsglauben werden gemacht haben, der den Artikeln ihres statutarischen beigemengt war, so hat jener doch nie ein zur Gesetzgebung des Judentums gehöriges Stück ausgemacht. *Drittens* ist es so weit gefehlt, daß das Judentum eine zum Zustande der *allgemeinen Kirche* gehörige Epoche, oder diese allgemeine Kirche wohl gar selbst zu seiner Zeit ausgemacht habe, daß es vielmehr das ganze menschliche Geschlecht von seiner Gemeinschaft ausschloß, als ein besonders vom Jehova für sich auserwähltes Volk, welches alle andere Völker anfeindete, und dafür von jedem angefeindet wurde. Hiebei ist es auch nicht so hoch anzuschlagen, daß dieses Volk sich einen einigen durch kein sichtbares Bild vorzustellenden Gott zum allgemeinen Weltherrscher setzte. Denn man findet bei den meisten andern Völkern, daß ihre Glaubenslehre darauf gleichfalls hinausging, und sich nur durch die *Verehrung* gewisser jenem untergeordneten mächtigen Untergötter des Polytheismus verdächtig machte. Denn ein Gott, der bloß die Befolgung solcher Gebote will, dazu gar keine gebesserte moralische Gesinnung erfordert wird, ist doch eigentlich nicht dasjenige moralische Wesen, dessen Begriff wir zu einer Religion nötig haben. Diese würde noch eher bei einem Glauben an viele solche mächtige unsichtbare Wesen statt finden, wenn ein Volk sich diese etwa so dächte, daß sie, bei der Verschiedenheit ihrer Departements, doch alle darin übereinkämen, daß sie ihres Wohlgefallens nur den würdigten, der mit ganzem Herzen der Tugend anhinge, als wenn der Glaube nur einem einzigen Wesen gewidmet ist, das aber aus einem mechanischen Kultus das Hauptwerk macht.

791

Wir können also die allgemeine Kirchengeschichte, sofern sie ein System ausmachen soll, nicht anders, als vom Ursprunge des Christentums anfangen, das, als eine völlige Verfassung des Judentums, worin es entsprang, auf einem ganz neuen Prinzip gegründet, eine gänzliche Revolution in Glaubenslehren bewirkte. Die Mühe, welche sich die Lehrer des erstern geben, oder gleich zu Anfange gegeben haben mögen, aus beiden einen zusammenhängenden Leitfaden zu knüpfen, indem sie den neuen Glauben nur für eine Fortsetzung des alten, der alle Ereignisse desselben in Vorbildern enthalten habe, gehalten wissen wollen, zeigen gar zu deutlich, daß es ihnen hiebei nur um die schicklichsten Mittel zu tun sei, oder war, eine reine moralische Religion statt eines alten Kultus, woran das Volk gar zu stark gewöhnt war, zu *introduzieren*, ohne doch wider seine Vorurteile gerade zu verstoßen. Schon die nachfolgende Abschaffung des körperlichen Abzeichens, welches jenes Volk von andern gänzlich abzusondern diente, läßt urteilen, daß der neue, nicht an die Statuten des alten, ja an keine Statuten überhaupt gebundene Glaube eine für die Welt, nicht für ein einziges Volk, gültige Religion habe enthalten sollen.

Aus dem Judentum also – aber aus dem nicht mehr altväterlichen und unvermengten, bloß auf eigene politische Verfassung (die auch schon sehr zerrüttet war) gestellten, sondern aus dem schon durch allmählich darin öffentlich gewordene moralische Lehren mit einem Religionsglauben vermischten Judentum, in einem Zustande, wo diesem

792

sonst unwissenden Volke schon viel fremde (griechische) Weisheit zugekommen war, welche vermutlich auch dazu beitrug, es durch Tugendbegriffe aufzuklären, und bei der drückenden Last ihres Satzungsglaubens zu Revolutionen zuzubereiten, bei Gelegenheit der Verminderung der Macht der Priester, durch ihre Unterwerfung unter die Oberherrschaft eines Volks, das allen fremden Volksglauben mit Gleichgültigkeit ansah – aus einem solchen Judentum erhob sich nun plötzlich, obzwar nicht unvorbereitet, das Christentum. Der Lehrer des Evangeliums kündigte sich als einen vom Himmel gesandten, indem er zugleich, als einer solchen Sendung würdig, den Fronglauben (an gottesdienstliche Tage, Bekenntnisse und Gebräuche) für an sich nichtig, den moralischen dagegen, der allein die Menschen heiligt, »wie ihr Vater im Himmel heilig ist«, und durch den guten Lebenswandel seine Echtheit beweist, für den alleinseligmachenden erklärte, nachdem er aber durch Lehre und Leiden

bis zum unverschuldeten und zugleich verdienstlichen Tode[47] an seiner

47 Mit welchem sich die öffentliche Geschichte desselben (die daher auch allgemein zum Beispiel der Nachfolge dienen konnte) endigt. Die als Anhang hinzugefügte geheimere, bloß vor den Augen seiner Vertrauten vorgegangene Geschichte seiner *Auferstehung* und *Himmelfahrt* (die, wenn man sie bloß als Vernunftideen nimmt, den Anfang eines andern Lebens und Eingang in den Sitz der Seligkeit, d.i. in die Gemeinschaft mit allen Guten, bedeuten würden) kann, ihrer historischen Würdigung unbeschadet, zur Religion innerhalb der Grenzen der bloßen Vernunft nicht benutzt werden. Nicht etwa deswegen, weil sie Geschichtserzählung ist (denn das ist auch die vorhergehende), sondern weil sie, buchstäblich genommen, einen Begriff, der zwar der sinnlichen Vorstellungsart der Menschen sehr angemessen, der Vernunft aber in ihrem Glauben an die Zukunft sehr lästig ist, nämlich den der Materialität aller Weltwesen annimmt, sowohl den *Materialism* der *Persönlichkeit* des Menschen (den psychologischen), die nur unter der Bedingung eben desselben *Körpers* statt finden, als auch der *Gegenwart* in einer Welt überhaupt (den kosmologischen), welche nach diesem Prinzip nicht anders als *räumlich* sein könne: wogegen die Hypothese des Spiritualismus vernünftiger Weltwesen, wo der Körper tot in der Erde bleiben, und doch dieselbe Person lebend da sein, imgleichen der Mensch dem Geiste nach (in seiner nicht sinnlichen Qualität) zum Sitz der Seligen, ohne in irgend einen Ort im unendlichen Raume, der die Erde umgibt (und den wir auch Himmel nennen), versetzt zu werden, gelangen kann, der Vernunft günstiger ist, nicht bloß wegen der Unmöglichkeit, sich eine denkende Materie verständlich zu machen, sondern vornehmlich wegen der Zufälligkeit, der unsere Existenz nach dem Tode

Person ein dem Urbilde der allein Gott wohlgefälligen Menschheit gemäßes Beispiel gegeben hatte, als zum Himmel, aus dem er gekommen war, wieder zurückkehrend vorgestellt wird, indem er seinen letzten Willen (gleich als in einem Testamente) mündlich zurückließ, und, was die Kraft der Erinnerung an sein Verdienst, Lehre und Beispiel betrifft, doch sagen konnte, »er (das Ideal der Gott wohlgefälligen Menschheit) bleibe nichts destoweniger bei seinen Lehrjüngern bis an der Welt Ende«. – Dieser Lehre, die, wenn es etwa um einen *Geschichtsglauben* wegen der Abkunft und des vielleicht überirdischen Ranges seiner Person zu tun wäre, wohl der Bestätigung durch Wunder bedurfte, die aber, als bloß zum moralischen seelenbessernden Glauben gehörig, aller solcher Beweistümer ihrer Wahrheit entbehren kann, werden in einem heiligen Buche noch Wunder und Geheimnisse beigesellt, deren Bekanntmachung selbst wiederum ein Wunder ist, und einen Geschichtsglauben erfordert, der nicht anders, als durch Gelehrsamkeit, sowohl beurkundet, als auch der Bedeutung und dem Sinne nach gesichert werden kann.

Aller Glaube aber, der sich, als Geschichtsglaube, auf Bücher gründet, hat zu seiner Gewährleistung ein *gelehrtes Publikum* nötig, in welchem er durch Schriftsteller als Zeitgenossen, die in keinem Verdacht einer besondern Verabredung mit den ersten Verbreitern desselben stehen, und deren Zusammenhang mit unserer jetzigen Schriftstellerei sich ununterbrochen erhalten hat, gleichsam kontrolliert werden könne. Der reine Vernunftglaube dagegen bedarf einer solchen Beurkundung nicht, sondern beweiset sich selbst. Nun war zu den Zeiten jener Revolution in dem Volke, welches die Juden beherrschte, und in dieser ihrem Sitze

ausgesetzt wird, daß sie bloß auf dem Zusammenhalten eines gewissen Klumpens Materie in gewisser Form beruhen soll, anstatt daß sie die Beharrlichkeit einer einfachen Substanz als auf ihre Natur gegründet denken kann. – Unter der letztern Voraussetzung (der des Spiritualismus) aber kann die Vernunft weder ein Interesse dabei finden, einen Körper, der, so geläutert er auch sein mag, doch (wenn die Persönlichkeit auf der Identität desselben beruht) immer aus demselben Stoffe, der die Basis seiner Organisation ausmacht, bestehen muß, und den er selbst im Leben nie recht lieb gewonnen hat, in Ewigkeit mit zu schleppen, noch kann sie es sich begreiflich machen, was diese Kalkerde, woraus er besteht, im Himmel, d.i. in einer andern Weltgegend soll, wo vermutlich andere Materien die Bedingung des Daseins und der Erhaltung lebender Wesen ausmachen möchten.

selbst verbreitet war (im römischen Volke), schon ein gelehrtes Publikum, von welchem uns auch die Geschichte der damaligen Zeit, was die Ereignisse in der politischen Verfassung betrifft, durch eine ununterbrochne Reihe von Schriftstellern überliefert worden; auch war dieses Volk, wenn es sich gleich um den Religionsglauben ihrer nicht römischen Untertanen wenig bekümmerte, doch in Ansehung der unter ihnen öffentlich geschehen sein sollenden Wunder keineswegs ungläubig; allein sie erwähnten als Zeitgenossen nichts, weder von diesen, noch von der gleichwohl öffentlich vorgegangenen Revolution, die sie in dem ihnen unterworfenen Volke (in Absicht auf die Religion) hervorbrachten. Nur spät, nach mehr als einem Menschenalter, stellten sie Nachforschung wegen der Beschaffenheit dieser ihnen bis dahin unbekannt gebliebenen Glaubensveränderung (die nicht ohne öffentliche Bewegung vorgegangen war), keine aber wegen der Geschichte ihres ersten Anfangs an, um sie in ihren eigenen Annalen aufzusuchen. Von diesem an, bis auf die Zeit, da das Christentum für sich selbst ein gelehrtes Publikum ausmachte, ist daher die Geschichte desselben dunkel, und also bleibt uns unbekannt, welche Wirkung die Lehre desselben auf die Moralität seiner Religionsgenossen tat, ob die ersten Christen wirklich moralischgebesserte Menschen, oder aber Leute von gewöhnlichem Schlage gewesen. Seitdem aber das Christentum selbst ein gelehrtes Publikum wurde, oder doch in das allgemeine eintrat, gereicht die Geschichte desselben, was die wohltätige Wirkung betrifft, die man von einer moralischen Religion mit Recht erwarten kann, ihm keineswegs zur Empfehlung. – Wie mystische Schwärmereien im Eremiten- und Mönchsleben und Hochpreisung der Heiligkeit des ehelosen Standes eine große Menschenzahl für die Welt unnütz machten; wie damit zusammenhängende vorgebliche Wunder das Volk unter einem blinden Aberglauben mit schweren Fesseln drückte; wie mit einer sich freien Menschen aufdringenden Hierarchie sich die schreckliche Stimme der *Rechtgläubigkeit* aus dem Munde anmaßender, alleinig berufener Schriftausleger erhob, und die christliche Welt wegen Glaubensmeinungen (in die, wenn man nicht die reine Vernunft zum Ausleger ausruft, schlechterdings keine allgemeine Einstimmung zu bringen ist) in erbitterte Parteien trennte; wie im Orient, wo der Staat sich auf eine lächerliche Art selbst mit Glaubensstatuten der Priester und dem Pfaffentum befaßte, anstatt sie in den engen Schranken eines bloßen Lehrstandes (aus dem sie jederzeit in einen regierenden überzugehen geneigt sind) zu halten, wie, sage ich, dieser

Staat endlich auswärtigen Feinden, die zuletzt seinem herrschenden Glauben ein Ende machten, unvermeidlicher Weise zur Beute werden mußte; wie im Okzident, wo der Glaube seinen eigenen, von der weltlichen Macht unabhängigen Thron errichtet hat, von einem angemaßten Statthalter Gottes die bürgerliche Ordnung samt den Wissenschaften (welche jene erhalten) zerrüttet und kraftlos gemacht wurden; wie beide christliche Weltteile, gleich den Gewächsen und Tieren, die, durch eine Krankheit ihrer Auflösung nahe, zerstörende Insekten herbeilocken, diese zu vollenden, von Barbaren befallen wurden; wie in dem letztern jenes geistliche Oberhaupt Könige, wie Kinder, durch die Zauberrute seines angedrohten Bannes beherrschte, und züchtigte, sie zu, einen andern Weltteil entvölkernden, auswärtigen Kriegen (den Kreuzzügen), zur Befehdung untereinander, zur Empörung der Untertanen gegen ihre Obrigkeit, und zum blutdürstigen Haß gegen ihre anders denkenden Mitgenossen eines und desselben allgemeinen so genannten Christentums aufreizte; wie zu diesem Unfrieden, der auch jetzt nur noch durch das politische Interesse von gewalttätigen Ausbrüchen abgehalten wird, die 796 Wurzel in dem Grundsatze eines despotischgebietenden Kirchenglaubens verborgen liegt, und jenen Auftritten ähnliche noch immer besorgen läßt: – diese Geschichte des Christentums (welche, sofern es auf einem Geschichtsglauben errichtet werden sollte, auch nicht anders ausfallen konnte), wenn man sie als ein Gemälde unter einem Blick faßt, könnte wohl den Ausruf rechtfertigen: tantum religio potuit suadere malorum! wenn nicht aus der Stiftung desselben immer doch deutlich genug hervorleuchtete, daß seine wahre erste Absicht keine andre, als die gewesen sei, einen reinen Religionsglauben, über welchen es keine streitende Meinungen geben kann, einzuführen, alles jenes Gewühl aber, wodurch das menschliche Geschlecht zerrüttet ward, und noch entzweiet wird, bloß davon herrühre, daß durch einen schlimmen Hang der menschlichen Natur, was beim Anfange zur Introduktion des letztern dienen sollte, nämlich die an den alten Geschichtsglauben gewöhnte Nation durch ihre eigene Vorurteile für die neue zu gewinnen, in der Folge zum Fundament einer allgemeinen Weltreligion gemacht worden.

Fragt man nun: welche Zeit der ganzen bisher bekannten Kirchengeschichte die beste sei, so trage ich kein Bedenken, zu sagen: *es ist die jetzige*, und zwar so, daß man den Keim des wahren Religionsglaubens, so wie er jetzt in der Christenheit zwar nur von einigen, aber doch öffentlich gelegt worden, nur ungehindert sich mehr und mehr darf entwickeln lassen, um davon eine kontinuierliche Annäherung zu derjenigen, alle Menschen auf immer vereinigenden Kirche zu erwarten, die die sichtbare Vorstellung (das Schema) eines unsichtbaren Reichs Gottes auf Erden ausmacht. – Die in Dingen, welche ihrer Natur nach moralisch und seelenbessernd sein sollen, sich von der Last eines der Willkür der Ausleger beständig ausgesetzten Glaubens loswindende Vernunft hat in allen Ländern unsers Weltteils unter wahren Religionsverehrern allgemein (wenn gleich nicht allenthalben öffentlich) *erstlich* den Grundsatz der billigen *Bescheidenheit* in Aussprüchen über alles, was Offenbarung heißt, angenommen: daß, da niemand einer Schrift, die ihrem praktischen Inhalte nach lauter Göttliches enthält, nicht die *Möglichkeit* abstreiten kann, sie könne (nämlich in Ansehung dessen, was darin historisch ist) auch wohl wirklich als göttliche Offenbarung angesehen werden, imgleichen die Verbindung der Menschen zu einer Religion nicht füglich ohne ein heiliges Buch und einen auf dasselbe gegründeten Kirchenglauben zu Stande gebracht, und beharrlich gemacht werden kann; da auch, wie der gegenwärtige Zustand menschlicher Einsicht beschaffen ist, wohl schwerlich jemand eine neue Offenbarung, durch neue Wunder eingeführt, erwarten wird, – es das Vernünftigste und Billigste sei, dies Buch, was einmal da ist, fernerhin zur Grundlage des Kirchenunterrichts zu brauchen, und seinen Wert nicht durch unnütze oder mutwillige Angriffe zu schwächen, dabei aber auch keinem Menschen den Glauben daran als zur Seligkeit erforderlich aufzudringen. Der *zweite* Grundsatz ist: daß, da die heilige Geschichte, die bloß zum Behuf des Kirchenglaubens angelegt ist, für sich allein auf die Annehmung moralischer Maximen schlechterdings keinen Einfluß haben kann und soll, sondern diesem nur zur lebendigen Darstellung ihres wahren Objekts (der zur Heiligkeit hinstrebenden Tugend) gegeben ist, sie jederzeit als auf das Moralische abzweckend gelehrt und erklärt werden, hierbei aber auch sorgfältig, und (weil vornehmlich der gemeine Mensch einen beständigen Hang in sich hat, zum passiven[48] Glauben überzuschreiten) wiederholentlich

48 Eine von den Ursachen dieses Hanges liegt in dem Sicherheitsprinzip: daß die Fehler einer Religion, in der ich geboren und erzogen bin, deren Belehrung nicht von meiner Wahl abhing, und in der ich durch eigenes Vernünfteln nichts verändert habe, nicht auf meine, sondern meiner Erzieher, oder öffentlich dazu gesetzter Lehrer ihre Rechnung komme: ein Grund mit, warum man der öffentlichen Religionsveränderung eines Menschen nicht leicht Beifall gibt, wozu dann freilich noch ein anderer

eingeschärft werden müsse, daß die wahre Religion nicht im Wissen oder Bekennen dessen, was Gott zu unserer Seligwerdung tue oder getan habe, sondern in dem, was wir tun müssen, um dessen würdig zu werden, zu setzen sei, welches niemals etwas anders sein kann, als was für sich selbst einen unbezweifelten *unbedingten* Wert hat, mithin uns allein Gott wohlgefällig machen, und von dessen Notwendigkeit zugleich jeder Mensch ohne alle Schriftgelehrsamkeit völlig gewiß werden kann. – Diese Grundsätze nun nicht zu hindern, damit sie öffentlich werden, ist Regentenpflicht; dagegen sehr viel dabei gewagt und auf eigene Verantwortung unternommen wird, hiebei in den Gang der göttlichen Vorsehung einzugreifen, und gewissen historischen Kirchenlehren zu gefallen, die doch höchstens nur eine durch Gelehrte auszumachende Wahrscheinlichkeit für sich haben, die Gewissenhaftigkeit der Untertanen durch Anbietung oder Versagung gewisser bürgerlichen, sonst jedem offen stehenden Vorteile in Versuchung zu bringen,[49] welches, den Ab-

(tiefer liegender) Grund kommt, daß, bei der Ungewißheit, die ein jeder in sich fühlt, welcher Glaube (unter den historischen) der rechte sei, indessen, daß der moralische allerwärts der nämliche ist, man es sehr unnötig findet, hierüber Aufsehen zu erregen.

49   Wenn eine Regierung es nicht für Gewissenszwang gehalten wissen will, daß sie nur verbietet, *öffentlich* seine Religionsmeinung zu *sagen*, indessen sie doch keinen hinderte, bei sich im Geheim zu *denken*, was er gut findet, so spaßt man gemeiniglich darüber, und sagt: daß dieses gar keine von ihr vergönnete Freiheit sei; weil sie es ohnedem nicht verhindern kann. Allein, was die weltliche oberste Macht nicht kann, das kann doch die geistliche: nämlich selbst das Denken zu verbieten, und wirklich auch zu hindern; sogar, daß sie einen solchen Zwang, nämlich das Verbot, anders, als was sie vorschreibt, auch nur zu denken, selbst ihren mächtigen Obern aufzuerlegen vermag. – Denn wegen des Hanges der Menschen zum gottesdienstlichen Fronglauben, dem sie nicht allein vor dem moralischen (durch Beobachtung seiner Pflichten überhaupt Gott zu dienen) die größte, sondern auch die einzige, allen übrigen Mangel vergütende Wichtigkeit zu geben von selbst geneigt sind, ist es den Bewahrern der Rechtgläubigkeit als Seelenhirten jederzeit leicht, ihrer Herde ein frommes Schrecken vor der mindesten Abweichung von gewissen auf Geschichte beruhenden Glaubenssätzen, und selbst vor aller Untersuchung dermaßen einzujagen, daß sie sich nicht getrauen, auch nur in Gedanken einen Zweifel wider die ihnen aufgedrungenen Sätze in sich aufsteigen zu lassen: weil dieses so viel sei, als dem bösen Geiste ein Ohr leihen. Es ist wahr, daß, um von diesem Zwange los zu werden man nur *wollen* darf (welches

bruch, der hierdurch einer in diesem Falle heiligen Freiheit geschieht, ungerechnet, dem Staate schwerlich gute Bürger verschaffen kann. Wer von denen, die sich zur Verhinderung einer solchen freien Entwickelung göttlicher Anlagen zum Weltbesten anbieten, oder sie gar vorschlagen, würde, wenn er mit Zurateziehung des Gewissens darüber nachdenkt, sich wohl für alle das Böse verbürgen wollen, was aus solchen gewalttätigen Eingriffen entspringen kann, wodurch der von der Weltregierung beabsichtigte Fortgang im Guten vielleicht auf lange Zeit gehemmt, ja wohl in einen Rückgang gebracht werden dürfte; wenn er gleich durch keine menschliche Macht und Anstalt jemals gänzlich aufgehoben werden kann.

Das Himmelreich wird zuletzt auch, was die Leitung der Vorsehung betrifft, in dieser Geschichte nicht allein als in einer zwar zu gewissen Zeiten verweilten, aber nie ganz unterbrochenen Annäherung, sondern auch in seinem Eintritte vorgestellt. Man kann es nun als eine bloß zur großem Belebung der Hoffnung und des Muts und Nachstrebung zu demselben abgezweckte symbolische Vorstellung auslegen, wenn dieser Geschichtserzählung noch eine Weissagung (gleich als in sibyllinischen Büchern) von der Vollendung dieser großen Weltveränderung in dem Gemälde eines sichtbaren Reichs Gottes auf Erden (unter der Regierung seines wieder herabgekommenen Stellvertreters und Statthalters) und der Glückseligkeit, die unter ihm nach Absonderung und Ausstoßung der Rebellen, die ihren Widerstand noch einmal versuchen, hier auf Erden genossen werden soll, samt der gänzlichen Vertilgung derselben

und ihres Anführers (in der Apokalypse) beigefügt wird, und so das *Ende der Welt* den Beschluß der Geschichte macht. Der Lehrer des Evangeliums hatte seinen Jüngern das Reich Gottes auf Erden nur von

bei jenem landesherrlichen, in Ansehung der öffentlichen Bekenntnisse, nicht der Fall ist); aber dieses Wollen ist eben dasjenige, dem innerlich ein Riegel vorgeschoben wird. Doch ist dieser eigentliche Gewissenszwang zwar schlimm genug (weil er zur innern Heuchelei verleitet), aber noch nicht so schlimm, als die Hemmung der äußern Glaubensfreiheit, weil jener durch den Fortschritt der moralischen Einsicht und Bewußtsein seiner Freiheit, aus welcher die wahre Achtung für Pflicht allein entspringen kann, allmählich von selbst schwinden muß, dieser äußere hingegen alle freiwillige Fortschritte, in der ethischen Gemeinschaft der Gläubigen, die das Wesen der wahren Kirche ausmacht, verhindert, und die Form derselben ganz politischen Verordnungen unterwirft.

der herrlichen, seelenerhebenden, moralischen Seite, nämlich der Würdigkeit, Bürger eines göttlichen Staats zu sein, gezeigt, und sie dahin angewiesen, was sie zu tun hätten, nicht allein, um selbst dazu zu gelangen, sondern, sich mit andern Gleichgesinnten, und, wo möglich, mit dem ganzen menschlichen Geschlecht dahin zu vereinigen. Was aber die Glückseligkeit betrifft, die den andern Teil der unvermeidlichen menschlichen Wünsche ausmacht, so sagte er ihnen voraus: daß sie auf diese sich in ihrem Erdenleben keine Rechnung machen möchten. Er bereitete sie vielmehr vor, auf die größten Trübsale und Aufopferungen gefaßt zu sein; doch setzte er (weil eine gänzliche Verzichttuung auf das Physische der Glückseligkeit dem Menschen, so lange er existiert, nicht zugemutet werden kann) hinzu: »seid fröhlich und getrost, es wird euch im Himmel wohl vergolten werden«. Der angeführte Zusatz zur Geschichte der Kirche, der das künftige und letzte Schicksal derselben betrifft, stellt diese nun endlich als *triumphierend*, d.i. nach allen überwundenen Hindernissen als mit Glückseligkeit noch hier auf Erden bekrönt vor. – Die Scheidung der Guten von den Bösen, die, während der Fortschritte der Kirche zu ihrer Vollkommenheit, diesem Zwecke nicht zuträglich gewesen sein würde (indem die Vermischung beider untereinander gerade dazu nötig war, teils um den erstern zum Wetzstein der Tugend zu dienen, teils um die andern durch ihr Beispiel vom Bösen abzuziehen), wird nach vollendeter Errichtung des göttlichen Staats, als die letzte Folge derselben vorgestellt; wo noch der letzte Beweis seiner Festigkeit, als Macht betrachtet, sein Sieg über alle äußere Feinde, die eben sowohl auch als in einem Staate (dem Höllenstaat) betrachtet werden, hinzugefügt wird, womit dann alles Erdenleben ein Ende hat, indem »der letzte Feind (der guten Menschen), der Tod, aufgehoben wird«, und an beiden Teilen, dem einen zum Heil, dem andern zum Verderben, Unsterblichkeit anhebt, die Form einer Kirche selbst aufgelöset wird, der Statthalter auf Erden mit denen zu ihm, als Himmelsbürger, erhobenen Menschen in eine Klasse tritt, und so Gott alles in allem ist.[50]

50 Dieser Ausdruck kann (wenn man das Geheimnisvolle, über alle Grenzen möglicher Erfahrung Hinausreichende, bloß zur heiligen *Geschichte* der Menschheit Gehörige, uns also *praktisch* nichts Angehende, bei Seite setzt) so verstanden werden, daß der Geschichtsglaube, der, als Kirchenglaube, ein heiliges Buch zum Leitbande der Menschen bedarf, aber eben dadurch die Einheit und Allgemeinheit der Kirche verhindert, selbst aufhören, und in einen reinen, für alle Welt gleich einleuchtenden Religionsglauben

Diese Vorstellung einer Geschichtserzählung der Nachwelt, die selbst keine Geschichte ist, ist ein schönes Ideal der durch Einführung der wahren allgemeinen Religion bewirkten moralischen, im Glauben *vorausgesehenen* Weltepoche, bis zu ihrer Vollendung, die wir nicht als empirische Vollendung *absehen*, sondern auf die wir nur im kontinuierlichen Fortschreiten und Annäherung zum höchsten auf Erden möglichen Guten (worin nichts Mystisches ist, sondern alles auf moralische Weise natürlich zugeht) *hinaussehen*, d.i. dazu Anstalt machen können. Die Erscheinung des Antichrists, des Chiliasm, die Ankündigung der Nahheit des Weltendes können vor der Vernunft ihre gute symbolische Bedeutung annehmen, und die letztere, als ein (so wie das Lebensende, ob nahe oder fern) nicht vorher zu sehendes Ereignis vorgestellt, drückt sehr gut die Notwendigkeit aus, jederzeit darauf in Bereitschaft zu stehen, in der Tat aber (wenn man diesem Symbol den intellektuellen Sinn unterlegt) uns jederzeit wirklich als berufene Bürger eines göttlichen (ethischen) Staats anzusehen. »Wenn kommt nun also das Reich Gottes?« – »Das Reich Gottes kommt nicht in sichtbarer Gestalt. Man wird auch

802

nicht sagen: siehe hier, oder da ist es. *Denn sehet, das Reich Gottes ist inwendig in euch*!« (Luc. 17. 21 bis 22).[51]

übergehen werde; wohin wir dann jetzt, durch anhaltende Entwickelung der reinen Vernunftreligion aus jener gegenwärtig noch nicht entbehrlichen Hülle, fleißig arbeiten sollen. Nicht daß er aufhöre (denn vielleicht mag er als Vehikel immer nützlich und nötig sein), sondern aufhören könne; womit nur die innere Festigkeit des reinen moralischen Glaubens gemeint ist.

51 Hier wird nun ein Reich Gottes, nicht nach einem besonderen Bunde (kein messianisches), sondern ein *moralisches* (durch bloße Vernunft erkennbares) vorgestellt. Das erstere (regnum divinum pactitium) mußte seinen Beweis aus der Geschichte ziehen und da wird es in das *messianische* Reich nach dem *alten*, oder nach dem *neuen* Bunde eingeteilt. Nun ist es merkwürdig: daß die Verehrer des ersteren (die Juden) sich noch, als solche, obzwar in alle Welt zerstreut, erhalten haben, indessen daß anderer Religionsgenossen ihr Glaube mit dem Glauben des Volks, worin sie zerstreut worden, gewöhnlich zusammenschmolz. Dieses Phänomen dünkt vielen so wundersam zu sein, daß sie es nicht wohl als nach dem Laufe der Natur möglich, sondern als außerordentliche Veranstaltung zu einer besonderen göttlichen Absicht beurteilen. – Aber ein Volk, das eine geschriebene Religion (heilige Bücher) hat, schmilzt mit einem solchen, was (wie das römische Reich – damals die ganze gesittete Welt) keine dergleichen, sondern bloß Gebräuche hat, niemals in einen Glauben zusammen;

es macht vielmehr über kurz oder lang Proselyten. Daher auch die Juden vor der babylonischen Gefangenschaft, nach welcher, wie es scheint, ihre heiligen Bücher allererst öffentliche Lektüre wurden, nicht mehr ihres Hanges wegen, fremden Göttern nachzulaufen, beschuldigt werden; zumal die alexandrinische Kultur, die auch auf sie Einfluß haben mußte, ihnen günstig sein konnte, jenen eine systematische Form zu verschaffen. So haben die *Parsis*, Anhänger der Religion des Zoroasters, ihren Glauben bis jetzt erhalten, ungeachtet ihrer Zerstreuung; weil ihre *Desturs* den Zendawesta hatten. Da hingegen die *Hindus*, welche, unter dem Namen Zigeuner, weit und breit zerstreut sind, weil sie aus den Hefen des Volks (den *Parias*) waren (denen es so gar verboten ist, in ihren heiligen Büchern zu lesen), der Vermischung mit fremdem Glauben nicht entgangen sind. Was die Juden aber, für sich allein, dennoch nicht würden bewirkt haben, das tat die christliche und, späterhin, die mohammedanische Religion, vornehmlich die erstere; weil sie den jüdischen Glauben und die dazu gehörigen heiligen Bücher voraussetzen (wenn gleich die letztere sie für verfälscht ausgibt). Denn die Juden konnten bei denen von ihnen ausgegangenen Christen ihre alten Dokumente immer wieder auffinden, wenn sie, bei ihren Wanderungen, wo die Geschicklichkeit, sie zu lesen, und daher die Lust, sie zu besitzen, vielfältig erloschen sein mag, nur die Erinnerung übrig behielten, daß sie deren ehedem einmal gehabt hätten. Daher trifft man außer den gedachten Ländern auch keine Juden; wenn man die wenigen auf der Malabarküste und etwa eine Gemeinde in China ausnimmt (von welchen die ersteren mit ihren Glaubensgenossen in Arabien im beständigen Handelsverkehr sein konnten), obgleich nicht zu zweifeln ist, daß sie sich nicht in jene reichen Länder auch sollten ausgebreitet haben, aber, aus Mangel aller Verwandtschaft ihres Glaubens mit den dortigen Glaubensarten, in völlige Vergessenheit des ihrigen geraten sind. Erbauliche Betrachtungen aber auf diese Erhaltung des jüdischen Volks, samt ihrer Religion, unter ihnen so nachteiligen Umständen, zu gründen, ist sehr mißlich, weil ein jeder beider Teile dabei seine Rechnung zu finden glaubt. Der eine sieht in der Erhaltung des Volks, wozu er gehört, und seines, ungeachtet der Zerstreuung unter so mancherlei Völker, unvermischt bleibenden alten Glaubens, den Beweis einer dasselbe für ein künftiges Erdenreich aufsparenden besonderen gütigen Vorsehung; der andere nichts als warnende Ruinen eines zerstörten, dem eintretenden Himmelreich sich widersetzenden Staats, die eine besondere Vorsehung noch immer erhält, teils um die alte Weissagung eines von diesem Volke ausgehenden Messias im Andenken aufzubehalten, teils um ein Beispiel der Strafgerechtigkeit, weil es sich hartnäckigerweise einen politischen, nicht einen moralischen Begriff von demselben machen wollte, an ihm zu statuieren.

Allgemeine Anmerkung

In allen Glaubensarten, die sich auf Religion beziehn, stößt das Nachforschen hinter ihrer innern Beschaffenheit unvermeidlich auf ein *Geheimnis*, d.i. auf etwas *Heiliges*, was zwar von jedem einzelnen *gekannt*, aber doch nicht öffentlich *bekannt*, d.i. allgemein mitgeteilt werden kann. – Als etwas *Heiliges* muß es ein moralischer, mithin ein Gegenstand der Vernunft sein, und innerlich für den praktischen Gebrauch hinreichend erkannt werden können, aber, als etwas *Geheimes*, doch nicht für den theoretischen; weil es alsdann auch jedermann müßte mitteilbar sein, und also auch äußerlich und öffentlich bekannt werden können.

Der Glaube an etwas, was wir doch zugleich als heiliges Geheimnis betrachten sollen, kann nun entweder für einen *göttlich eingegebenen*, oder einen *reinen Vernunftglauben* gehalten werden. Ohne durch die größte Not zur Annahme des ersten gedrungen zu sein, werden wir es uns zur Maxime machen, es mit dem letztern zu halten. – Gefühle sind nicht Erkenntnisse, und bezeichnen also auch kein Geheimnis, und da das letztere auf Vernunft Beziehung hat, aber doch nicht allgemein mitgeteilt werden kann: so wird (wenn je ein solches ist) jeder es nur in seiner eignen Vernunft aufzusuchen haben.

Es ist unmöglich, a priori und objektiv auszumachen, ob es dergleichen Geheimnisse gebe, oder nicht. Wir werden also in dem Innern, dem Subjektiven unserer moralischen Anlage, unmittelbar nachsuchen müssen, um zu sehen, ob sich dergleichen in uns finde. Doch werden wir nicht die uns unerforschlichen *Gründe* zu dem Moralischen, was sich zwar öffentlich mitteilen läßt, wozu uns aber die Ursache nicht gegeben ist, sondern das allein, was uns fürs Erkenntnis gegeben, aber doch einer öffentlichen Mitteilung unfähig ist, zu den heiligen Geheimnissen zählen dürfen. So ist die Freiheit, eine Eigenschaft, die dem Menschen aus der Bestimmbarkeit seiner Willkür durch das unbedingt moralische Gesetz kund wird, kein Geheimnis, weil ihr Erkenntnis jedermann *mitgeteilt* werden kann; der uns unerforschliche Grund dieser Eigenschaft aber ist ein Geheimnis, weil er uns zur Erkenntnis *nicht gegeben* ist. Aber eben diese Freiheit ist auch allein dasjenige, was, wenn sie auf das letzte Objekt der praktischen Vernunft, die Realisierung der Idee des moralischen Endzwecks angewandt wird, uns unvermeidlich auf heilige Geheimnisse führt.[52] –

Weil der Mensch die mit der reinen moralischen Gesinnung, unzertrennlich verbundene Idee des höchsten Guts (nicht allein von Seiten der dazu gehörigen Glückseligkeit, sondern auch der notwendigen Vereinigung der Menschen zu dem ganzen Zweck) nicht selbst realisieren kann, gleichwohl aber darauf hinzuwirken in sich Pflicht antrifft, so findet er sich zum Glauben an die Mitwirkung oder Veranstaltung eines moralischen Weltherrschers hingezogen, wodurch dieser Zweck allein möglich ist, und nun eröffnet sich vor ihm der Abgrund eines Geheimnisses, von dem, was Gott hiebei tue, ob ihm überhaupt *etwas*, und *was* ihm (Gott) besonders zuzuschreiben sei. Indessen, daß der Mensch an jeder Pflicht nichts anders erkennt, als was er selbst zu tun habe, um

52 So ist die *Ursache* der allgemeinen Schwere aller Materie der Welt uns unbekannt, dermaßen, daß man noch dazu einsehen kann, sie könne von uns nie erkannt werden; weil schon der Begriff von ihr eine erste und unbedingt ihr selbst beiwohnende Bewegungskraft voraussetzt. Aber sie ist doch kein Geheimnis, sondern kann jedem offenbar gemacht werden, weil ihr *Gesetz* hinreichend erkannt ist. Wenn *Newton* sie gleichsam wie die göttliche Allgegenwart in der Erscheinung (omnipraesentia phaenomenon) vorstellt: so ist das kein Versuch, sie zu erklären (denn das Dasein Gottes im Raum enthält einen Widerspruch), aber doch eine erhabene Analogie, in der es bloß auf die Vereinigung körperlicher Wesen zu einem Weltganzen angesehen ist, indem man ihr eine unkörperliche Ursache unterlegt; und so würde es auch dem Versuch ergehen, das selbständige Prinzip der Vereinigung der vernünftigen Weltwesen in einem ethischen Staat einzusehen, und die letztere daraus zu erklären. Nur die Pflicht, die uns dazu hinzieht, erkennen wir; die Möglichkeit der beabsichtigten Wirkung, wenn wir jener gleich gehorchen, liegt über die Grenzen aller unserer Einsicht hinaus. – Es gibt Geheimnisse, Verborgenheiten (arcana) der Natur, es kann Geheimnisse (Geheimnishaltung, secreta) der Politik geben, die nicht öffentlich bekannt werden *sollen*; aber beide *können* uns doch, so fern sie auf empirischen Ursachen beruhen, bekannt werden. In Ansehung dessen, was zu erkennen allgemeine Menschenpflicht ist (nämlich des Moralischen), kann es kein Geheimnis geben, aber in Ansehung dessen, was nur Gott tun kann, wozu etwas selbst zu tun unser Vermögen, mithin auch unsere Pflicht übersteigt, da kann es nur eigentliches, nämlich heiliges Geheimnis (mysterium) der Religion geben, wovon uns etwa nur, daß es ein solches gebe, zu wissen und es zu verstehen, nicht eben es einzusehen, nützlich sein möchte.

jener ihm unbekannten wenigstens unbegreiflichen Ergänzung würdig zu sein.

Diese Idee eines moralischen Weltherrschers ist eine Aufgabe für unsere praktische Vernunft. Es liegt uns nicht sowohl daran, zu wissen, was Gott an sich selbst (seine Natur) sei, sondern was er für uns als moralische Wesen sei; wiewohl wir zum Behuf dieser Beziehung die göttliche Naturbeschaffenheit so denken und annehmen müssen, als es zu diesem Verhältnisse in der ganzen zur Ausführung seines Willens erforderlichen Vollkommenheit nötig ist (z.B. als eines unveränderlichen, allwissenden, allmächtigen etc. Wesens) und ohne diese Beziehung nichts an ihm erkennen können.

Diesem Bedürfnisse der praktischen Vernunft gemäß ist nun der allgemeine wahre Religionsglaube der Glaube an Gott 1) als den allmächtigen Schöpfer Himmels und der Erden, d.i. moralisch als *heiligen* Gesetzgeber, 2) an ihn, den Erhalter des menschlichen Geschlechts, als *gütigen* Regierer und moralischen Versorger desselben, 3) an ihn, den Verwalter seiner eigenen heiligen Gesetze, d.i. als *gerechten* Richter.

Dieser Glaube enthält eigentlich kein Geheimnis; weil er lediglich das moralische Verhalten Gottes zum menschlichen Geschlechte ausdrückt; auch bietet er sich aller menschlichen Vernunft von selbst dar, und wird daher in der Religion der meisten gesitteten Völker angetroffen.[53] Er liegt in dem Begriffe eines Volks, als eines gemeinen Wesens, worin eine solche dreifache obere Gewalt (pouvoir) jederzeit gedacht werden muß,

53 In der heiligen Weissagungsgeschichte der letzten Dinge wird der *Weltrichter* (eigentlich der, welcher die, die zum Reiche des guten Prinzips gehören, als die Seinigen unter seine Herrschaft nehmen, und sie aussondern wird) nicht als Gott, sondern als Menschensohn vorgestellt und genannt. Das scheint anzuzeigen, daß die *Menschheit selbst*, ihrer Einschränkung und Gebrechlichkeit sich bewußt, in dieser Auswahl den Ausspruch tun werde; welches eine Gütigkeit ist, die doch der Gerechtigkeit nicht Abbruch tut. – Dagegen kann der Richter der Menschen, in seiner Gottheit, d.i. wie er unserm Gewissen nach dem heiligen von uns anerkannten Gesetze und unserer eignen Zurechnung spricht, vorgestellt (der heilige Geist), nur als nach der Strenge des Gesetzes richtend gedacht werden, weil wir selbst, wie viel auf Rechnung unsrer Gebrechlichkeit uns zu Gute kommen könne, schlechterdings nicht wissen, sondern bloß unsre Übertretung mit dem Bewußtsein unsrer Freiheit und der gänzlich uns zu Schulden kommenden Verletzung der Pflicht vor Augen haben, und so keinen Grund haben, in dem Richterausspruche über uns Gütigkeit anzunehmen.

nur daß dieses hier als ethisch vorgestellt wird, daher diese dreifache Qualität des moralischen Oberhaupts des menschlichen Geschlechts in einem und demselben Wesen vereinigt gedacht werden kann, die in einem juridischbürgerlichen Staate notwendig unter drei verschiedenen Subjekten verteilt sein müßte.[54]

Weil aber doch dieser Glaube, der das moralische Verhältnis der Menschen zum höchsten Wesen, zum Behuf einer Religion überhaupt, von schädlichen Anthropomorphismen gereinigt und der echten Sittlichkeit eines Volks Gottes angemessen hat, in einer (der christlichen) Glaubenslehre zuerst und in derselben allein der Welt öffentlich aufgestellt worden: so kann man die Bekanntmachung desselben wohl die Offenbarung desjenigen nennen, was für Menschen durch ihre eigene Schuld bis dahin Geheimnis war.

In ihr nämlich heißt es *erstlich*: man soll den höchsten Gesetzgeber als einen solchen sich nicht als *gnädig*, mithin *nachsichtlich* (indulgent) für die Schwäche der Menschen, noch *despotisch* und bloß nach seinem unbeschränkten Recht gebietend, und seine Gesetze nicht als willkürliche, mit unsern Begriffen der Sittlichkeit gar nicht verwandte, sondern als

---

54 Man kann nicht wohl den Grund angeben, warum so viele alte Völker in dieser Idee überein kamen, wenn es nicht der ist, daß sie in der allgemeinen Menschenvernunft liegt, wenn man sich eine Volks- und (nach der Analogie mit derselben) eine Weltregierung denken will. Die Religion des *Zoroaster* hatte diese drei göttlichen Personen: Ormuzd, Mithra und Ahriman, die *hinduische*: den Brahma, Wischnu und Siwen (nur mit dem Unterschiede, daß jene die dritte Person nicht bloß als Urheber des *Übels*, so fern et Strafe ist, sondern selbst des *Moralischbösen*, wofür der Mensch bestraft wird; *diese* aber sie bloß als richtend und strafend vorstellt). Die *ägyptische* hatte ihren *Phtha, Kneph* und *Neith*, wovon, so viel die Dunkelheit der Nachrichten aus den ältesten Zeiten dieses Volks erraten läßt, das erste den von der Materie unterschiedenen Geist, als *Weltschöpfer*, das zweite Prinzip die erhaltende und *regierende* Gütigkeit, das dritte die jene einschränkende Weisheit, d.i. *Gerechtigkeit* vorstellen sollte. Die *gotische* verehrte ihren *Odin* (Allvater), ihre *Freia* (auch *Freier*, die Güte) und *Thor*, den richtenden (strafenden) Gott. Selbst die *Juden* scheinen in den letzten Zeiten ihrer hierarchischen Verfassung diesen Ideen nachgegangen zu sein. Denn in der Anklage der Pharisäer: daß Christus sich einen *Sohn Gottes* genannt habe, scheinen sie auf die Lehre, daß Gott einen Sohn habe, kein besonderes Gewicht der Beschuldigung zu legen, sondern nur darauf, daß Er dieser Sohn Gottes habe sein wollen.

auf Heiligkeit des Menschen bezogene Gesetze vorstellen. *Zweitens*, man muß seine Güte nicht in einem unbedingten *Wohlwollen* gegen seine Geschöpfe, sondern darein setzen, daß er auf die moralische Beschaffenheit derselben, dadurch sie ihm *wohlgefallen* können, zuerst sieht, und ihr Unvermögen, dieser Bedingung von selbst Genüge zu tun, nur alsdann ergänzt. *Drittens*, seine Gerechtigkeit kann nicht als *gütig* und *abbittlich* (welches einen Widerspruch enthält), noch weniger als in der Qualität der *Heiligkeit* des Gesetzgebers (vor der kein Mensch gerecht ist) ausgeübt vorgestellt werden, sondern nur als Einschränkung der Gütigkeit auf die Bedingung der Übereinstimmung der Menschen mit dem heiligen Gesetze, so weit sie als *Menschenkinder* der Anforderung des letztern gemäß sein könnten. – Mit einem Wort: Gott will in einer dreifachen spezifisch verschiedenen moralischen Qualität gedient sein, für welche die Benennung der verschiedenen (nichtphysischen, sondern moralischen) Persönlichkeit eines und desselben Wesens kein unschicklicher Ausdruck ist, welches Glaubenssymbol zugleich die ganze reine moralische Religion ausdrückt, die ohne diese Unterscheidung sonst Gefahr läuft, nach dem Hange des Menschen, sich die Gottheit wie ein menschliches Oberhaupt zu denken (weil er in seinem Regiment diese dreifache Qualität gemeiniglich nicht von einander absondert, sondern sie oft vermischt oder verwechselt), in einen anthropomorphistischen Fronglauben auszuarten.

Wenn aber eben dieser Glaube (an eine göttliche Dreieinigkeit) nicht bloß als Vorstellung einer praktischen Idee, sondern als ein solcher, der das, was Gott an sich selbst sei, vorstellen solle, betrachtet würde, so würde er ein alle menschlichen Begriffe übersteigendes, mithin einer Offenbarung für die menschliche Fassungskraft unfähiges Geheimnis sein, und als ein solches in diesem Betracht angekündigt werden können. Der Glaube an dasselbe als Erweiterung der theoretischen Erkenntnis von der göttlichen Natur würde nur das Bekenntnis zu einem den Menschen ganz unverständlichen, und, wenn sie es zu verstehen meinen, anthropomorphistischen Symbol eines Kirchenglaubens sein, wodurch für die sittliche Besserung nicht das mindeste ausgerichtet würde. – Nur das, was man zwar in praktischer Beziehung ganz wohl verstehen und einsehen kann, was aber in theoretischer Absicht (zur Bestimmung der Natur des Objekts an sich) alle unsre Begriffe übersteigt, ist Geheimnis (in einer Beziehung) und kann doch (in einer andern) geoffenbart werden. Von der letztern Art ist das obenbenannte, welches man in drei uns durch unsre eigne Vernunft geoffenbarte Geheimnisse einteilen kann:

1. Das der *Berufung* (der Menschen als Bürger zu einem ethischen Staat). – Wir können uns die allgemeine *unbedingte* Unterwerfung des Menschen unter die göttliche Gesetzgebung nicht anders denken, als sofern wir uns zugleich als seine *Geschöpfe* ansehen; eben so, wie Gott nur darum als Urheber aller Naturgesetze angesehen werden kann, weil er der Schöpfer der Naturdinge ist. Es ist aber für unsere Vernunft schlechterdings unbegreiflich, wie Wesen zum freien Gebrauch ihrer Kräfte *erschaffen* sein sollen; weil wir, nach dem Prinzip der Kausalität, einem Wesen, das als hervorgebracht angenommen wird, keinen andern innern Grund seiner Handlungen beilegen können, als denjenigen, welchen die hervorbringende Ursache in dasselbe gelegt hat, durch welchen (mithin durch eine äußere Ursache) dann auch jede Handlung desselben bestimmt, mithin dieses Wesen selbst nicht frei sein würde. Also läßt sich die göttliche, heilige, mithin bloß freie Wesen angehende Gesetzgebung mit dem Begriffe einer Schöpfung derselben durch unsere Vernunfteinsicht nicht vereinbaren, sondern man muß jene schon als existierende freie Wesen betrachten, welche nicht durch ihre Naturabhängigkeit, vermöge ihrer Schöpfung, sondern durch eine bloß moralische, nach Gesetzen der Freiheit mögliche Nötigung, d.i. eine Berufung zur Bürgerschaft im göttlichen Staate bestimmt werden. So ist die Berufung zu diesem Zwecke moralisch ganz klar, für die Spekulation aber ist die Möglichkeit dieser Berufenen ein undurchdringliches Geheimnis.

2. Das Geheimnis der *Genugtuung*. Der Mensch, so wie wir ihn kennen, ist verderbt, und keinesweges jenem heiligen Gesetze von selbst angemesssen. Gleichwohl, wenn ihn die Güte Gottes gleichsam ins Dasein gerufen, d.i. zu einer besondern Art zu existieren (zum Gliede des Himmelreichs) eingeladen hat, so muß er auch ein Mittel haben, den Mangel seiner hierzu erforderlichen Tauglichkeit aus der Fülle seiner eignen Heiligkeit zu ersetzen. Dieses ist aber der Spontaneität (welche bei allem moralischen Guten oder Bösen, das ein Mensch an sich haben mag, vorausgesetzt wird) zuwider, nach welcher ein solches Gute nicht von einem andern, sondern von ihm selbst herrühren muß, wenn es ihm soll zugerechnet werden können. – Es kann ihn also, soviel die Vernunft einsieht, kein andrer durch das Übermaß seines Wohlverhaltens und durch sein Verdienst vertreten; oder, wenn dieses angenommen

wird, so kann es nur in moralischer Absicht notwendig sein, *es anzuneh-men*; denn fürs Vernünfteln ist es ein unerreichbares Geheimnis.

3. Das Geheimnis der *Erwählung*. Wenn auch jene stellvertretende Genugtuung als möglich eingeräumt wird, so ist doch die moralischgläubige Annehmung derselben eine Willensbestimmung zum Guten, die schon eine gottgefällige Gesinnung im Menschen voraussetzt, die dieser aber nach dem natürlichen Verderben in sich von selbst nicht hervorbringen kann. Daß aber eine himmlische *Gnade* in ihm wirken solle, die diesen Beistand nicht nach Verdienst der Werke, sondern durch unbedingten *Ratschluß* einem Menschen bewilligt, dem andern verweigert, und der eine Teil unsers Geschlechts zur Seligkeit, der andere zur ewigen Verwerfung ausersehen werde, gibt wiederum keinen Begriff von einer göttlichen Gerechtigkeit, sondern müßte allenfalls auf eine Weisheit bezogen werden, deren Regel für uns schlechterdings ein Geheimnis ist.

Über diese Geheimnisse nun, sofern sie die moralische Lebensgeschichte jedes Menschen betreffen: wie es nämlich zugeht, daß ein sittlich Gutes oder Böses überhaupt in der Welt sei, und (ist das letztere in allen und zu jeder Zeit) wie aus dem letztern doch das erstere entspringe, und in irgend einem Menschen hergestellt werde; oder warum, wenn *dieses* an einigen geschieht, andre doch davon ausgeschlossen bleiben, – hat uns Gott nichts offenbart) und kann uns auch nichts offenbaren, weil wir es doch nicht *verstehen*[55] würden. Es wäre, als wenn wir das,

55   Man trägt gemeiniglich kein Bedenken, den Lehrlingen der Religion den Glauben an Geheimnisse zuzumuten, weil, daß wir sie nicht *begreifen*, d.i. die Möglichkeit des Gegenstandes derselben nicht einsehen können, uns eben so wenig zur Weigerung ihrer Annahme berechtigen könne, als etwa das Fortpflanzungsvermögen organischer Materien, was auch kein Mensch begreift, und darum doch nicht anzunehmen geweigert werden kann, ob es gleich ein Geheimnis für uns ist und bleiben wird. Aber wir *verstehen* doch sehr wohl, was dieser Ausdruck sagen wolle, und haben einen empirischen Begriff von dem Gegenstande, mit Bewußtsein, daß darin kein Widerspruch sei. – Von einem jeden zum Glauben aufgestellten Geheimnisse kann man nun mit Recht fordern, daß man *verstehe*, was unter demselben gemeint sei; welches nicht dadurch geschieht, daß man die Wörter, wodurch es angedeutet wird, *einzeln* versteht, d.i. damit einen Sinn verbindet, sondern daß sie, zusammen in einen Begriff gefaßt, noch einen Sinn zulassen müssen und nicht etwa dabei alles Denken ausgehe. – Daß, wenn man seinerseits es nur nicht am ernstlichen Wunsch erman-

was geschieht, am Menschen aus seiner Freiheit *erklären* und uns *begreiflich machen* wollten, darüber Gott zwar durchs moralische Gesetz in uns seinen Willen offenbart hat, die *Ursachen* aber, aus welchen eine freie Handlung auf Erden geschehe oder auch nicht geschehe, in demjenigen Dunkel gelassen hat, in welchem für menschliche Nachforschung alles bleiben muß, was, als Geschichte, doch auch aus der Freiheit nach dem Gesetze der Ursachen und Wirkungen begriffen werden soll.[56] Über die objektive Regel unsers Verhaltens aber ist uns alles, was wir bedürfen, (durch Vernunft und Schrift) hinreichend offenbart, und diese Offenbarung ist zugleich für jeden Menschen verständlich.

Daß der Mensch durchs moralische Gesetz zum guten Lebenswandel berufen sei, daß er durch unauslöschliche Achtung für dasselbe, die in ihm liegt, auch zum Zutrauen gegen diesen guten Geist und zur Hoffnung, ihm, wie es auch zugehe, genug tun zu können, Verheißung in sich finde, endlich, daß er, die letztere Erwartung mit dem strengen Gebot des erstern zusammenhaltend, sich, als zur Rechenschaft vor einem Richter gefordert, beständig prüfen müsse: darüber belehren, und dahin treiben zugleich Vernunft, Herz und Gewesen. Es ist unbescheiden, zu verlangen, daß uns noch mehr eröffnet werde, und wenn dieses geschehen sein sollte, müßte er es nicht zum allgemeinen menschlichen Bedürfnis zählen.

Ob zwar aber jenes, alle genannte in einer Formel befassende, große Geheimnis jedem Menschen durch seine Vernunft als praktisch notwendige Religionsidee begreiflich gemacht werden kann, so kann man doch sagen, daß es, um moralische Grundlage der Religion, vornehmlich einer öffentlichen zu werden, damals allererst offenbart worden, als es *öffentlich* gelehrt, und zum Symbol einer ganz neuen Religionsepoche gemacht wurde. *Solenne Formeln* enthalten gewöhnlich ihre eigene, bloß für die, welche zu einem besondern Verein (einer Zunft oder gemeinen Wesen) gehören, bestimmte, bisweilen mystische, nicht von jedem verstandene

geln läßt, Gott dieses Erkenntnis uns wohl durch *Eingebung* zukommen lassen könne, läßt sich nicht denken; denn es kann uns gar nicht inhärieren; weil die Natur unseres Verstandes dessen unfähig ist.

56   Daher wir, was Freiheit sei, in praktischer Beziehung (wenn von Pflicht die Rede ist) gar wohl verstehen, in theoretischer Absicht aber, was die Kausalität derselben (gleichsam ihre Natur) betrifft, ohne Widerspruch nicht einmal daran denken können, sie verstehen zu wollen.

Sprache, deren man sich auch billig (aus Achtung) nur zum Behuf einer feierlichen Handlung bedienen sollte (wie etwa, wenn jemand in eine sich von andern aussondernde Gesellschaft als Glied aufgenommen werden soll). Das höchste, für Menschen nie völlig erreichbare, Ziel der moralischen Vollkommenheit endlicher Geschöpfe ist aber die Liebe des Gesetzes.

Dieser Idee gemäß würde es in der Religion ein Glaubensprinzip sein: »Gott ist die Liebe«; in ihm kann man den Liebenden (mit der Liebe des moralischen *Wohlgefallens* an Menschen, sofern sie seinem heiligen Gesetze adäquat sind), den *Vater*; ferner, in ihm, so ferner sich in seiner alleserhaltenden Idee, dem von ihm selbstgezeugten und geliebten Urbilde der Menschheit, darstellt, seinen *Sohn*; endlich auch, so fern er dieses Wohlgefallen auf die Bedingung der Übereinstimmung der Menschen mit der Bedingung jener Liebe des Wohlgefallens einschränkt, und dadurch als auf Weisheit gegründete Liebe beweist, den *heiligen Geist*[57]

[57] Dieser Geist, durch welchen die Liebe Gottes als Seligmachers (eigentlich unsere dieser gemäße Gegenliebe) mit der Gottesfurcht, vor ihm als Gesetzgeber, d.i. das Bedingte mit der Bedingung, vereinigt wird, welcher also »als von beiden ausgehend« vorgestellt werden kann, ist, außerdem daß »er in alle Wahrheit (Pflichtbeobachtung) leitet«, zugleich der eigentliche Richter der Menschen (vor ihrem Gewissen). Denn das Richten kann in zwiefacher Bedeutung genommen werden: entweder als das über Verdienst und Mangel des Verdienstes, oder Schuld und Unschuld. Gott als die *Liebe* betrachtet (in seinem Sohn) richtet die Menschen so fern, als ihnen über ihre Schuldigkeit noch ein Verdienst zu statten kommen kann, und da ist sein Ausspruch: *würdig* oder *nicht-würdig*. Er sondert diejenigen als die Seinen aus, denen ein solches noch zugerechnet werden kann. Die übrigen gehen leer aus. Dagegen ist die Sentenz des Richters nach *Gerechtigkeit* (des eigentlich so in nennenden Richters, unter dem Namen des heiligen Geistes), über die, denen kein Verdienst zu statten kommen kann: *schuldig* oder *unschuldig* d.i. Verdammung oder Lossprechung. – Das Richten bedeutet im ersten Falle die *Aussonderung* der Verdienten von den Unverdienten, die beiderseits um einen Preis (der Seligkeit) sich bewerben. Unter *Verdienst* aber wird hier nicht ein Vorzug der Moralität in Beziehung aufs Gesetz (in Ansehung dessen uns kein Überschuß der Pflichtbeobachtung über unsere Schuldigkeit zukommen kann), sondern in Vergleichung mit andern Menschen, was ihre moralische Gesinnung betrifft, verstanden. Die *Würdigkeit* hat immer auch nur negative Bedeutung (nicht-unwürdig), nämlich der moralischen Empfänglichkeit für eine solche Güte. – Der also in der ersten Qualität (als Brabeuta) richtet, fället

verehren; eigentlich aber nicht in so vielfacher Persönlichkeit *anrufen* (denn das würde eine Verschiedenheit der Wesen andeuten, er ist aber immer nur ein einiger Gegenstand), wohl aber im Namen des von ihm selbst über alles verehrten, geliebten Gegenstandes, mit dem es Wunsch und zugleich Pflicht ist, in moralischer Vereinigung zu stehen. Übrigens gehört das theoretische Bekenntnis des Glaubens an die göttliche Natur in dieser dreifachen Qualität zur bloßen klassischen Formel eines Kirchenglaubens, um ihn von andern aus historischen Quellen abgeleiteten Glaubensarten zu unterscheiden, mit welchem wenige Menschen einen deutlichen und bestimmten (keiner Mißdeutung ausgesetzten) Begriff

das Urteil der Wahl zwischen *zweien* sich um den Preis (der Seligkeit) bewerbenden Personen (oder Parteien); der in der zweiten Qualität aber (der eigentliche Richter) die Sentenz über *eine und dieselbe* Person, vor einem Gerichtshofe (dem Gewissen), der zwischen Ankläger und Sachwalter den Rechtsausspruch tut. – Wenn nun angenommen wird, daß alle Menschen zwar unter der Sündenschuld stehen, einigen von ihnen aber doch ein Verdienst zu Statten kommen könne: so findet der Ausspruch des *Richters aus Liebe* statt, dessen Mangel nur ein *Abweisungsurteil* nach sich ziehen, wovon aber das *Verdammungsurteil* (indem der Mensch alsdann dem Richter aus Gerechtigkeit anheim fällt) die unausbleibliche Folge sein würde. – Auf solche Weise können, meiner Meinung nach, die scheinbar einander widerstreitenden Sätze: »der Sohn wird kommen, zu richten die Lebendigen und die Toten«, und andererseits: »Gott hat ihn nicht in die Welt gesandt, daß er die Welt richte, sondern daß sie durch ihn selig werde« (Ev. Joh. 3. 17), vereinigt werden, und mit dem in Übereinstimmung stehen, wo gesagt wird: »wer an den Sohn nicht glaubet, der *ist schon* gerichtet« (V. 18), nämlich durch denjenigen Geist, von dem es heißt: »er wird die Welt richten um der Sünde und um der Gerechtigkeit willen«. – Die ängstliche Sorgfalt solcher Unterscheidungen im Felde der bloßen Vernunft, als für welche sie hier eigentlich angestellt werden, könnte man leicht für unnütze und lästige Subtilität halten; sie würde es auch sein, wenn sie auf die Erforschung der göttlichen Natur angelegt wäre. Allein da die Menschen in ihrer Religionsangelegenheit beständig geneigt sind, sich wegen ihrer Verschuldigungen an die göttliche Güte zu wenden, gleichwohl aber seine Gerechtigkeit nicht umgehen können, ein *gütiger Richter* aber in einer und derselben Person ein Widerspruch ist, so sieht man wohl, daß selbst in praktischer Rücksicht ihre Begriffe hierüber sehr schwankend und mit sich selbst unzusammenstimmend sein müssen, ihre Berichtigung und genaue Bestimmung also von großer praktischer Wichtigkeit sei.

zu verbinden im Stande sind, und dessen Erörterung mehr den Lehrern in ihrem Verhältnis zu einander (als philosophischen und gelehrten Auslegern eines heiligen Buchs) zukömmt, um sich über dessen Sinn zu einigen, in welchem nicht alles für die gemeine Fassungskraft, oder auch für das Bedürfnis dieser Zeit ist, der bloße Buchstabenglaube aber die wahre Religionsgesinnung eher verdirbt als bessert.

815

Viertes Stück. Vom Dienst und Afterdienst unter der Herrschaft des guten Prinzips, oder von Religion und Pfaffentum

Es ist schon ein Anfang der Herrschaft des guten Prinzips, und ein Zeichen, »daß das Reich Gottes zu uns komme«, wenn auch nur die Grundsätze der Konstitution desselben *öffentlich* zu werden anheben; denn das ist in der Verstandeswelt schon da, wozu die Gründe, die es allein bewirken können, allgemein Wurzel gefaßt haben, obschon die vollständige Entwickelung seiner Erscheinung in der Sinnenwelt noch in unabsehlicher Ferne hinausgerückt ist. Wir haben gesehen, daß zu einem ethischen gemeinen Wesen sich zu vereinigen eine Pflicht von besonderer Art (officium sui generis) sei, und daß, wenn gleich ein jeder seiner Privatpflicht gehorcht, man daraus wohl eine *zufällige Zusammenstimmung* aller zu einem gemeinschaftlichen Guten, auch ohne daß dazu noch besondere Veranstaltung nötig wäre, folgern könne, daß aber doch jene Zusammenstimmung aller nicht gehofft werden darf, wenn nicht aus der Vereinigung derselben mit einander zu eben demselben Zwecke und Errichtung eines *gemeinen Wesens* unter moralischen Gesetzen, als vereinigter und darum stärkerer Kraft, den Anfechtungen des bösen Prinzips (welchem Menschen zu Werkzeugen zu dienen sonst von einander selbst versucht werden) sich zu widersetzen, ein besonderes Geschäfte gemacht wird. – Wir haben auch gesehen, daß ein solches gemeines Wesen, als ein *Reich Gottes*, nur durch *Religion* von Menschen unternommen, und daß endlich, damit diese öffentlich sei (welches zu einem gemeinen Wesen erfordert wird), jenes in der sinnlichen Form einer *Kirche* vorgestellt werden könne, deren Anordnung also den Menschen als ein Werk, was ihnen überlassen ist, und von ihnen gefordert werden kann, zu stiften obliegt.

Eine Kirche aber, als ein gemeines Wesen nach Religionsgesetzen zu errichten, scheint mehr Weisheit (sowohl der Einsicht als der guten Gesinnung nach) zu erfordern, als man wohl den Menschen zutrauen darf; zumal das moralische Gute, welches durch eine solche Veranstaltung beabsichtigt wird, zu diesem Behuf schon an ihnen *vorausgesetzt* werden zu müssen scheint. In der Tat ist es auch ein widersinnischer

Ausdruck, daß *Menschen* ein Reich Gottes *stiften* sollten (so wie man von ihnen wohl sagen mag, daß sie ein Reich eines menschlichen Monarchen errichten können), Gott muß selbst der Urheber seines Reichs sein. Allem da wir nicht wissen, was Gott unmittelbar tue, um die Idee seines Reichs, in welchem Bürger und Untertanen zu sein wir die moralische Bestimmung in uns finden, in der Wirklichkeit darzustellen, aber wohl, was wir zu tun haben, um uns zu Gliedern desselben tauglich zu machen, so wird diese Idee, sie mag nun durch Vernunft oder durch Schrift im menschlichen Geschlecht erweckt und *öffentlich* geworden sein, uns doch zur Anordnung einer Kirche verbinden, von welcher im letzteren Fall Gott selbst, als Stifter, der Urheber der *Konstitution*, Menschen aber doch, als Glieder und freie Bürger dieses Reichs, in allen Fällen die Urheber der *Organisation* sind; da denn diejenigen unter ihnen, welche, der letztern gemäß, die öffentlichen Geschäfte derselben verwalten, die *Administration* derselben, als Diener der Kirche, so wie alle übrige eine ihren Gesetzen unterworfene Mitgenossenschaft, die *Gemeinde* ausmachen.

Da eine reine Vernunftreligion, als öffentlicher Religionsglaube nur die bloße Idee von einer Kirche (nämlich einer unsichtbaren) verstattet, und die sichtbare, die auf Satzungen gegründet ist, allein einer Organisation durch Menschen bedürftig und fähig ist: so wird der Dienst unter der Herrschaft des guten Prinzips in der ersten nicht als Kirchendienst angesehen werden können, und jene Religion hat keine gesetzliche Diener, als *Beamte* eines ethischen gemeinen Wesens; ein jedes Glied desselben empfängt unmittelbar von dem höchsten Gesetzgeber seine Befehle. Da wir aber gleichwohl in Ansehung aller unserer Pflichten (die wir insgesamt zugleich als göttliche Gebote anzusehen haben) jederzeit im Dienste Gottes stehen, so wird die *reine Vernunftreligion* alle wohldenkende Menschen zu ihren *Dienern* (doch ohne *Beamte* zu sein) haben; nur werden sie so fern nicht Diener einer Kirche (einer sichtbaren nämlich, von der allein hier die Rede ist) heißen können. – Weil indessen jede auf statutarischen Gesetzen errichtete Kirche nur sofern die wahre sein kann, als sie in sich ein Prinzip enthält, sich dem reinen Vernunftglauben (als demjenigen, der, wenn er praktisch ist, in jedem Glauben eigentlich die Religion ausmacht) beständig zu nähern, und den Kirchenglauben (nachdem, was in ihm historisch ist) mit der Zeit entbehren zu können, so werden wir in diesen Gesetzen und an den Beamten der darauf gegründeten Kirche doch einen *Dienst* (cultus) der Kirche sofern setzen können, als diese ihre Lehren und Anordnung jederzeit auf jenen letzten Zweck (einen öffentlichen Religionsglauben) richten. Im Gegenteil werden die Diener einer Kirche, welche darauf gar nicht Rücksicht nehmen, vielmehr die Maxime der kontinuierlichen Annäherung zu demselben für verdammlich, die Anhänglichkeit aber an dem historischen und statutarischen Teil des Kirchenglaubens für allein seligmachend erklären, des *Afterdienstes* der Kirche, oder (dessen, was durch diese vorgestellt wird) des ethischen gemeinen Wesens unter der Herrschaft des guten Prinzips, mit Recht beschuldigt werden können. – Unter einem Afterdienst (cultus spurius) wird die Überredung, jemanden durch solche Handlungen zu dienen, verstanden, die in der Tat dieses seine Absicht rückgängig machen. Das geschieht aber in einem gemeinen Wesen dadurch, daß, was nur den Wert eines Mittels hat, um dem Willen eines Oberen Genüge zu tun, für dasjenige ausgegeben, und an die Stelle dessen gesetzt wird, was uns ihm *unmittelbar* wohlgefällig macht; wodurch dann die Absicht des letzteren vereitelt wird. 821

Erster Teil. Vom Dienst Gottes in einer Religion

überhaupt

Religion ist (subjektiv betrachtet) das Erkenntnis aller unserer Pflichten als göttlicher Gebote.[58] Diejenige, in welcher ich vorher wissen muß,

58   Durch diese Definition wird mancher fehlerhaften Deutung des Begriffs einer Religion überhaupt vorgebeugt. *Erstlich*: daß in ihr, was das theoretische Erkenntnis und Bekenntnis betrifft, kein assertorisches Wissen (selbst des Daseins Gottes nicht) gefordert wird, weil bei dem Mangel unserer Einsicht übersinnlicher Gegenstände dieses Bekenntnisses schon geheuchelt sein könnte; sondern nur ein der Spekulation nach über die oberste Ursache der Dinge *problematisches* Annehmen (Hypothesis), in Ansehung des Gegenstandes aber, wohin uns unsere moralisch-gebietende Vernunft zu wirken anweiset, ein dieser ihrer Endabsicht Effekt verheißendes praktisches, mithin freies *assertorisches* Glauben vorausgesetzt wird, welches nur *der Idee von Gott*, auf die alle moralische ernstliche (und darum gläubige) Bearbeitung zum Guten unvermeidlich geraten muß, bedarf, ohne sich anzumaßen, ihr durch theoretische Erkenntnis die objektive Realität sichern zu können. Zu dem, was jedem Menschen zur Pflicht gemacht werden kann, muß das *Minimum* der Erkenntnis (es ist möglich, daß ein Gott sei) subjektiv schon hinreichend sein. *Zweitens* wird durch diese Definition einer Religion überhaupt der irrigen Vorstellung, als sei sie ein Inbegriff *besonderer* auf Gott unmittelbar bezogenen Pflichten, vorgebeugt, und dadurch verhütet, daß wir nicht (wie dazu Menschen ohnedem sehr geneigt sein) außer den ethischbürgerlichen Menschenpflichten (von Menschen gegen Menschen) noch *Hofdienste* annehmen, und hernach wohl gar die Ermangelung in Ansehung der ersteren durch die letztere gut zu machen suchen. Es gibt keine besondere Pflichten gegen Gott in einer allgemeinen Religion; denn Gott kann von uns nichts empfangen; wir können auf und für ihn nicht wirken. Wollte man die schuldige Ehrfurcht gegen ihn zu einer solchen Pflicht machen, so bedenkt man nicht, daß diese nicht eine besondere Handlung der Religion, sondern die religiöse Gesinnung bei allen unsern pflichtmäßigen Handlungen überhaupt sei. Wenn es auch heißt: »man soll Gott mehr gehorchen, als den Menschen«, so bedeutet das nichts anders, als: wenn statutarische Gebote, in Ansehung deren Menschen Gesetzgeber und Richter sein können, mit Pflichten, die die Vernunft unbedingt vorschreibt, und über deren Befolgung oder Übertretung Gott allein Richter sein kann, in Streit kommen, so muß jener ihr Ansehn diesen weichen. Wollte man aber unter dem, worin Gott mehr

daß etwas ein göttliches Gebot sei, um es als meine Pflicht anzuerkennen, ist die *geoffenbarte* (oder einer Offenbarung benötigte) Religion: dagegen diejenige, in der ich zuvor wissen muß, daß etwas Pflicht sei, ehe ich es für ein göttliches Gebot anerkennen kann, ist die *natürliche Religion.* – Der, welcher bloß die natürliche Religion für moralischnotwendig, d.i. für Pflicht erklärt, kann auch der *Rationalist* (in Glaubenssachen) genannt werden. Wenn dieser die Wirklichkeit aller übernatürlichen göttlichen Offenbarung verneint, so heißt er *Naturalist*; läßt er nun diese zwar zu, behauptet aber, daß sie zu kennen und für wirklich anzunehmen zur Religion nicht notwendig erfordert wird, so würde er ein *reiner Rationalist* genannt werden können; hält er aber den Glauben an dieselbe zur allgemeinen Religion für notwendig, so würde er der reine *Supernaturalist* in Glaubenssachen heißen können. 822

Der Rationalist muß sich, vermöge dieses seines Titels, von selbst schon innerhalb der Schranken der menschlichen Einsicht halten. Daher wird er nie als Naturalist absprechen, und weder die innere Möglichkeit der Offenbarung überhaupt, noch die Notwendigkeit einer Offenbarung als eines göttlichen Mittels zur Introduktion der wahren Religion bestreiten; denn hierüber kann kein Mensch durch Vernunft etwas ausmachen. Also kann die Streitfrage nur die wechselseitigen Ansprüche des reinen Rationalisten und des Supernaturalisten in Glaubenssachen, oder dasjenige betreffen, was der eine oder der andere, als zur alleinigen wahren Religion notwendig, und hinlänglich, oder nur als zufällig an ihr annimmt.

Wenn man die Religion nicht nach ihrem ersten Ursprunge und ihrer innern Möglichkeit (da sie in natürliche und geoffenbarte eingeteilt wird), sondern bloß nach Beschaffenheit derselben, die sie der *äußern Mitteilung fähig* macht, einteilt, so kann sie von zweierlei Art sein: entweder die *natürliche*, von der (wenn sie einmal da ist) jedermann durch seine Vernunft überzeugt werden kann, oder eine *gelehrte Religion*, von 823

als dem Menschen gehorcht werden muß, die statutarischen von einer Kirche dafür ausgegebenen Gebote Gottes verstehen: so würde jener Grundsatz leichtlich das mehrmalen gehörte Feldgeschrei heuchlerischer und herrschsüchtiger Pfaffen zum Aufruhr wider ihre bürgerliche Obrigkeit werden können. Denn das Erlaubte, was die letztere gebietet, ist *gewiß* Pflicht: ob aber etwas zwar an sich Erlaubtes, aber nur durch göttliche Offenbarung für uns Erkennbares wirklich von Gott geboten sei, ist (wenigstens größtenteils) höchst ungewiß.

der man andere nur vermittelst der Gelehrsamkeit (in und durch welche sie geleitet werden müssen) überzeugen kann. – Diese Unterscheidung ist sehr wichtig, denn man kann aus dem Ursprunge einer Religion allein auf ihre Tauglichkeit oder Untauglichkeit, eine allgemeine Menschenreligion zu sein, nichts folgern, wohl aber aus ihrer Beschaffenheit, allgemein mitteilbar zu sein, oder nicht; die erstere Eigenschaft aber macht den wesentlichen Charakter derjenigen Religion aus, die jeden Menschen verbinden soll.

Es kann demnach eine Religion die *natürliche*, gleichwohl aber auch *geoffenbart* sein, wenn sie so beschaffen ist, daß die Menschen durch den bloßen Gebrauch ihrer Vernunft auf sie von selbst *hätten kommen können*, und sollen, ob sie zwar nicht so früh, oder in so weiter Ausbreitung, als verlangt wird, auf dieselbe gekommen sein *würden*, mithin eine Offenbarung derselben, zu einer gewissen Zeit, und an einem gewissen Ort, weise und für das menschliche Geschlecht sehr ersprießlich sein konnte, so doch, daß, wenn die dadurch eingeführte Religion einmal da ist, und öffentlich bekannt gemacht worden, forthin jedermann sich von dieser ihrer Wahrheit durch sich selbst und seine eigene Vernunft überzeugen kann. In diesem Falle ist die Religion *objektiv* eine natürliche, obwohl *subjektiv* eine geoffenbarte; weshalb ihr auch der erstere Namen eigentlich gebührt. Denn es könnte in der Folge allenfalls gänzlich in Vergessenheit kommen, daß eine solche übernatürliche Offenbarung je vorgegangen sei, ohne daß dabei jene Religion doch das mindeste weder an ihrer Faßlichkeit, noch an Gewißheit, noch an ihrer Kraft über die Gemüter verlöre. Mit der Religion aber, die ihrer innern Beschaffenheit wegen nur als geoffenbart angesehen werden kann, ist es anders bewandt. Wenn sie nicht in einer ganz sichern Tradition oder in heiligen Büchern als Urkunden aufbehalten würde, so würde sie aus der Welt verschwinden, und es müßte entweder eine von Zeit zu Zeit öffentlich wiederholte, oder in jedem Menschen innerlich eine kontinuierlich fortdauernde übernatürliche Offenbarung vorgehen, ohne welche die Ausbreitung und Fortpflanzung eines solchen Glaubens nicht möglich sein würde.

Aber einem Teile nach wenigstens muß jede, selbst die geoffenbarte Religion doch auch gewisse Prinzipien der natürlichen enthalten. Denn Offenbarung kann zum Begriff einer *Religion* nur durch die Vernunft hinzugedacht werden; weil dieser Begriff selbst, als von einer Verbindlichkeit unter dem Willen eines *moralischen* Gesetzgebers abgeleitet, ein reiner Vernunftbegriff ist. Also werden wir selbst eine geoffenbarte Religion einerseits noch als *natürliche*, andererseits aber als *gelehrte* Religion betrachten, prüfen, und, was, oder wie viel ihr von der einen oder der andern Quelle zustehe, unterscheiden können.

Es läßt sich aber, wenn wir von einer geoffenbarten (wenigstens einer dafür angenommenen) Religion zu reden die Absicht haben, dieses nicht wohl tun, ohne irgend ein Beispiel davon aus der Geschichte herzunehmen, weil wir uns doch Fälle als Beispiele erdenken müßten, um verständlich zu werden, welcher Fälle Möglichkeit uns aber sonst bestritten werden könnte. Wir können aber nicht besser tun, als irgend ein Buch, welches dergleichen enthält, vornehmlich ein solches, welches mit sittlichen, folglich mit vernunftverwandten Lehren innigst verwebt ist, zum Zwischenmittel der Erläuterungen unserer Idee einer geoffenbarten Religion überhaupt zur Hand zu nehmen, welches wir dann, als eines von den mancherlei Büchern, die von Religion und Tugend unter dem Kredit einer Offenbarung handeln, zum Beispiele des an sich nützlichen Verfahrens, das, was uns darin reine, mithin allgemeine Vernunftreligion sein mag, herauszusuchen, vor uns nehmen, ohne dabei in das Geschäfte derer, denen die Auslegung desselben Buchs als Inbegriffs positiver Offenbarungslehren anvertraut ist, einzugreifen, und ihre Auslegung, die sich auf Gelehrsamkeit gründet, dadurch anfechten zu wollen. Es ist der letzteren vielmehr vorteilhaft, da sie mit den Philosophen auf einen und denselben Zweck, nämlich das Moralischgute ausgeht, diese durch ihre eigene Vernunftgründe eben dahin zu bringen, wohin sie auf einem andern Wege selbst zu gelangen denkt. – Dieses Buch mag nun hier das N. T., als Quelle der christlichen Glaubenslehre sein. Unserer Absicht zufolge wollen wir nun in zwei Abschnitten erstlich die christliche Religion als natürliche, und dann zweitens als gelehrte Religion nach ihrem Inhalte und nach den darin vorkommenden Prinzipien vorstellig machen.

Des ersten Teils erster Abschnitt.

Die christliche Religion als natürliche Religion

Die natürliche Religion als Moral (in Beziehung auf die Freiheit des Subjekts), verbunden mit dem Begriffe desjenigen, was ihrem letzten Zwecke Effect verschaffen kann (dem Begriffe von *Gott* als moralischen Welturheber), und bezogen auf eine Dauer des Menschen, die diesem ganzen Zwecke angemessen ist (auf Unsterblichkeit), ist ein reiner praktischer Vernunftbegriff, der, ungeachtet seiner unendlichen Fruchtbarkeit doch nur so wenig theoretisches Vernunftvermögen voraussetzt: daß man jeden Menschen von ihr praktisch hinreichend überzeugen, und wenigstens die Wirkung derselben jedermann als Pflicht zumuten kann. Sie hat die große Erfordernis der wahren Kirche, nämlich die Qualifikation zur Allgemeinheit in sich, sofern man darunter die Gültigkeit für jedermann (universitas vel omnitudo distributiva), d.i. allgemeine Einhelligkeit versteht. Um sie in diesem Sinne als Weltreligion auszubreiten und zu erhalten, bedarf sie freilich zwar einer Dienerschaft (ministerium) der bloß unsichtbaren Kirche, aber keiner Beamten (officiales), d.i. Lehrer, aber nicht Vorsteher, weil durch Vernunftreligion jedes einzelnen noch keine Kirche als allgemeine *Vereinigung* (omnitudo collectiva) existiert, oder auch durch jene Idee eigentlich beabsichtigt wird. – Da sich aber eine solche Einhelligkeit nicht von selbst erhalten,

826 mithin, ohne eine sichtbare Kirche zu werden, in ihrer Allgemeinheit nicht fortpflanzen dürfte, sondern nur, wenn eine kollektive Allgemeinheit, d.i. Vereinigung der Gläubigen in eine (sichtbare) Kirche nach Prinzipien einer reinen Vernunftreligion dazu kömmt, diese aber aus jener Einhelligkeit nicht von selbst entspringt, oder auch, wenn sie errichtet worden wäre, von ihren freien Anhängern (wie oben gezeigt worden) nicht in einen beharrlichen Zustand, als eine *Gemeinschaft* der Gläubigen gebracht werden würde (indem keiner von diesen Erleuchteten zu seinen Religionsgesinnungen der Mitgenossenschaft anderer an einer solchen Religion zu bedürfen glaubt): so wird, wenn über die natürlichen durch bloße Vernunft erkennbaren Gesetze nicht noch gewisse statutarische, aber zugleich mit gesetzgebendem Ansehen (Autorität) begleitete, Verordnungen hinzukommen, dasjenige doch immer noch mangeln, was eine besondere Pflicht der Menschen, ein Mittel zum höchsten Zwecke derselben, ausmacht, nämlich die beharrliche Vereinigung derselben zu einer allgemeinen sichtbaren Kirche; welches Ansehen, ein Stifter derselben zu sein, ein Faktum und nicht bloß den reinen Vernunftbegriff voraussetzt.

Wenn wir nun einen Lehrer annehmen, von dem eine Geschichte (oder wenigstens die allgemeine nicht gründlich zu bestreitende Meinung) sagt, daß er eine reine aller Welt faßliche (natürliche) und eindringende Religion, deren Lehren als uns aufbehalten wir desfalls selbst prüfen können, zuerst öffentlich und sogar zum Trotz eines lästigen zur moralischen Absicht nicht abzweckenden herrschenden Kirchenglaubens (dessen Frondienst zum Beispiel jedes andern in der Hauptsache bloß statutarischen Glaubens, dergleichen in der Welt zu derselben Zeit allgemein war, dienen kann) vorgetragen habe; wenn wir finden, daß er jene allgemeine Vernunftreligion zur obersten unnachläßlichen Bedingung eines jeden Religionsglaubens gemacht habe, und nun gewisse Statuta hinzugefügt habe, welche Formen und Observanzen enthalten, die zu Mitteln dienen sollen, eine auf jene Prinzipien zu gründende Kirche zu Stande zu bringen, so kann man, unerachtet der Zufälligkeit und des Willkürlichen seiner hierauf abzweckenden Anordnungen, der letzteren doch den Namen der wahren allgemeinen Kirche, ihm selbst aber das Ansehen nicht streitig machen, die Menschen zur Vereinigung in dieselbe berufen zu haben, ohne den Glauben mit neuen belästigenden Anordnungen eben vermehren, oder auch aus den von ihm zuerst getroffenen besondere heilige, und für sich selbst als Religionsstücke verpflichtende Handlungen machen zu wollen.

Man kann nach dieser Beschreibung die Person nicht verfehlen, die zwar nicht als *Stifter* der von allen Satzungen reinen in aller Menschen Herz geschriebenen *Religion* (denn die ist nicht vom willkürlichen Ursprunge), aber doch der ersten wahren *Kirche* verehrt werden kann. – Zur Beglaubigung dieser seiner Würde, als göttlicher Sendung, wollen wir einige seiner Lehren, als zweifelsfreie Urkunden einer Religion überhaupt, anführen, es mag mit der Geschichte stehen wie es wolle (denn in der Idee selbst liegt schon der hinreichende Grund zur Annahme), und die freilich keine andere als reine Vernunftlehren werden sein können; denn diese sind es allein, die sich selbst beweisen, und auf denen also die Beglaubigung der andern vorzüglich beruhen muß.

Zuerst will er, daß nicht die Beobachtung äußerer bürgerlicher oder statutarischer Kirchenpflichten, sondern nur die reine moralische Herzensgesinnung den Menschen Gott wohlgefällig machen könne (Matth. V, 20-48); daß Sünde in Gedanken vor Gott der Tat gleich geachtet werde (V. 28) und überhaupt Heiligkeit das Ziel sei, wohin er streben soll (V. 48); daß z.B. im Herzen hassen so viel sei als töten (V. 22); daß ein dem Nächsten zugefügtes Unrecht nur durch Genugtuung an ihm selbst, nicht durch gottesdienstliche Handlungen könne vergütet werden (V. 24), und, im Punkte der Wahrhaftigkeit, das bürgerliche Erpressungsmittel[59], der Eid, der Achtung für die Wahrheit selbst Abbruch tue (V. 34-37); – daß der natürliche aber böse Hang des menschlichen Herzens ganz umgekehrt werden solle; das süße Gefühl der Rache in Duldsamkeit (V. 39, 40) und der Haß seiner Feinde in Wohltätigkeit (V. 44) übergehen müsse. So, sagt er, sei er gemeint, dem jüdischen Gesetze völlig Genüge zu tun (V. 17), wobei aber sichtbarlich nicht Schriftgelehrsamkeit, sondern reine Vernunftreligion die Auslegerin desselben sein muß; denn, nach dem Buchstaben genommen, erlaubte es gerade das Gegenteil von diesem allen. – Er läßt überdem doch auch, unter den Benennungen der engen Pforte und des schmalen Weges, die Mißdeutung des Gesetzes nicht unbemerkt, welche sich die Menschen erlauben, um ihre wahre moralische Pflicht vorbeizugehen, und sich dafür durch Erfüllung der Kirchenpflicht schadlos zu halten (VII, 13).[60] Von diesen reinen Gesin-

59 Es ist nicht wohl einzusehen, warum dieses klare Verbot wider das auf bloßen Aberglauben, nicht auf Gewissenhaftigkeit gegründete Zwangsmittel, zum Bekenntnisse vor einem bürgerlichen Gerichtshofe, von Religionslehrern für so unbedeutend gehalten wird. Denn, daß es Aberglauben sei, auf dessen Wirkung man hier am meisten rechnet, ist daran zu erkennen, daß von einem Menschen, dem man nicht zutrauet, er werde in einer feierlichen Aussage, auf deren Wahrheit die Entscheidung des Rechts der Menschen (des Heiligen, was in der Welt ist) beruht, die Wahrheit sagen, doch geglaubt wird, er werde durch eine Formel dazu bewogen werden, die über jene Aussage nichts weiter enthält, als daß er die göttlichen Strafen (denen er ohnedem wegen einer solchen Lüge nicht entgehen kann) über sich aufruft, gleich als ob es auf ihn ankomme, vor diesem höchsten Gericht Rechenschaft zu geben oder nicht. – In der angeführten Schriftstelle wird diese Art der Beteurung als eine *ungereimte* Vermessenheit vorgestellt, Dinge gleichsam durch Zauberworte wirklich zu machen, die doch nicht in unserer Gewalt sind. – Aber man sieht wohl, daß der weise Lehrer, der da sagt: daß, was über das Ja, Ja! Nein, Nein! als Beteurung der Wahrheit geht, vom Übel sei, die böse Folge vor Augen gehabt habe, welche die Eide nach sich ziehen: daß nämlich die ihnen beigelegte größere Wichtigkeit die gemeine Lüge beinahe erlaubt macht.

60 Die *enge Pforte* und der schmale Weg, der zum Leben führt, ist der des guten Lebenswandels die *weite Pforte* und der breite Weg den viele wandeln, ist die *Kirche*. Nicht als ob es an ihr und ihren Satzungen liege, daß Menschen verloren werden, sondern daß das *Gehen* in dieselbe und Bekenntnis ihrer Statute oder Zelebrierung ihrer Gebräuche für die Art genommen wird, durch die Gott eigentlich gedient sein will.

nungen fordert er gleichwohl, daß sie sich auch in *Taten* beweisen sollen (V. 16), und spricht dagegen denen ihre hinterlistige Hoffnung ab, die den Mangel derselben durch Anrufung und Hochpreisung des höchsten Gesetzgebers in der Person seines Gesandten zu ersetzen, und sich Gunst zu erschmeicheln meinen (V. 21). Von diesen Werken will er, daß sie um des Beispiels willen zur Nachfolge auch öffentlich geschehen sollen (V, 16) und zwar in fröhlicher Gemütsstimmung, nicht als knechtisch abgedrungene Handlungen (VI, 16), und daß so, von einem kleinen Anfange der Mitteilung und Ausbreitung solcher Gesinnungen, als einem Samenkorne in gutem Acker, oder einem Ferment des Guten, sich die Religion durch innere Kraft allmählich zu einem Reiche Gottes vermehren würde (XIII, 31, 32, 33). – Endlich faßt er alle Pflichten 1) in einer *allgemeinen* Regel zusammen (welche sowohl das innere, als das äußere moralische Verhältnis der Menschen in sich begreift), nämlich: tue deine Pflicht aus keiner andern Triebfeder, als der unmittelbaren Wertschätzung derselben, d.i. liebe Gott (den Gesetzgeber aller Pflichten) über alles, 2) einer *besonderen* Regel, nämlich die das äußere Verhältnis zu andern Menschen als allgemeine Pflicht betrifft, liebe einen jeden als dich selbst, d.i. befördere ihr Wohl aus unmittelbarem, nicht von eigennützigen Triebfedern abgeleitetem Wohlwollen, welche Gebote nicht bloß Tugendgesetze, sondern Vorschriften der *Heiligkeit* sind, der wir nachstreben sollen, in Ansehung deren aber die bloße Nachstrebung *Tugend* heißt. – Denen also, die dieses moralische Gute mit der Hand im Schoße, als eine himmlische Gabe von oben herab, ganz passiv zu erwarten meinen, spricht er alle Hoffnung dazu ab. Wer die natürliche Anlage zum Guten, die in der menschlichen Natur (als ein ihm anvertrautes Pfund) liegt, unbenutzt läßt, im faulen Vertrauen, ein höherer moralischer Einfluß werde wohl die ihm mangelnde sittliche Beschaffenheit und Vollkommenheit sonst ergänzen, dem drohet er an, daß selbst das Gute, was er aus natürlicher Anlage möchte getan haben, um dieser Verabsäumung willen ihm nicht zu statten kommen solle (XXV, 29).

Was nun die dem Menschen sehr natürliche Erwartung eines dem sittlichen Verhalten des Menschen angemessenen Loses in Ansehung der Glückseligkeit betrifft, vornehmlich bei so manchen Aufopferungen der letzteren, die des ersteren wegen haben übernommen werden müssen, so verheißt er (V, 11, 12) dafür Belohnung einer künftigen Welt; aber, nach Verschiedenheit der Gesinnungen bei diesem Verhalten, denen, die ihre Pflicht *um der Belohnung* (oder auch Lossprechung von einer verschuldeten Strafe) *willen* taten, auf andere Art, als den besseren Menschen, die sie bloß um ihrer selbst willen ausübten. Der, welchen der Eigennutz, der Gott dieser Welt, beherrscht, wird, wenn er, ohne sich von ihm loszusagen, ihn nur durch Vernunft verfeinert, und über die enge Grenze des Gegenwärtigen ausdehnt, als ein solcher (Luc. XVI, 3-9) vorgestellt, der jenen seinen Herrn durch sich selbst betrügt, und ihm Aufopferungen zum Behuf der Pflicht abgewinnt. Denn, wenn er es in Gedanken faßt, daß er doch einmal, vielleicht bald, die Welt werde verlassen müssen, daß er von dem, was er hier besaß, in die andre nichts mitnehmen könne, so entschließt er sich wohl, das, was er, oder sein Herr, der Eigennutz, hier an dürftigen Menschen gesetzmäßig zu fordern hatte, von seiner Rechnung abzuschreiben, und sich gleichsam dafür Anweisungen, zahlbar in einer andern Welt, anzuschaffen; wodurch er zwar mehr *klüglich* als *sittlich*, was die Triebfeder solcher wohltätigen Handlungen betrifft, aber doch dem sittlichen Gesetze, wenigstens dem Buchstaben nach, gemäß verfährt, und hoffen darf, daß auch dieses ihm in der Zukunft nicht unvergolten bleiben dürfe.[61] Wenn man hiermit vergleicht, was von der Wohltätigkeit an Dürftigen, aus bloßen Bewegungsgründen der Pflicht (Matth. XXV, 35-40) gesagt wird, da der Weltrichter diejenigen, welche den Notleidenden Hülfe leisteten, ohne sich auch nur in Gedanken kommen zu lassen, daß so etwas noch einer Belohnung wert sei, und sie etwa dadurch gleichsam den Himmel zur Belohnung verbänden, gerade eben darum, weil sie es ohne Rücksicht auf Belohnung taten, für die eigentlichen Auserwählten zu seinem Reich erklärt: so sieht man wohl, daß der Lehrer des Evangeliums, wenn er von der Belohnung in der künftigen Welt spricht, sie dadurch nicht zur

---

61 Wir wissen von der Zukunft nichts, und sollen auch nicht nach mehrerem forschen, als was mit den Triebfedern der Sittlichkeit und dem Zwecke derselben in vernunftmäßiger Verbindung steht. Dahin gehört auch der Glaube: daß es keine gute Handlung gebe, die nicht auch in der künftigen Welt für den, der sie ausübt, ihre gute Folge haben werde; mithin der Mensch, er mag sich am Ende des Lebens auch noch so verwerflich finden, sich dadurch doch nicht müsse abhalten lassen, wenigstens noch *eine* gute Handlung, die in seinem Vermögen ist, zu tun, und daß er dabei zu hoffen Ursache habe, sie werde nach dem Maße, als er hierin eine reine gute Absicht hegt, noch immer von mehrerem Werte sein, als jene tatlosen Entsündigungen, die, ohne etwas zur Verminderung der Schuld beizutragen, den Mangel guter Handlungen ersetzen sollen.

Triebfeder der Handlungen, sondern nur (als seelenerhebende Vorstellung der Vollendung der göttlichen Güte und Weisheit in Führung des menschlichen Geschlechts) zum Objekt der reinsten Verehrung und des größten moralischen Wohlgefallens für eine die Bestimmung des Menschen im ganzen beurteilende Vernunft habe machen wollen.

Hier ist nun eine vollständige Religion, die allen Menschen durch ihre eigene Vernunft faßlich und überzeugend vorgelegt werden kann, die über das an einem Beispiele, dessen Möglichkeit und sogar Notwendigkeit, für uns Urbild der Nachfolge zu sein (so viel Menschen dessen fähig sind), anschaulich gemacht worden, ohne daß weder die Wahrheit jener Lehren, noch das Ansehen und die Würde des Lehrers irgend einer andern Beglaubigung (dazu Gelehrsamkeit oder Wunder, die nicht jedermanns Sache sind, erfordert würde) bedürfte. Wenn darin Berufungen auf ältere (mosaische) Gesetzgebung und Vorbildung, als ob sie ihm zur Bestätigung dienen sollten, vorkommen, so sind diese nicht für die Wahrheit der gedachten Lehren selbst, sondern nur zur Introduktion unter Leuten, die gänzlich und blind am Alten hingen, gegeben worden, welches unter Menschen, deren Köpfe, mit statutarischen Glaubenssätzen angefüllt, für die Vernunftreligion beinahe unempfänglich geworden, allezeit viel schwerer sein muß, als wenn sie an die Vernunft unbelehrter aber auch unverdorbener Menschen hätte gebracht werden sollen. Um deswillen darf es auch niemand befremden, wenn er einen den damaligen Vorurteilen sich bequemenden Vortrag für die jetzige Zeit rätselhaft, und einer sorgfältigen Auslegung bedürftig findet: ob er zwar allerwärts eine Religionslehre durchscheinen läßt, und zugleich öfters darauf ausdrücklich hinweiset, die jedem Menschen verständlich und ohne allen Aufwand von Gelehrsamkeit überzeugend sein muß.

Zweiter Abschnitt.

Die christliche Religion als gelehrte Religion

Sofern eine Religion Glaubenssätze als notwendig vorträgt, die nicht durch die Vernunft als solche erkannt werden können, gleichwohl aber doch allen Menschen auf alle künftige Zeiten unverfälscht (dem wesentlichen Inhalt nach) mitgeteilt werden sollen, so ist sie (wenn man nicht ein kontinuierliches Wunder der Offenbarung annehmen will) als ein der Obhut der *Gelehrten* anvertrautes heiliges Gut anzusehen. Denn ob sie gleich *anfangs* mit Wundern und Taten begleitet, auch in dem, was durch Vernunft eben nicht bestätigt wird, allenthalben Eingang finden konnte, so wird doch selbst die Nachricht von diesen Wundern, zusamt den Lehren, die der Bestätigung durch dieselbe bedurften, *in der Folge der Zeit* eine schriftliche urkundliche und unveränderliche Belehrung der Nachkommenschaft nötig haben.

Die Annehmung der Grundsätze einer Religion heißt vorzüglicherweise der *Glaube* (fides sacra). Wir werden also den christlichen Glauben einerseits als einen reinen *Vernunftglauben*, andrerseits als einen *Offenbarungsglauben* (fides statutaria) zu betrachten haben. Der erstere kann nun als ein von jedem frei angenommener (fides elicita), der zweite als ein gebotener Glaube (fides imperata) betrachtet werden. Von dem Bösen, was im menschlichen Herzen liegt, und von dem niemand frei ist; von der Unmöglichkeit, durch seinen Lebenswandel sich jemals vor Gott für gerechtfertigt zu halten, und gleichwohl der Notwendigkeit einer solchen vor ihm gültigen Gerechtigkeit; von der Untauglichkeit des Ersatzmittels für die ermangelnde Rechtschaffenheit durch kirchliche Observanzen und fromme Frondienste und dagegen der unerlaßlichen Verbindlichkeit, ein neuer Mensch zu werden, kann sich ein jeder durch seine Vernunft überzeugen, und es gehört zur Religion, sich davon zu überzeugen.

Von da an aber, da die christliche Lehre auf Facta, nicht auf bloße Vernunftbegriffe gebaut ist, heißt sie nicht mehr bloß die christliche *Religion*, sondern der christliche *Glaube*, der einer Kirche zum Grunde gelegt worden. Der Dienst einer Kirche, die einem solchen Glauben geweiht ist, ist also zweiseitig; einerseits derjenige, welcher ihr nach dem historischen Glauben geleistet werden muß; andrerseits, welcher ihr nach dem praktischen und moralischen Vernunftglauben gebührt. Keiner von beiden kann in der christlichen Kirche als für sich allein bestehend von dem andern getrennt werden; der letztere darum nicht von dem erstern, weil der christliche Glaube ein Religionsglaube, der erstere nicht von dem letzteren, weil er ein gelehrter Glaube ist.

Der christliche Glaube als *gelehrter* Glaube stützt sich auf Geschichte, und ist, so fern als ihm Gelehrsamkeit (objektiv) zum Grunde liegt, nicht ein an sich *freier*, und von Einsicht hinlänglicher theoretischer Beweisgründe abgeleiteter, *Glaube* (fides elicita). Wäre er ein reiner Vernunftglaube, so würde er, obwohl die moralischen Gesetze, worauf er, als Glaube an einen göttlichen Gesetzgeber, gegründet ist, unbedingt gebieten, doch als freier Glaube betrachtet werden müssen; wie er im ersten Abschnitte auch vorgestellt worden. Ja er würde auch noch, wenn man das Glauben nur nicht zur Pflicht machte, als Geschichtsglaube ein theoretisch freier Glaube sein können; wenn jedermann gelehrt wäre. Wenn er aber für jedermann, auch den Ungelehrten gelten soll, so ist er nicht bloß ein gebotener, sondern auch dem Gebot blind, d.i. ohne Untersuchung, ob es auch wirklich göttliches Gebot sei, gehorchender Glaube (fides servilis).

In der christlichen Offenbarungslehre kann man aber keineswegs vom *unbedingten Glauben* an geoffenbarte (der Vernunft für sich verborgene) Sätze anfangen, und die gelehrte Erkenntnis, etwa bloß als Verwahrung gegen einen den Nachzug anfallenden Feind, darauf folgen lassen; denn sonst wäre der christliche Glaube nicht bloß fides imperata, sondern sogar servilis. Er muß also jederzeit wenigstens als fides historice elicita gelehrt werden, d.i. *Gelehrsamkeit* mußte in ihr, als geoffenbarter Glaubenslehre nicht den Nachtrab, sondern den Vortrab ausmachen, und die kleine Zahl der Schriftgelehrten (Kleriker), die auch durchaus der profanen Gelahrtheit nicht entbehren könnten, würde den langen Zug der Ungelehrten (Laien), die für sich der Schrift unkundig sind (und worunter selbst die weitbürgerlichen Regenten gehören), nach sich schleppen. – Soll dieses nun nicht geschehen, so muß die allgemeine Menschenvernunft in einer natürlichen Religion in der christlichen Glaubenslehre für das oberste gebietende Prinzip anerkannt und geehrt, die Offenbarungslehre aber, worauf eine Kirche gegründet wird, und die der Gelehrten als Ausleger und Aufbewahrer bedarf, als bloßes aber höchst schätzbares Mittel, um der ersteren Faßlichkeit, selbst für die Unwissenden, Ausbreitung und Beharrlichkeit zu geben, geliebt und kultiviert werden.

Das ist der wahre *Dienst* der Kirche, unter der Herrschaft des guten Prinzips; der aber, wo der Offenbarungsglaube vor der Religion vorhergehen soll, der *Afterdienst*, wodurch die moralische Ordnung ganz umgekehrt, und das, was nur Mittel ist, unbedingt (gleich als Zweck) geboten wird. Der Glaube an Sätze, von welchen der Ungelehrte sich weder durch Vernunft noch Schrift (sofern diese allererst beurkundet werden müßte) vergewissern kann, würde zur absoluten Pflicht gemacht (fides imperata), und so samt andern damit verbundenen Observanzen zum Rang eines auch ohne moralische Bestimmungsgründe der Handlungen als Frondienst seligmachenden Glaubens erhoben werden. – Eine Kirche, auf das letzte Principium gegründet, hat nicht eigentlich *Diener* (ministri), so wie die von der erstern Verfassung, sondern gebietende hohe *Beamte* (officiales), welche, wenn sie gleich (wie in einer protestantischen Kirche) nicht im Glanz der Hierarchie als mit äußerer Gewalt bekleidete geistliche Beamte erscheinen, und sogar mit Worten dagegen protestieren, in der Tat doch sich für die einigen berufenen Ausleger einer heiligen Schrift gehalten wissen wollen, nachdem sie die reine Vernunftreligion der ihr gebührenden Würde, allemal die höchste Auslegerin derselben zu sein, beraubt, und die Schriftgelehrsamkeit allein zum Behuf des Kirchenglaubens zu brauchen geboten haben. Sie verwandeln auf diese Art den *Dienst* der Kirche (ministerium) in eine *Beherrschung* der Glieder derselben (imperium), ob zwar sie, um diese Anmaßung zu verstecken, sich des bescheidenen Titels des erstern bedienen. Aber diese Beherrschung, die der Vernunft leicht gewesen wäre, kommt ihr teuer, nämlich mit dem Aufwande großer Gelehrsamkeit, zu stehen. Denn »blind in Ansehung der Natur, reißt sie sich das ganze Altertum über den Kopf, und begräbt sich darunter«. – Der Gang, den die Sachen, auf diesen Fuß gebracht, nehmen, ist folgender:

Zuerst wird das von den ersten Ausbreitern der Lehre Christi klüglich beobachtete Verfahren, ihr unter ihrem Volk Eingang zu verschaffen, für ein Stück der Religion selbst für alle Zeiten und Völker geltend genommen, so daß man glauben sollte, *ein jeder Christ müßte ein Jude sein, dessen Messias gekommen ist*; womit aber nicht wohl zusammenhängt, daß er doch eigentlich an kein Gesetz des Judentums (als statutarisches) gebunden sei, dennoch aber das ganze heilige Buch dieses Volks als göttliche für alle Menschen gegebene Offenbarung gläubig annehmen müsse.[62] – Nun setzt es sogleich mit der Authentizität dieses

---

62 *Mendelssohn* benutzt diese schwache Seite der gewöhnlichen Vorstellungsart des Christentums auf sehr geschickte Art, um alles Ansinnen an einen Sohn Israels, zum Religionsübergange, völlig abzuweisen. Denn, sagte er, da dir jüdische Glaube, selbst nach dem Geständnisse der Christen, das unterste Geschäft ist, worauf das Christentum, als das obere, ruht: so sei es eben so viel, als ob man jemanden zumuten wollte, das Erdgeschoß abzubrechen, um sich im zweiten Stockwerk ansässig zu machen. Seine wahre Meinung aber scheinet ziemlich klar durch. Er will sagen: schafft ihr erst selbst das Judentum aus eurer *Religion* heraus (in der historischen Glaubenslehre mag es als eine Antiquität immer bleiben), so werden wir euren Vorschlag in Überlegung nehmen können. (In der Tat bliebe alsdann wohl keine andere als rein-moralische von Statuten unbemengte Religion

Buchs (welche dadurch, daß Stellen aus demselben, ja die ganze darin vorkommende heilige Geschichte in den Büchern der Christen zum Behuf dieses ihres Zwecks benutzt werden, lange noch nicht bewiesen ist) viel Schwierigkeit. Das Judentum war vor Anfange und selbst dem schon ansehnlichen Fortgange des Christentums ins *gelehrte Publikum* noch nicht eingetreten gewesen, d.i. den gelehrten Zeitgenossen anderer Völker noch nicht bekannt, ihre Geschichte gleichsam noch nicht kontrolliert, und so ihr heiliges Buch wegen seines Altertums zur historischen Glaubwürdigkeit gebracht worden. Indessen, dieses auch eingeräumt, Ist es nicht genug, es in Übersetzungen zu kennen, und so auf die Nachkommenschaft zu übertragen, sondern zur Sicherheit des darauf gegründeten Kirchenglaubens wird auch erfordert, daß es auf alle künftige Zeit und in allen Völkern Gelehrte gebe, die der hebräischen Sprache (soviel es in einer solchen möglich ist, von der man nur ein einziges Buch hat) kundig sind, und es soll doch nicht bloß eine Angelegenheit der historischen Wissenschaft überhaupt, sondern eine, woran die Seligkeit der Menschen hängt, sein, daß es Männer gibt, welche derselben genugsam kundig sind, um der Welt die wahre Religion zu sichern.

Die christliche Religion hat zwar so fern ein ähnliches Schicksal, daß, obwohl die heiligen Begebenheiten derselben selbst unter den Augen eines gelehrten Volks öffentlich vorgefallen sind, dennoch ihre Geschichte sich mehr als ein Menschenalter verspätet hat, ehe sie in das gelehrte Publikum desselben eingetreten ist, mithin die Authentizität derselben der Bestätigung durch Zeitgenossen entbehren muß. Sie hat aber den großen Vorzug vor dem Judentum, daß sie, *aus dem Munde des ersten Lehrers* als eine nicht statutarische, sondern moralische Religion hervor-

---

übrig.) Unsere Last wird durch Abwerfung des Jochs äußerer Observanzen im mindesten nicht erleichtert, wenn uns dafür ein anderes, nämlich das der Glaubensbekenntnisse heiliger Geschichte, welches den Gewissenhaften viel härter drückt, aufgelegt wird. – Übrigens werden die heiligen Bücher dieses Volks, wenn gleich nicht zum Behuf der Religion, doch für die Gelehrsamkeit, wohl immer aufbehalten und geachtet bleiben; weil die Geschichte keines Volks mit einigem Anschein von Glaubwürdigkeit auf Epochen der Vorzeit, in die alle uns bekannte Profangeschichte gestellt werden kann, so weit zurückdatiert ist als diese (sogar bis zum Anfange der Welt), und so die große Leere, welche jene übrig lassen muß, doch wodurch ausgefüllt wird.

gegangen, vorgestellt wird, und, auf solche Art mit der Vernunft in die engste Verbindung tretend, durch sie von selbst auch ohne historische Gelehrsamkeit auf alle Zeiten und Völker mit der größten Sicherheit verbreitet werden konnte. Aber die ersten Stifter der *Gemeinden* fanden es doch nötig, die Geschichte des Judentums damit zu verflechten, welches nach ihrer damaligen Lage, aber vielleicht auch nur für dieselbe, klüglich gehandelt war, und so in ihrem heiligen Nachlaß mit an uns gekommen ist. Die Stifter der *Kirche* aber nahmen diese episodischen Anpreisungsmittel unter die wesentlichen Artikel des Glaubens auf, und vermehrten sie entweder mit Tradition, oder Auslegungen, die von Konzilien gesetzliche Kraft enthielten, oder durch Gelehrsamkeit beurkundet wurden, von welcher letztern, oder ihrem Antipoden, dem innern Licht, welches sich jeder Laie auch anmaßen kann, noch nicht abzusehen ist, wie viel Veränderungen dadurch dem Glauben noch bevorstehen; welches nicht zu vermeiden ist, so lange wir die Religion nicht in uns, sondern außer uns suchen.

Zweiter Teil. Vom Afterdienst Gottes in einer statutarischen Religion

Die wahre alleinige Religion enthält nichts als Gesetze, d.i. solche praktische Prinzipien, deren unbedingter Notwendigkeit wir uns bewußt werden können, die wir also, als durch reine Vernunft (nicht empirisch) offenbart, anerkennen. Nur zum Behuf einer Kirche, deren es verschiedene gleich gute Formen geben kann, kann es Statuten, d.i. für göttlich gehaltene Verordnungen geben, die für unsere reine moralische Beurteilung willkürlich und zufällig sind. Diesen statutarischen Glauben nun (der allenfalls auf ein Volk eingeschränkt ist, und nicht die allgemeine Weltreligion enthalten kann) für wesentlich zum Dienste Gottes überhaupt zu halten, und ihn zur obersten Bedingung des göttlichen Wohlgefallens am Menschen zu machen, ist ein *Religionswahn*[63], dessen Be-

63 Wahn ist die Täuschung, die bloße Vorstellung einer Sache mit der Sache selbst für gleichgeltend zu halten. So ist es bei einem kargen Reichen der *geizende* Wahn, daß er die Vorstellung, sich einmal, wenn er wollte, seiner Reichtümer bedienen zu können, für genügsamen Ersatz dafür hält, daß er sich ihrer niemals bedient. Der *Ehrenwahn* setzt in anderer Hochprei-

sidenote
838

159

folgung ein *Afterdienst*, d.i. eine solche vermeintliche Verehrung Gottes ist, wodurch dem wahren, von ihm selbst geforderten Dienste gerade entgegen gehandelt wird.

§ 1. *Vom allgemeinen subjektiven Grunde des Religionswahnes*

Der Anthropomorphism, der, in der theoretischen Vorstellung von Gott und seinem Wesen, den Menschen kaum zu vermeiden, übrigens aber doch (wenn er nur nicht auf Pflichtbegriffe einfließt) auch unschuldig genug ist, der ist in Ansehung unsers praktischen Verhältnisses zu seinem Willen und für unsere Moralität selbst höchst gefährlich; denn *da machen wir uns einen Gott*,[64] wie wir ihn am leichtesten zu unserem Vorteil gewinnen zu können, und der beschwerlichen ununterbrochenen Bemühung, auf das Innerste unsrer moralischen Gesinnung zu wirken, überhoben zu werden glauben. Der Grundsatz, den der Mensch sich für

sung, welche im Grunde nur die äußere Vorstellung ihrer (innerlich vielleicht gar nicht gehegten) Achtung ist, den Wert, den er bloß der letzteren beilegen sollte; zu diesem gehört also auch die Titel- und Ordenssucht; weil diese nur äußere Vorstellungen eines Vorzugs vor andern sind. Selbst der *Wahnsinn* hat daher diesen Namen, weil er eine bloße Vorstellung (der Einbildungskraft) für die Gegenwart der Sache selbst zu nehmen, und eben so zu würdigen gewohnt ist. – Nun ist das Bewußtsein des Besitzes eines Mittels zu irgend einem Zweck (ehe man sich jenes bedient hat) der Besitz des letztern bloß in der Vorstellung; mithin sich mit dem ersteren zu begnügen, gleich als ob es statt des Besitzes des letzteren gelten könne, ein *praktischer Wahn*; als von dem hier allein die Rede ist.

64 Es klingt zwar bedenklich, ist aber keinesweges verwerflich, zu sagen: daß ein jeder Mensch sich einen *Gott* mache, ja nach moralischen Begriffen (begleitet mit denen unendlich-großen Eigenschaften, die zu dem Vermögen gehören, an der Welt einen jenen angemessenen Gegenstand darzustellen) sich einen solchen selbst machen müsse, um an ihm den, *der ihn gemacht hat*, zu verehren. Denn auf welcherlei Art auch ein Wesen als *Gott* von einem anderen bekannt gemacht und beschrieben worden, ja ihm ein solches auch (wenn das möglich ist) selbst erscheinen möchte, so muß er diese Vorstellung doch allererst mit seinem Ideal zusammen halten, um zu urteilen, ob er befugt sei, es für eine Gottheit zu halten und zu verehren. Aus bloßer Offenbarung, ohne jenen Begriff *vorher* in seiner Reinigkeit, als Probierstein, zum Grunde zu legen, kann es also keine Religion geben und alle Gottesverehrung würde *Idololatrie* sein.

dieses Verhältnis gewöhnlich macht, ist: daß durch alles, was wir lediglich darum tun, um der Gottheit wohl zu gefallen (wenn es nur nicht eben der Moralität geradezu widerstreitet, ob es gleich dazu nicht das mindeste beiträgt), wir Gott unsere Dienstwilligkeit als gehorsame und eben darum wohlgefällige Untertanen beweisen, also auch Gott (in potentia) dienen. – Es dürfen nicht immer Aufopferungen sein, dadurch der Mensch diesen Dienst Gottes zu verrichten glaubt: auch Feierlichkeiten, selbst öffentliche Spiele, wie bei Griechen und Römern, haben oft dazu dienen müssen, und dienen noch dazu, um die Gottheit einem Volke, oder auch den einzelnen Menschen ihrem Wahne nach günstig zu machen. Doch sind die ersteren (die Büßungen, Kasteiungen, Wallfahrten u. d. g.) jederzeit für kräftiger, auf die Gunst des Himmels wirksamer und zur Entsündigung tauglicher gehalten worden, weil sie die unbegrenzte (obgleich nicht moralische) Unterwerfung unter seinem Willen stärker zu bezeichnen dienen. Je unnützer solche Selbstpeinigungen sind, je weniger sie auf die allgemeine moralische Besserung des Menschen ab-gezweckt sind, desto heiliger scheinen sie zu sein; weil sie eben darum, daß sie in der Welt zu gar nichts nutzen, aber doch Mühe kosten, ledig-lich zur Bezeugung der Ergebenheit gegen Gott abgezweckt zu sein scheinen. – Obgleich, sagt man, Gott hierbei durch die Tat in keiner Absicht gedient worden ist: so sieht er doch hierin den guten Willen, das Herz, an, welches zwar zur Befolgung seiner moralischen Gebote zu schwach ist, aber durch seine hierzu bezeugte Bereitwilligkeit diese Ermangelung wieder gut macht. Hier ist nun der Hang zu einem Ver-fahren sichtbar, das für sich keinen moralischen Wert hat, als etwa nur als Mittel, das sinnliche Vorstellungsvermögen zur Begleitung intellektu-eller Ideen des Zwecks zu erhöhen, oder um, wenn es den letztern etwa zuwider wirken könnte, es niederzudrücken;[65] diesem Verfahren legen

65 Für diejenigen, welche allenthalben, wo die Unterscheidungen des Sinnli-chen vom Intellektuellen ihnen nicht so geläufig sind, Widersprüche der Kritik der reinen Vernunft mit ihr selbst anzutreffen glauben, merke ich hier an, daß, wenn von sinnlichen Mitteln, das Intellektuelle (der reinen moralischen Gesinnung) zu befördern, oder von dem Hindernisse, welches die erstere dem letzteren entgegen stellt, geredet wird, dieser Einfluß zweier so ungleichartigen Prinzipien niemals als *direkt* gedacht werden müsse. Nämlich als Sinnenwesen können wir an den *Erscheinungen des intellektuellen Prinzips*, d.i. der Bestimmung unserer physischen Kräfte durch *freie Willkür*, die sich in Handlungen hervortut, dem Gesetz entge-gen, oder ihm zu Gunsten wirken: so, daß Ursache und Wirkung als in

wir doch in unserer Meinung den Wert des Zwecks selbst, oder, welches eben so viel ist, wir legen der Stimmung des Gemüts zur Empfänglichkeit Gott ergebener Gesinnungen (*Andacht* genannt) den Wert der letztern bei; welches Verfahren mithin ein bloßer Religionswahn ist, der allerlei Formen annehmen kann, in deren einer er der moralischen ähnlicher sieht, als in der andern, der aber in allen nicht eine bloß unvorsätzliche Täuschung, sondern sogar eine Maxime ist, dem Mittel einen Wert an sich statt des Zwecks beizulegen, da denn vermöge der letztern dieser Wahn unter allen diesen Formen gleich ungereimt und als verborgene Betrugsneigung verwerflich ist.

§ 2. Das dem Religionswahne entgegengesetzte moralische Prinzip der Religion

Ich nehme erstlich folgenden Satz, als einen keines Beweises benötigten Grundsatz an: *alles, was, außer dem guten Lebenswandel, der Mensch noch tun zu können vermeint, um Gott wohlgefällig zu werden, ist bloßer Religionswahn und Afterdienst Gottes.* – Ich sage, was der *Mensch* tun zu können glaubt; denn, ob nicht über alles, was *wir* tun können, noch in den Geheimnissen der höchsten Weisheit etwas sein möge, was nur *Gott* tun kann, um uns zu ihm wohlgefälligen Menschen zu machen, wird hierdurch nicht verneinet. Aber, wenn die Kirche ein solches Geheimnis etwa als offenbart verkündigen sollte, so wird doch die Meinung, daß diese Offenbarung, wie sie uns die heilige Geschichte erzählt, *zu glauben*, und sie (es sei innerlich oder äußerlich) zu *bekennen*, an sich etwas sei, dadurch wir uns Gott wohlgefällig machen, ein gefährlicher Religionswahn sein. Denn dieses Glauben ist, als inneres Bekenntnis seines festen Fürwahrhaltens, so wahrhaftig ein *Tun*, das durch Furcht

der Tat gleichartig vorgestellt werde. Was aber das Übersinnliche (das subjektive Prinzip der Moralität in uns, was in der unbegreiflichen Eigenschaft der Freiheit verschlossen liegt), z. B, die reine Religionsgesinnung betrifft, von dieser sehen wir außer ihrem Gesetze (welches aber auch schon genug ist) nichts, das Verhältnis der Ursache und Wirkung im Menschen Betreffendes ein, d.i. wir können uns die Möglichkeit der Handlungen als Begebenheiten in der Sinnenwelt aus der moralischen Beschaffenheit des Menschen, als ihnen imputabel, nicht *erklären*, eben darum, weil es freie Handlungen sind, die Erklärungsgründe aber aller Begebenheiten aus der Sinnenwelt hergenommen werden müssen.

abgezwungen wird, daß ein aufrichtiger Mensch eher jede andere Bedingung als diese eingehen möchte, weil er bei allen andern Frondiensten allenfalls nur etwas Überflüssiges, hier aber etwas dem Gewissen in einer Deklaration, von deren Wahrheit er nicht überzeugt ist, Widerstreitendes tun würde. Das Bekenntnis also, wovon er sich überredet, daß es für sich selbst (als Annahme eines ihm angebotenen Guten) ihn Gott wohlgefällig machen könne, ist etwas, was er noch über den guten Lebenswandel in Befolgung der in der Welt auszuübenden moralischen Gesetze tun zu können vermeint, indem er sich mit seinem Dienst geradezu an Gott wendet.

Die Vernunft läßt uns *erstlich*, in Ansehung des Mangels eigener Gerechtigkeit (die vor Gott gilt), nicht ganz ohne Trost. Sie sagt: daß, wer in einer wahrhaften der Pflicht ergebenen Gesinnung so viel, als in

seinem Vermögen steht, tut, um (wenigstens in einer beständigen Annäherung zur vollständigen Angemessenheit mit dem Gesetze) seiner Verbindlichkeit ein Genüge zu leisten, hoffen dürfe, was nicht in seinem Vermögen steht, das werde von der höchsten Weisheit *auf irgend eine Weise* (welche die Gesinnung dieser beständigen Annäherung unwandelbar machen kann) ergänzt werden, ohne daß sie sich doch anmaßt, die Art zu bestimmen, und zu wissen, worin sie bestehe, welche vielleicht so geheimnisvoll sein kann, daß Gott sie uns höchstens in einer symbolischen Vorstellung, worin das Praktische allein für uns verständlich ist, offenbaren könnte, indessen, daß wir theoretisch, was dieses Verhältnis Gottes zum Menschen an sich sei, gar nicht fassen und Begriffe damit verbinden könnten, wenn er uns ein solches Geheimnis auch entdecken wollte. – Gesetzt nun, eine gewisse Kirche behaupte, die Art, wie Gott jenen moralischen Mangel am menschlichen Geschlecht ergänzt, bestimmt zu wissen, und verurteile zugleich alle Menschen, die jenes der Vernunft natürlicher Weise unbekannte Mittel der Rechtfertigung nicht wissen, darum also auch nicht zum Religionsgrundsatze aufnehmen und bekennen, zur ewigen Verwerfung: wer ist alsdann hier wohl der Ungläubige? der, welcher vertrauet, ohne zu wissen, wie das, was er hofft, zugehe, oder der, welcher diese Art der Erlösung des Menschen vom Bösen durchaus wissen will, widrigenfalls er alle Hoffnung auf dieselbe aufgibt? – Im Grunde ist dem letzteren am Wissen dieses Geheimnisses so viel eben nicht gelegen (denn das lehrt ihn schon seine Vernunft, daß etwas zu wissen, wozu er doch nichts tun kann, ihm ganz unnütz sei); sondern er will es nur wissen, um sich (wenn es auch nur innerlich geschähe) ans dem *Glauben*, der Annahme, dem Bekenntnisse und der Hochpreisung alles dieses Offenbarten einen Gottesdienst machen zu können, der ihm die Gunst des Himmels vor allem Aufwande seiner eigenen Kräfte zu einem guten Lebenswandel, also ganz umsonst erwerben, den letzteren wohl gar übernatürlicher Weise hervorbringen, oder, wo ihm etwa zuwider gehandelt würde, wenigstens die Übertretung vergüten könne.

Zweitens: wenn der Mensch sich von der obigen Maxime nur im 843 mindesten entfernt: so hat der Afterdienst Gottes (die Superstition) weiter *keine Grenzen*; denn über jene hinaus ist alles (was nur nicht unmittelbar der Sittlichkeit widerspricht) willkürlich. Von dem Opfer der Lippen an, welches ihm am wenigsten kostet, bis zu dem der Naturgüter, die sonst zum Vorteil der Menschen wohl besser benutzt werden könnten, ja bis zu der Aufopferung seiner eigenen Person, indem er sich (im Eremiten-, Fakir- oder Mönchsstande) für die Welt verloren macht, bringt er alles, nur nicht seine moralische Gesinnung Gott dar; und wenn er sagt, er brächte ihm auch sein Herz, so versteht er darunter nicht die Gesinnung eines ihm wohlgefälligen Lebenswandels, sondern einen herzlichen Wunsch, daß jene Opfer für die letztere Zahlung möchten aufgenommen werden (natio gratis anhelans, multa agendo nihil agens. *Phaedrus*).

Endlich, wenn man einmal zur Maxime eines vermeintlich Gott für sich selbst wohlgefälligen, ihn auch nötigenfalls versöhnenden, aber nicht rein moralischen Dienstes übergegangen ist, so ist in der Art, ihm gleichsam mechanisch zu dienen, kein wesentlicher Unterschied, welcher der einen vor der andern einen Vorzug gebe. Sie sind alle, dem Wert (oder vielmehr Unwert) nach, einerlei, und es ist bloße Ziererei, sich durch *feinere* Abweichung vom alleinigen intellektuellen Prinzip der echten Gottesverehrung für auserlesener zu halten, als die, welche sich eine vorgeblich *gröbere* Herabsetzung zur Sinnlichkeit zu Schulden kommen lassen. Ob der Andächtler seinen statutenmäßigen Gang zur *Kirche*, oder ob er eine Wallfahrt nach den Heiligtümern in *Loretto* oder Palästina anstellt, ob er seine Gebetsformeln mit den *Lippen*, oder, wie der Tibetaner (welcher glaubt, daß diese Wünsche, auch schriftlich aufgesetzt, wenn sie nur durch irgend etwas, z.B., auf Flaggen geschrieben, durch den Wind, oder, in einer Büchse eingeschlossen, als eine Schwungmaschine mit der Hand *bewegt* werden, ihren Zweck eben so 844 gut erreichen), es durch ein *Gebet-Rad* an die himmlische Behörde bringt, oder was für ein Surrogat des moralischen Dienstes Gottes es auch immer sein mag, das ist alles einerlei und von gleichem Wert. – Es kömmt hier nicht sowohl auf den Unterschied in der äußern Form, sondern alles auf die Annehmung oder Verfassung des alleinigen Prinzips an, Gott entweder nur durch moralische Gesinnung, so fern sie sich in Handlungen, als ihrer Erscheinung, als lebendig darstellt, oder durch frommes Spielwerk und Nichtstuerei wohlgefällig zu werden.[66] Gibt es aber nicht etwa auch einen sich über die Grenzen des menschlichen Vermögens erhebenden schwindligen *Tugendwahn*, der wohl mit dem kriechenden Religionswahn in die allgemeine Klasse der Selbsttäuschungen gezählt werden könnte? Nein, die Tugendgesinnung beschäftigt sich mit etwas *Wirklichem*, was für sich selbst Gott wohlgefällig ist, und zum Weltbesten zusammenstimmt. Zwar kann sich dazu ein Wahn des Eigendünkels gesellen, der Idee seiner heiligen Pflicht sich für adäquat zu halten; das ist aber nur zufällig. In ihr aber den höchsten Wert zu setzen, ist kein Wahn, wie etwa der in kirchlichen Andachtsübungen, sondern barer zum Weltbesten hinwirkender Beitrag.

Es ist überdem ein (wenigstens kirchlicher) Gebrauch, das, was vermöge des Tugendprinzips von Menschen getan werden kann, *Natur*, was aber nur den Mangel alles seines moralischen Vermögens zu ergänzen dient, und, weil dessen Zulänglichkeit auch für uns Pflicht ist, nur gewünscht oder auch gehofft, und erbeten werden kann, *Gnade* zu nennen, beide zusammen als wirkende Ursachen einer zum Gott wohlgefälligen Lebenswandel zureichenden Gesinnung anzusehen, sie aber auch nicht bloß von einander zu unterscheiden, sondern einander wohl gar entgegen zu setzen.

Die Überredung, Wirkungen der Gnade von denen der Natur (der Tugend) unterscheiden, oder die letztern wohl gar in sich hervorbringen

66   Es ist eine psychologische Erscheinung: daß die Anhänger einer Konfession, bei der etwas weniger Statutarisches zu glauben ist, sich dadurch gleichsam veredelt, und als aufgeklärter fühlen, ob sie gleich noch genug davon übrig behalten haben, um eben nicht (wie sie doch wirklich, tun) von ihrer vermeinten. Höhe der Reinigkeit auf ihre Mitbrüder im Kirchenwahne mit Verachtung herabsehen zu dürfen. Die Ursache hievon ist, daß sie sich dadurch, so wenig es auch sei, der reinen moralischen Religion doch etwas genähert finden, ob sie gleich dem Wahne immer noch anhänglich bleiben, sie durch fromme Observanzen, wobei nur weniger passive Vernunft ist, ergänzen zu wollen.

zu können, ist *Schwärmerei*; denn wir können weder einen übersinnlichen Gegenstand in der Erfahrung irgendworan kennen, noch weniger auf ihn Einfluß haben, um ihn zu uns herabzuziehen, wenn gleich sich im Gemüt bisweilen aufs Moralische hinwirkende Bewegungen ereignen, die man sich nicht erklären kann, und von denen unsere Unwissenheit zu gestehen genötigt ist: »der Wind wehet, wohin er will, aber du weißt nicht, woher er kömmt u.s.w.« Himmlische Einflüsse in sich *wahrnehmen* zu wollen, ist eine Art Wahnsinn, in welchem wohl gar auch Methode sein kann (weil sich jene vermeinte innere Offenbarungen doch immer an moralische, mithin an Vernunftideen anschließen müssen), der aber immer doch eine der Religion nachteilige Selbsttäuschung bleibt. Zu glauben, daß es Gnadenwirkungen geben könne, und vielleicht zu Ergänzung der Unvollkommenheit unserer Tugendbestrebung auch geben müsse, ist alles, was wir davon sagen können; übrigens sind wir unvermögend, etwas in Ansehung ihrer Kennzeichen zu bestimmen, noch mehr aber, zur Hervorbringung derselben etwas zu tun.

Der Wahn, durch religiöse Handlungen des Cultus etwas in Ansehung der Rechtfertigung vor Gott auszurichten, ist der religiöse *Aberglaube*; so wie der Wahn, dieses durch Bestrebung zu einem vermeintlichen Umgange mit Gott bewirken zu wollen, die religiöse *Schwärmerei*. – Es ist abergläubischer Wahn, durch Handlungen, die ein jeder Mensch tun kann, ohne daß er eben ein guter Mensch sein darf, Gott wohlgefällig werden zu wollen (z.B. durch Bekenntnis statutarischer Glaubenssätze, durch Beobachtung kirchlicher Observanz und Zucht u.d.g.). Er wird aber darum abergläubisch genannt, weil er sich bloße Naturmittel (nicht moralische) wählt, die zu dem, was nicht Natur ist (d.i. dem sittlich Guten), für sich schlechterdings nichts wirken können. – Ein Wahn aber heißt schwärmerisch, wo sogar das eingebildete Mittel, als übersinnlich, nicht in dem Vermögen des Menschen ist, ohne noch auf die Unerreichbarkeit des dadurch beabsichtigten übersinnlichen Zwecks zu sehen; denn dieses Gefühl der unmittelbaren Gegenwart des höchsten Wesens und die Unterscheidung desselben von jedem andern, selbst dem moralischen Gefühl, wäre eine Empfänglichkeit einer Anschauung, für die in der menschlichen Natur kein Sinn ist. – Der abergläubische Wahn, weil er ein an sich für manches Subjekt taugliches und diesem zugleich mögliches Mittel, wenigstens den Hindernissen einer Gott wohlgefälligen Gesinnung entgegen zu wirken, enthält, ist doch mit der Vernunft so fern verwandt, und nur zufälliger Weise dadurch, daß er das, was bloß Mittel sein kann, zum unmittelbar Gott wohlgefälligen Gegenstände macht, verwerflich; dagegen ist der schwärmerische Religionswahn der moralische Tod der Vernunft, ohne die doch gar keine Religion, als welche, wie alle Moralität überhaupt, auf Grundsätze gegründet werden muß, statt finden kann.

Der allem Religionswahn abhelfende oder vorbeugende Grundsatz eines Kirchenglaubens ist also: daß dieser neben den statutarischen Sätzen, deren er vorjetzt nicht gänzlich entbehren kann, doch zugleich ein Prinzip in sich enthalten müsse, die Religion des guten Lebenswandels, als das eigentliche Ziel, um jener dereinst gar entbehren zu können, herbeizuführen.

§ 3. Vom Pfaffentum als einem Regiment im Afterdienst des guten Prinzips

[67]Die Verehrung mächtiger unsichtbarer Wesen, welche dem hülflosen Menschen durch die natürliche auf dem Bewußtsein seines Unvermögens gegründete Furcht abgenötigt wurde, fing nicht sogleich mit einer Religion, sondern von einem knechtischen Gottes- (oder Götzen-) Dienste an, welcher, wenn er eine gewisse öffentlichgesetzliche Form bekommen hatte, ein *Tempeldienst*, und nur, nachdem mit diesen Gesetzen allmählich die moralische Bildung der Menschen verbunden worden, ein *Kirchendienst* wurde: denen beiden ein Geschichtsglaube zum Grunde liegt, bis man endlich diesen bloß für provisorisch, und in ihm die symbolische Darstellung und das Mittel der Beförderung eines reinen Religionsglaubens, zu sehen *angefangen* hat.

847

67 Diese bloß das Ansehen eines geistlichen Vaters (*papa*) bezeichnende Benennung erhält nur durch den Nebenbegriff eines geistlichen Despotismus, der in allen kirchlichen Formen, so anspruchslos und populär sie sich ankündigen, angetroffen werden kann, die Bedeutung eines Tadels. Ich will daher keinesweges so verstanden sein, als ob ich, in der Gegeneinanderstellung der Sekten, eine vergleichungsweise gegen die andere mit ihren Gebräuchen und Anordnungen, geringschätzig machen wolle. Alle verdienen gleiche Achtung, so fern ihre fernem Versuche armer Sterblichen sind, sich das Reich Gottes auf Erden zu versinnlichen; aber auch gleichen Tadel, wenn sie die Form der Darstellung dieser Idee (in einer sichtbaren Kirche) für die Sache selbst halten.

Von einem tungusischen *Schaman*, bis zu dem Kirche und Staat zugleich regierenden europäischen *Prälaten*, oder (wollen wir statt der Häupter und Anführer nur auf die Glaubensanhänger nach ihrer eignen Vorstellungsart sehen) zwischen dem ganz sinnlichen *Wogulitzen*, der die Tatze von einem Bärenfell sich des Morgens auf sein Haupt legt, mit dem kurzen Gebet: »Schlag mich nicht tot!« bis zum sublimierten *Puritaner* und Independenten in *Connecticut* ist zwar ein mächtiger Abstand in der *Manier*, aber nicht im *Prinzip* zu glauben; denn, was dieses betrifft, so gehören sie insgesamt zu einer und derselben Klasse, derer nämlich, die in dem, was an sich keinen bessern Menschen ausmacht (im Glauben gewisser statutarischer Sätze, oder Begehen gewisser willkürlicher Observanzen), ihren Gottesdienst setzen. Diejenigen allein, die ihn lediglich in der Gesinnung eines guten Lebenswandels zu finden gemeint sind, unterscheiden sich von jenen durch den Überschritt zu einem ganz andern und über das erste weit erhabenen Prinzip, demjenigen nämlich, wodurch sie sich zu einer (unsichtbaren) Kirche bekennen, die alle Wohldenkende in sich befaßt, und, ihrer wesentlichen Beschaffenheit nach, allein die wahre allgemeine sein kann.

Die unsichtbare Macht, welche über das Schicksal der Menschen gebietet, zu ihrem Vorteil zu lenken, ist eine Absicht, die sie alle haben; nur, wie das anzufangen sei, darüber denken sie verschieden. Wenn sie jene Macht für ein verständiges Wesen halten, und ihr also einen Willen beilegen, von dem sie ihr Los erwarten, so kann ihr Bestreben nur in der Auswahl der Art bestehen, wie sie, als seinem Willen unterworfene Wesen, durch ihr Tun und Lassen ihm gefällig werden können. Wenn sie es als moralisches Wesen denken, so überzeugen sie sich leicht durch ihre eigene Vernunft, daß die Bedingung, sein Wohlgefallen zu erwerben, ihr moralisch guter Lebenswandel, vornehmlich die reine Gesinnung, als das subjektive Prinzip desselben, sein müsse. Aber das höchste Wesen kann doch auch vielleicht noch überdem auf eine Art gedient sein wollen, die uns durch bloße Vernunft nicht bekannt werden kann, nämlich durch Handlungen, denen für sich selbst wir zwar nichts Moralisches ansehen, die aber doch entweder als von ihm geboten, oder auch nur, um unsere Unterwürfigkeit gegen ihn zu bezeugen, willkürlich von uns unternommen werden; in welchen beiden Verfahrungsarten, wenn sie ein Ganzes systematisch geordneter Beschäftigungen ausmachen, sie also überhaupt einen *Dienst* Gottes setzen. – Wenn nun beide verbunden sein sollen, so wird entweder jede als unmittelbar, oder eine von beiden nur als Mittel zu der andern, als dem eigentlichen Dienste Gottes, für die Art angenommen werden müssen, Gott wohlzugefallen. Daß der moralische Dienst Gottes (officium liberum) ihm unmittelbar gefalle, leuchtet von selbst ein. Er kann aber nicht für die oberste Bedingung alles Wohlgefallens am Menschen anerkannt werden (welches auch schon im Begriff der Moralität liegt), wenn der Lohndienst (officium mercenarium) als *für sich allein* Gott wohlgefällig betrachtet werden könnte; denn alsdann würde niemand wissen, welcher Dienst in einem vorkommenden Falle vorzüglicher wäre, um das Urteil über seine Pflicht darnach einzurichten, oder wie sie sich einander ergänzten. Also werden Handlungen, die an sich keinen moralischen Wert haben, nur so fern sie Mittel zur Beförderung dessen, was an Handlungen unmittelbar gut ist (zur Moralität), dienen, d.i. *um des moralischen Dienstes Gottes willen*, als ihm wohlgefällig angenommen werden müssen.

Der Mensch nun, welcher Handlungen, die für sich selbst nichts Gott Wohlgefälliges (Moralisches) enthalten, doch als Mittel braucht, das göttliche unmittelbare Wohlgefallen an ihm und hiemit die Erfüllung seiner Wünsche zu erwerben, steht in dem Wahn des Besitzes einer Kunst, durch ganz natürliche Mittel eine übernatürliche Wirkung zuwege zu bringen; dergleichen Versuche man das *Zaubern* zu nennen pflegt, welches Wort wir aber (da es den Nebenbegriff einer Gemeinschaft mit dem bösen Prinzip bei sich führt, dagegen jene Versuche doch auch als übrigens in guter moralischer Absicht aus Mißverstande unternommen gedacht werden können) gegen das sonst bekannte Wort des *Fetischmachens* austauschen wollen. Eine übernatürliche Wirkung aber eines Menschen würde diejenige sein, die nur dadurch in seinen Gedanken möglich ist, daß er vermeintlich auf Gott wirkt, und sich desselben als Mittels bedient, um eine Wirkung in der Welt hervorzubringen, dazu seine Kräfte, ja nicht einmal seine Einsicht, ob sie auch Gott wohlgefällig sein möchte, für sich nicht zulangen; welches schon in seinem Begriffe eine Ungereimtheit enthält.

Wenn der Mensch aber, außerdem, daß er durch das, was ihn unmittelbar zum Gegenstande des göttlichen Wohlgefallens macht (durch die tätige Gesinnung eines guten Lebenswandels), sich noch überdem vermittelst gewisser Förmlichkeiten der Ergänzung seines Unvermögens durch einen übernatürlichen Beistand *würdig* zu machen sucht, und in dieser Absicht Observanzen, die zwar keinen unmittelbaren Wert haben, aber doch, zur Beförderung jener moralischen Gesinnung, als Mittel dienen, sich für die Erreichung des Objekts seiner guten moralischen Wünsche bloß *empfänglich* zu machen meint, so rechnet er zwar, zur Ergänzung seines natürlichen Unvermögens, auf etwas *Übernatürliches*, aber doch nicht als auf etwas vom *Menschen* (durch Einfluß auf den göttlichen Willen) *Gewirktes*, sondern Empfangenes, was er hoffen, aber nicht hervorbringen kann. – Wenn ihm aber Handlungen, die an sich, so viel wir einsehen, nichts Moralisches, Gott Wohlgefälliges enthalten, gleichwohl seiner Meinung nach zu einem Mittel, ja zur Bedingung dienen sollen, die Erhaltung seiner Wünsche unmittelbar von Gott zu erwarten: so muß er in dem Wahne stehen, daß, ob er gleich für dieses Übernatürliche weder ein physisches Vermögen, noch eine moralische Empfänglichkeit hat, er es doch durch *natürliche*, an sich aber mit der Moralität gar nicht verwandte Handlungen (welche auszuüben es keiner Gott wohlgefälligen Gesinnung bedarf, die der ärgste Mensch also eben sowohl, als der beste, ausüben kann), durch Formeln der Anrufung, durch Bekenntnisse eines Lohnglaubens, durch kirchliche Observanzen u. dgl. bewirken, und so den Beistand der Gottheit gleichsam *herbeizaubern* könne; denn es ist zwischen bloß physischen Mitteln und einer moralisch wirkenden Ursache gar keine Verknüpfung nach irgend einem Gesetze, welches sich die Vernunft denken kann, nach welchem die letztere durch die erstere zu gewissen Wirkungen als bestimmbar vorgestellt werden könnte.

Wer also die Beobachtung statutarischer einer Offenbarung bedürfenden Gesetze als zur Religion notwendig, und zwar nicht bloß als Mittel für die moralische Gesinnung, sondern als die objektive Bedingung, Gott dadurch unmittelbar wohlgefällig zu werden, voranschickt, und diesem Geschichtsglauben die Bestrebung zum guten Lebenswandel nachsetzt (anstatt daß die erstere als etwas, was nur *bedingterweise* Gott wohlgefällig sein kann, sich nach dem letzteren, was ihm allein *schlechthin* wohlgefällt, richten muß), der verwandelt den Dienst Gottes in ein bloßes *Fetischmachen*, und übt einen Afterdienst aus, der alle Bearbeitung zur wahren Religion rückgängig macht. So viel liegt, wenn man zwei gute Sachen verbinden will, an der Ordnung, in der man sie verbindet! – In dieser Unterscheidung aber besteht die wahre *Aufklärung*; der Dienst Gottes wird dadurch allererst ein freier, mithin moralischer Dienst. Wenn man aber davon abgeht, so wird. statt der Freiheit der Kinder Gottes, dem Menschen vielmehr das Joch eines Gesetzes (des statutarischen) auferlegt, welches dadurch, daß es als unbedingte Nötigung, etwas zu glauben, was nur historisch erkannt werden, und darum nicht für jedermann überzeugend sein kann, ein für gewissenhafte Menschen noch weit schwereres Joch ist,[68] als der ganze Kram frommer auferlegter Observanzen immer sein mag, bei denen es genug ist, daß man sie begeht, um mit einem eingerichteten kirchlichen gemeinen Wesen zusammen zu passen, ohne daß jemand innerlich oder äußerlich das Bekenntnis seines Glaubens ablegen darf, daß er es für eine *von Gott gestiftete* Anordnung halte: denn durch dieses wird eigentlich das Gewissen belästigt.

Das *Pfaffentum* ist also die Verfassung einer Kirche, sofern in ihr ein *Fetischdienst* regiert, welches allemal da anzutreffen ist, wo nicht Prinzipien der Sittlichkeit, sondern statutarische Gebote, Glaubensregeln und Observanzen die Grundlage und das Wesentliche desselben ausmachen. Nun gibt es zwar manche Kirchenformen, in denen das Fetischmachen so mannigfaltig und so mechanisch ist, daß es beinahe alle Moralität, mithin auch Religion zu verdrängen, und ihre Stelle vertreten zu sollen, scheint, und so ans Heidentum sehr nahe angrenzt; allein auf das Mehr oder Weniger kömmt es hier nicht eben an, wo der Wert oder Unwert auf der Beschaffenheit des zu oberst verbindenden Prinzips beruht. Wenn dieses die gehorsame Unterwerfung unter eine Satzung, als Frondienst, nicht aber die freie Huldigung auferlegt, die dem moralischen Gesetze *zuoberst* geleistet werden soll, so mögen der auferlegten Observanzen noch so wenig sein, genug, wenn sie für unbedingt notwendig

852

---

68   »Dasjenige Joch ist sanft, und die Last ist leicht«, wo die Pflicht, die jedermann obliegt, als von ihm selbst und durch seine eigene Vernunft ihm auferlegt betrachtet werden kann; das er daher so fern freiwillig auf sich nimmt. Von dieser Art sind aber nur die moralischen Gesetze, als göttliche Gebote, von denen allein der Stifter der reinen Kirche sagen konnte; »meine Gebote sind nicht schwer«. Dieser Ausdruck will nur so viel sagen: sie sind nicht *beschwerlich*, weil ein jeder die Notwendigkeit ihrer Befolgung von selbst einsieht, mithin ihm dadurch nichts aufgedrungen wird, dahingegen despotisch gebietende, obzwar zu unserm Besten (doch nicht durch unsere Vernunft) uns auferlegte Anordnungen, davon wir keinen Nutzen sehen können, gleichsam Vexationen (Plackereien) sind, denen man sich nur gezwungen unterwirft. An sich sind aber die Handlungen, in der Reinigkeit ihrer Quelle betrachtet, die durch jene moralische Gesetze geboten werden, gerade die, welche dem Menschen am schwersten fallen, und wofür er gerne die beschwerlichsten frommen Plackereien übernehmen möchte, wenn es möglich wäre, diese statt jener in Zahlung zu bringen.

erklärt werden: so ist das immer ein Fetischglauben, durch den die Menge regiert, und durch den Gehorsam unter eine Kirche (nicht der Religion) ihrer moralischen Freiheit beraubt wird. Die Verfassung derselben (Hierarchie) mag monarchisch, oder aristokratisch, oder demokratisch sein: das betrifft nur die Organisation; die Konstitution derselben ist und bleibt doch unter allen diesen Formen immer despotisch. Wo Statute des Glaubens zum Konstitutionalgesetz gezählt werden, da herrscht ein *Klerus*, der der Vernunft, und selbst zuletzt der Schriftgelehrsamkeit gar wohl entbehren zu können glaubt, weil er als einzig autorisierter Bewahrer und Ausleger des Willens des unsichtbaren Gesetzgebers die Glaubensvorschrift ausschließlich zu verwalten die Autorität hat, und also, mit dieser Gewalt versehen, nicht überzeugen, sondern *nur befehlen* darf. – Weil nun, außer diesem Klerus alles übrige *Laie* ist (das Oberhaupt des politischen gemeinen Wesens nicht ausgenommen): so beherrscht die Kirche zuletzt den Staat, nicht eben durch Gewalt, sondern durch Einfluß auf die Gemüter, überdem auch durch Vorspiegelung des Nutzens, den dieser vorgeblich aus einem unbedingten Gehorsam soll ziehen können, zu dem eine geistige Disziplin selbst das *Denken* des Volks gewöhnt hat; wobei aber unvermerkt die Gewöhnung an Heuchelei die Redlichkeit und Treue der Untertanen untergräbt, sie zum Scheindienst auch in bürgerlichen Pflichten abwitzigt, und, wie alle fehlerhaft genommene Prinzipien, gerade das Gegenteil von dem hervorbringt, was beabsichtigt war.

* * *

Das alles ist aber die unvermeidliche Folge von der beim ersten Anblick unbedenklich scheinenden Versetzung der Prinzipien des allein seligmachenden Religionsglaubens, indem es darauf ankam, welchem von beiden man die erste Stelle als oberste Bedingung (der das andre untergeordnet ist) einräumen sollte. Es ist billig, es ist vernünftig, anzunehmen, daß nicht bloß »Weise nach dem Fleisch«, Gelehrte oder Vernünftler zu dieser Aufklärung in Ansehung ihres wahren Heils berufen sein werden – denn dieses Glaubens soll das ganze menschliche Geschlecht fähig sein –, sondern »was töricht ist vor der Welt«; selbst der Unwissende oder an Begriffen Eingeschränkteste muß auf eine solche Belehrung und innere Überzeugung Anspruch machen können. Nun scheint zwar ein Geschichtsglaube, vornehmlich, wenn die Begriffe, deren er bedarf, um die Nachrichten zu fassen, ganz anthropologisch und der Sinnlichkeit sehr anpassend sind, gerade von dieser Art zu sein. Denn was ist leichter, als eine solche sinnlich gemachte und einfältige Erzählung aufzufassen und einander mitzuteilen, oder von Geheimnissen die Worte nachzusprechen, mit denen es gar nicht nötig ist einen Sinn zu verbinden; wie leicht findet dergleichen, vornehmlich bei einem großen verheißenen Interesse, allgemeinen Eingang, und wie tief wurzelt ein Glaube an die Wahrheit einer solchen Erzählung, die sich überdem auf eine von langer Zeit her für authentisch anerkannte Urkunde gründet, und so ist ein solcher Glaube freilich auch den gemeinsten menschlichen Fähigkeiten angemessen. Allein, obzwar die Kundmachung einer solchen Begebenheit sowohl, als auch der Glaube an darauf gegründete Verhaltungsregeln nicht gerade oder vorzüglich für Gelehrte oder Weltweise gegeben sein darf: so sind diese doch auch davon nicht ausgeschlossen, und da finden sich nun so viel Bedenklichkeiten, teils in Ansehung ihrer Wahrheit, teils in Ansehung des Sinnes, darin ihr Vortrag genommen werden soll, daß einen solchen Glauben, der so vielen (selbst aufrichtig gemeinten) Streitigkeiten unterworfen ist, für die oberste Bedingung eines allgemeinen und allein seligmachenden Glaubens anzunehmen das Widersinnischste ist, was man denken kann. – Nun gibt es aber ein praktisches Erkenntnis, das, ob es gleich lediglich auf Vernunft beruht, und keiner Geschichtslehre bedarf, doch jedem, auch dem einfältigsten Menschen so nahe liegt, als ob es ihm buchstäblich ins Herz geschrieben wäre: ein Gesetz, was man nur nennen darf, um sich über sein Ansehen mit jedem sofort einzuverstehen, und welches in jedermanns Bewußtsein *unbedingte* Verbindlichkeit bei sich führt, nämlich das der Moralität; und was noch mehr ist, diese Erkenntnis führt entweder schon für sich allein auf den Glauben an Gott, oder bestimmt wenigstens allein seinen Begriff als den eines moralischen Gesetzgebers, mithin leitet es zu einem reinen Religionsglauben, der jedem Menschen nicht allein begreiflich, sondern auch im höchsten Grade ehrwürdig ist; ja er führt dahin so natürlich, daß, wenn man den Versuch machen will, man finden wird, daß er jedem Menschen, ohne ihm etwas davon gelehrt zu haben, ganz und gar abgefragt werden kann. Es ist also nicht allein klüglich gehandelt, von diesem anzufangen, und den Geschichtsglauben, der damit harmoniert, auf ihn folgen zu lassen, sondern es ist auch Pflicht, ihn zur obersten Bedingung zu machen, unter der wir allein hoffen können, des Heils teilhaftig zu werden, was uns ein Geschichtsglaube immer verheißen mag, und zwar dergestalt, daß wir diesen nur nach der Auslegung, welche der reine Religionsglaube ihm gibt, für allgemein verbindlich können, oder dürfen, gelten lassen (weil dieser allgemein gültige Lehre enthält), indessen, daß der Moralischgläubige doch auch für den Geschichtsglauben offen ist, sofern er ihn zur Belebung seiner reinen Religionsgesinnung zuträglich findet, welcher Glaube auf diese Art allein einen reinen moralischen Wert hat, weil er frei und durch keine Bedrohung (wobei er nie aufrichtig sein kann) abgedrungen ist.

Sofern nun aber auch der Dienst Gottes in einer Kirche auf die reine moralische Verehrung desselben, nach den der Menschheit überhaupt vorgeschriebenen Gesetzen, vorzüglich gerichtet ist, so kann man doch noch fragen: ob in dieser immer nur *Gottseligkeits–* oder auch reine *Tugendlehre*, jede besonders, den Inhalt des Religionsvortrags ausmachen solle. Die erste Benennung, nämlich *Gottseligkeitslehre*, drückt vielleicht die Bedeutung des Worts religio (wie es jetziger Zeit verstanden wird) im objektiven Sinn am besten aus.

Gottseligkeit enthält zwei Bestimmungen der moralischen Gesinnung im Verhältnisse auf Gott; *Furcht Gottes* ist diese Gesinnung in Befolgung seiner Gebote aus *schuldiger* (Untertans-) Pflicht, d.i. aus Achtung fürs Gesetz; Liebe Gottes aber, aus eigener *freier Wahl*, und aus Wohlgefallen am Gesetze (aus Kindespflicht). Beide enthalten also, noch über die Moralität, den Begriff von einem mit Eigenschaften, die das durch diese beabsichtigte, aber über unser Vermögen hinausgehende höchste Gut zu vollenden erforderlich sind, versehenen übersinnlichen Wesen, von dessen *Natur* der Begriff, wenn wir über das moralische Verhältnis der Idee desselben zu uns hinausgehen, immer in Gefahr steht, von uns anthropomorphistisch und dadurch oft unseren sittlichen Grundsätzen gerade zum Nachteil gedacht zu werden, von dem also die Idee in der spekulativen Vernunft für sich selbst nicht bestehen kann, sondern sogar ihren Ursprung, noch mehr aber ihre Kraft gänzlich auf der Beziehung zu unserer auf sich selbst beruhenden Pflichtbestimmung gründet. Was ist nun natürlicher in der ersten Jugendunterweisung und selbst in dem Kanzelvortrage: die Tugendlehre vor der Gottseligkeitslehre, oder diese vor jener (wohl gar ohne derselben zu erwähnen) vorzutragen? Beide stehen offenbar in notwendiger Verbindung mit einander. Dies ist aber nicht anders möglich, als, da sie nicht *einerlei* sind, eine müßte als Zweck, die andere bloß als Mittel gedacht und vorgetragen werden. Die Tugendlehre aber besteht durch sich selbst (selbst ohne den Begriff von

Gott), die Gottseligkeitslehre enthält den Begriff von einem Gegenstande, den wir uns in Beziehung auf unsere Moralität, als ergänzende Ursache unseres Unvermögens in Ansehung des moralischen Endzwecks vorstellen. Die Gottseligkeitslehre kann also nicht für sich den Endzweck der sittlichen Bestrebung ausmachen, sondern nur zum Mittel dienen, das, was an sich einen besseren Menschen ausmacht, die Tugendgesinnung, zu stärken; dadurch, daß sie ihr (als einer Bestrebung zum Guten, selbst zur Heiligkeit) die Erwartung des Endzwecks, dazu jene unvermögend ist, verheißt und sichert. Der Tugendbegriff ist dagegen aus der Seele des Menschen genommen. Er hat ihn schon ganz, obzwar unentwickelt, in sich, und darf nicht, wie der Religionsbegriff, durch Schlüsse herausvernünftelt werden. In seiner Reinigkeit, in der Erweckung des Bewußtseins eines sonst von uns nie gemutmaßten Vermögens, über die größten Hindernisse in uns Meister werden zu können, in der Würde der Menschheit, die der Mensch an seiner eignen Person und ihrer Bestimmung verehren muß, nach der er strebt, um sie zu erreichen, liegt etwas so Seelenerhebendes, und zur Gottheit selbst, die nur durch ihre Heiligkeit und als Gesetzgeber für die Tugend anbetungswürdig ist, Hinleitendes, daß der Mensch, selbst wenn er noch weit davon entfernt ist, diesem Begriffe die Kraft des Einflusses auf seine Maximen zu geben, dennoch nicht ungern damit unterhalten wird, weil er sich selbst durch diese Idee schon in gewissem Grade veredelt fühlt, indessen daß der Begriff von einem, diese Pflicht zum Gebote für uns machenden Weltherrscher noch in großer Ferne von ihm liegt, und, wenn er davon anfinge, seinen Mut (der das Wesen der Tugend mit ausmacht) niederschlagen, die Gottseligkeit aber in schmeichelnde, knechtische Unterwerfung unter eine despotisch gebietende Macht zu verwandeln in Gefahr bringen würde. Dieser Mut, auf eigenen Füßen zu stehen, wird nun selbst durch die darauf folgende Versöhnungslehre gestärkt, indem sie, was nicht zu ändern ist, als abgetan vorstellt, und nun den Pfad zu einem neuen Lebenswandel für uns eröffnet, anstatt daß, wenn diese Lehre den Anfang macht, die leere Bestrebung, das Geschehene ungeschehen zu machen (die Expiation), die Furcht wegen der Zueignung derselben, die Vorstellung unseres gänzlichen Unvermögens zum Guten und die Ängstlichkeit wegen des Rückfalls ins Böse dem Menschen den Mut benehmen,[69] und

69 Die verschiedenen Glaubensarten der Völker geben ihnen nach und nach auch wohl einen, im bürgerlichen Verhältnis äußerlich auszeichnenden, Charakter, der ihnen nachher, gleich als ob er Temperamentseigenschaft

im ganzen wäre, beigelegt wird. So zog sich der *Judaism*, seiner ersten Einrichtung nach, da ein Volk sich, durch alle erdenkliche, zum Teil peinliche Observanzen, von allen andern Völkern absondern, und aller Vermischung mit ihnen vorbeugen sollte, den Vorwurf des *Menschenhasses* zu. Der *Mohammedanism* unterscheidet sich durch *Stolz*, weil er, statt der Wunder, an den Siegen und der Unterjochung vieler Völker die Bestätigung seines Glaubens findet, und seine Andachtsgebräuche alle von der mutigen Art sind. Diese merkwürdige Erscheinung (des Stolzes eines unwissenden, obgleich verständigen Volks auf seinen Glauben) kann auch von Einbildung des Stifters herrühren, als habe er den Begriff der Einheit Gottes und dessen übersinnlicher Natur allein in der Welt wiederum erneuert, der freilich eine Veredlung seines Volks durch Befreiung vom Bilderdienst und der Anarchie der Vielgötterei sein würde, wenn jener sich dieses Verdienst mit Recht zuschreiben könnte. – Was das Charakteristische der dritten Klasse von Religionsgenossen betrifft, welcher übel verstandene Demut zum Grunde hat, so soll die Herabsetzung des Eigendünkels in der Schätzung seines moralischen Werts, durch die Vorhaltung der Heiligkeit des Gesetzes nicht Verachtung seiner selbst, sondern vielmehr Entschlossenheit bewirken, dieser edlen Anlage in uns gemäß, uns der Angemessenheit zu jener immer mehr zu nähern: statt dessen Tugend, die eigentlich im Mute dazu besteht, als ein des Eigendünkels schon verdächtiger Name, ins Heidentum verwiesen und kriechende Gunstbewerbung dagegen angepriesen wird. – *Andächtelei* (bigotterie, devotio spuria) ist die Gewohnheit, statt Gott wohlgefälliger Handlungen (in Erfüllung aller Menschenpflichten), in der unmittelbaren Beschäftigung mit Gott durch Ehrfurchtsbezeigungen, die Übung der Frömmigkeit zu setzen; welche Übung alsdann zum *Frondienst* (opus operatum) gezählt werden muß, nur daß sie zu dem Aberglauben noch den schwärmerischen Wahn vermeinter übersinnlichen (himmlischer) Gefühle hinzu tut. Der *hinduische* Glaube gibt seinen Anhängern den Charakter der *Kleinmütigkeit* aus Ursachen, die denen des nächst vorhergehenden gerade entgegengesetzt sind. – Nun liegt es gewiß nicht an der innern Beschaffenheit des christlichen Glaubens, sondern an der Art, wie er an die Gemüter gebracht wird, wenn ihm an denen, die es am herzlichsten mit ihm meinen, aber vom menschlichen Verderben anhebend, und an aller Tugend verzweifelnd, ihr Religionsprinzip allein in der *Frömmigkeit* (worunter der Grundsatz des leidenden Verhaltens in Ansehung der durch eine Kraft von oben zu erwartenden Gottseligkeit verstanden wird) setzen, ein jenem ähnlicher Vorwurf gemacht werden kann; weil sie nie ein Zutrauen in sich selbst setzen, in beständiger Ängstlichkeit sich nach einem übernatürlichen Beistande umsehen, und selbst in dieser Selbstverachtung (die nicht Demut ist) ein Gunst erwerben-

ihn in einen ächzenden moralischpassiven Zustand, der nichts Großes und Gutes unternimmt, sondern alles vom Wünschen erwartet, versetzen muß. – Es kommt in dem, was die moralische Gesinnung betrifft, alles auf den obersten Begriff an, dem man seine Pflichten unterordnet. Wenn die Verehrung Gottes das erste ist, der man also die Tugend unterordnet, so ist dieser Gegenstand ein *Idol*, d.i. er wird als ein Wesen gedacht, dem wir nicht durch sittliches Wohlverhalten in der Welt, sondern durch Anbetung und Einschmeichelung zu gefallen hoffen dürften; die Religion aber ist alsdann Idololatrie. Gottseligkeit ist also nicht ein Surrogat der Tugend, um sie zu entbehren, sondern die Vollendung derselben, um mit der Hoffnung der endlichen Gelingung aller unserer guten Zwecke bekrönt werden zu können.

§ 4. *Vom Leitfaden des Gewissens in Glaubenssachen*

Es ist hier nicht die Frage: wie das Gewissen geleitet werden solle? (denn das will keinen Leiter; es ist genug, eines zu haben), sondern wie dieses selbst zum Leitfaden in den bedenklichsten moralischen Entschließungen dienen könne. –

Das *Gewissen ist ein Bewußtsein, das für sich selbst Pflicht ist*. Wie ist es aber möglich, sich ein solches zu denken, da das Bewußtsein aller unserer Vorstellungen nur in logischer Absicht, mithin bloß bedingter Weise, wenn wir unsere Vorstellung klar machen wollen, notwendig zu sein scheint, mithin nicht unbedingt Pflicht sein kann?

Es ist ein moralischer Grundsatz, der keines Beweises bedarf: man soll *nichts auf die Gefahr wagen, daß es unrecht sei* (quod dubitas, ne feceris! Plin.). Das *Bewußtsein* also, daß eine Handlung, *die ich unternehmen will*, recht sei, ist unbedingte Pflicht. Ob eine Handlung überhaupt recht oder unrecht sei, darüber urteilt der Verstand, nicht das Gewissen. Es ist auch nicht schlechthin notwendig, von allen möglichen Handlungen zu wissen, ob sie recht oder unrecht sind. Aber von der, die ich unternehmen will, muß ich nicht allein urteilen, und meinen, sondern auch gewiß sein, daß sie nicht unrecht sei, und diese Forderung ist ein Postulat des Gewissens, welchem der *Probabilismus*, d.i. der Grundsatz entgegengesetzt ist: daß die bloße Meinung, eine Handlung

des Mittel zu besitzen vermeinen, wovon der äußere Ausdruck (im Pietismus oder der Frömmelei) eine *knechtische* Gemütsart ankündigt.

könne wohl recht sein, schon hinreichend sei, sie zu unternehmen. – Man könnte das Gewissen auch so definieren: es ist *die sich selbst richtende moralische Urteilskraft*; nur würde diese Definition noch einer vorhergehenden Erklärung der darin enthaltenen Begriffe gar sehr bedürfen. Das Gewissen richtet nicht die Handlungen als Kasus, die unter dem Gesetz stehen; denn das tut die Vernunft, so fern sie subjektiv-praktisch ist (daher die casus conscientiae und die Kasuistik, als eine Art von Dialektik des Gewissens): sondern hier richtet die Vernunft sich selbst, ob sie auch wirklich jene Beurteilung der Handlungen mit aller Behutsamkeit (ob sie recht oder unrecht sind) übernommen habe, und stellt den Menschen, *wider oder für sich* selbst, zum Zeugen auf, daß dieses geschehen, oder nicht geschehen sei.

Man nehme z.B. einen Ketzerrichter an, der an der Alleinigkeit seines statutarischen Glaubens, bis allenfalls zum Märtyrertume, fest hängt, und der einen des Unglaubens verklagten sogenannten Ketzer (sonst guten Bürger) zu richten hat, und nun frage ich: ob, wenn er ihn zum Tode verurteilt, man sagen könne, er habe seinem (obzwar irrenden) Gewissen gemäß gerichtet, oder ob man ihm vielmehr schlechthin *Gewissenlosigkeit* schuld geben könne? er mag geirret oder mit Bewußtsein unrecht getan haben, weil man es ihm auf den Kopf zusagen kann, daß er in einem solchen Falle nie ganz gewiß sein konnte, er tue hierunter nicht völlig unrecht. Er war zwar vermutlich des festen Glaubens, daß ein übernatürlich-geoffenbarter göttlicher Wille (vielleicht nach dem Spruch; compellite intrare) es ihm erlaubt, wo nicht gar zur Pflicht macht, den vermeinten Unglauben zusamt den Ungläubigen auszurotten. Aber war er denn wirklich von einer solchen geoffenbarten Lehre, und auch diesem Sinne derselben so sehr überzeugt, als erfordert wird, um es darauf zu wagen, einen Menschen umzubringen? Daß einem Menschen, seines Religionsglaubens wegen, das Leben zu nehmen unrecht sei, ist gewiß: wenn nicht etwa (um das Äußerste einzuräumen) ein göttlicher, außerordentlich ihm bekannt gewordener Wille es anders verordnet hat. Daß aber Gott diesen fürchterlichen Willen jemals geäußert habe, beruht auf Geschichtsdokumenten, und ist nie apodiktisch gewiß. Die Offenbarung ist ihm doch nur durch Menschen zugekommen, und von diesen ausgelegt, und schiene sie ihm auch von Gott selbst gekommen zu sein (wie der an Abraham ergangene Befehl, seinen eigenen Sohn wie ein Schaf zu schlachten), so ist es wenigstens doch möglich, daß hier ein Irrtum vorwalte. Alsdann aber würde er es auf die

Gefahr wagen, etwas zu tun, was höchst unrecht sein würde, und hierin eben handelt er gewissenlos. – So ist es nun mit allem Geschichts- und Erscheinungsglauben bewandt: daß nämlich die *Möglichkeit* immer übrig bleibt, es sei darin ein Irrtum anzutreffen, folglich ist es gewissenlos, ihm bei der Möglichkeit, daß vielleicht dasjenige, was er fordert, oder erlaubt, unrecht sei, d.i. auf die Gefahr der Verletzung einer an sich gewissen Menschenpflicht, Folge zu leisten.

Noch mehr: eine Handlung, die ein solches positives (dafür gehaltenes) Offenbarungsgesetz gebietet, sei auch an sich erlaubt, so fragt sich, ob geistliche Obere oder Lehrer es, nach ihrer vermeinten Überzeugung dem Volke als *Glaubensartikel* (bei Verlust ihres Standes) zu bekennen auferlegen dürfen? Da die Überzeugung keine andere als historische Beweisgründe für sich hat, in dem Urteile dieses Volks aber (wenn es sich selbst nur im mindesten prüft) immer die absolute Möglichkeit eines vielleicht damit, oder bei ihrer klassischen Auslegung vorgegangenen Irrtums übrig bleibt, so würde der Geistliche das Volk nötigen, etwas, wenigstens innerlich, für so wahr, als es einen Gott glaubt, d.i. gleichsam im Angesichte Gottes, zu bekennen, was es, als ein solches, doch nicht gewiß weiß, z.B. die Einsetzung eines gewissen Tages zur periodischen öffentlichen Beförderung der Gottseligkeit, als ein von Gott unmittelbar verordnetes Religionsstück, anzuerkennen, oder ein Geheimnis, als von ihm festiglich geglaubt zu bekennen, was es nicht einmal versteht. Sein geistlicher Oberer würde hiebei selbst wider Gewissen verfahren, etwas, wovon er selbst nie völlig überzeugt sein kann, andern zum Glauben aufzudringen, und sollte daher billig wohl bedenken, was er tut, weil er allen Mißbrauch aus einem solchen Fronglauben verantworten muß. – Es kann also vielleicht Wahrheit im Geglaubten, aber doch zugleich Unwahrhaftigkeit im Glauben (oder dessen selbst bloß innerem Bekenntnisse) sein, und diese ist an sich verdammlich.

Obzwar, wie oben angemerkt worden, Menschen, die nur den mindesten Anfang in der Freiheit zu denken gemacht haben,[70] da sie vorher

70 Ich gestehe, daß ich mich in den Ausdruck, dessen sich auch wohl kluge Männer bedienen, nicht wohl finden kann: Ein gewisses Volk (was in der Bearbeitung einer gesetzlichen Freiheit begriffen ist) ist zur Freiheit nicht reif; die Leibeigenen eines Gutseigentümers sind zur Freiheit noch nicht reif; und so auch, die Menschen überhaupt sind zur Glaubensfreiheit noch nicht reif. Nach einer solchen Voraussetzung aber wird die Freiheit nie eintreten; denn man kann zu dieser nicht *reifen*, wenn man nicht zuvor

unter einem Sklavenjoche des Glaubens waren (z.B. die Protestanten), sich sofort gleichsam für veredelt halten, je weniger sie (Positives und zur Priestervorschrift Gehöriges) zu glauben nötig haben, so ist es doch bei denen, die noch keinen Versuch dieser Art haben machen können, oder wollen, gerade umgekehrt; denn dieser ihr Grundsatz ist: es ist ratsam, lieber zuviel, als zu wenig zu glauben. Denn, was man mehr tut, als man schuldig ist, schade wenigstens nicht, könne aber doch vielleicht wohl gar helfen. – Auf diesen Wahn, der die Unredlichkeit in Religionsbekenntnissen zum Grundsatze macht (wozu man sich desto leichter entschließt, weil die Religion jeden Fehler, folglich auch den der Unredlichkeit wieder gut macht), gründet sich die sogenannte Sicherheitsmaxime in Glaubenssachen (argumentum a tuto): Ist das wahr, was ich von Gott bekenne, so habe ich's getroffen; ist es nicht wahr, übrigens auch nichts an sich Unerlaubtes: so habe ich es bloß überflüssig geglaubt, was zwar nicht nötig war, mir aber nur etwa eine Beschwerde, die doch kein Verbrechen ist, aufgeladen. Die Gefahr aus der Unredlichkeit seines Vorgebens, *die Verletzung des Gewissens*, etwas selbst vor Gott für gewiß auszugeben, wovon er sich doch bewußt ist, daß es nicht von der Beschaffenheit sei, es mit unbedingtem Zutrauen zu beteuern, dieses alles *hält der Heuchler für nichts*. – Die echte mit der Religion allein vereinbarte Sicherheitsmaxime ist gerade die umgekehrte: Was, als Mittel, oder als Bedingung der Seligkeit, mir nicht durch meine eigene Vernunft, sondern nur durch Offenbarung bekannt, und vermittelst eines Ge-

in Freiheit gesetzt worden ist (man muß frei sein, um sich seiner Kräfte in der Freiheit zweckmäßig bedienen zu können). Die ersten Versuche werden freilich roh, gemeiniglich auch mit einem beschwerlicheren und gefährlicheren Zustande verbunden sein, als da man noch unter den Befehlen, aber auch der Vorsorge anderer stand; allein man reift für die Vernunft nie anders, als durch *eigene* Versuche (welche machen zu dürfen man frei sein muß). Ich habe nichts dawider, daß die, welche die Gewalt in Händen haben, durch Zeitumstände genötigt, die Entschlagung von diesen drei Fesseln noch weit, sehr weit aufschieben. Aber es zum Grundsatze machen, daß denen, die ihnen einmal unterworfen sind, überhaupt die Freiheit nicht tauge, und man berechtigt sei, sie jederzeit davon zu entfernen, ist ein Eingriff in die Regalien der Gottheit selbst, der den Menschen zur Freiheit schuf. Bequemer ist es freilich, im Staat, Hause und Kirche zu herrschen, wenn man einen solchen Grundsatz durchzusetzen vermag. Aber auch gerechter?

schichtsglaubens allein in meine Bekenntnisse aufgenommen werden kann, übrigens aber den reinen moralischen Grundsätzen nicht widerspricht, kann ich zwar nicht für gewiß glauben und beteuern, aber auch eben so wenig als gewiß falsch abweisen. Gleichwohl, ohne etwas hierüber zu bestimmen, rechne ich darauf, daß, was darin Heilbringendes enthalten sein mag, mir, sofern ich mich nicht etwa durch den Mangel der moralischen Gesinnung in einem guten Lebenswandel dessen unwürdig mache, zu gut kommen werde. In dieser Maxime ist wahrhafte moralische Sicherheit, nämlich vor dem Gewissen (und mehr kann von einem Menschen nicht verlangt werden), dagegen ist die höchste Gefahr und Unsicherheit bei dem vermeinten Klugheitsmittel, die nachteiligen Folgen, die mir aus dem Nichtbekennen entspringen dürften, listiger Weise zu umgehen, und dadurch, daß man es mit beiden Parteien hält, es mit beiden zu verderben. –

Wenn sich der Verfasser eines Symbols, wenn sich der Lehrer einer Kirche, ja jeder Mensch, sofern er innerlich sich selbst die Überzeugung von Sätzen als göttlichen Offenbarungen gestehen soll, fragte: getrauest du dich wohl in Gegenwart des Herzenskündigers mit Verzichttuung auf alles, was dir wert und heilig ist, dieser Sätze Wahrheit zu beteuern? so müßte ich von der menschlichen (des Guten doch wenigstens nicht ganz unfähigen) Natur einen sehr nachteiligen Begriff haben, um nicht vorauszusehen, daß auch der kühnste Glaubenslehrer hiebei zittern müßte.[71] Wenn das aber so ist, wie reimt es sich mit der Gewissenhaftigkeit zusammen, gleichwohl auf eine solche Glaubenserklärung, die

keine Einschränkung zuläßt, zu dringen, und die Vermessenheit solcher Beteurungen sogar selbst für Pflicht und gottesdienstlich auszugeben, dadurch aber die Freiheit der Menschen, die zu allem, was moralisch ist (dergleichen die Annahme einer Religion), durchaus erfordert wird,

71 Der nämliche Mann, der so dreust ist zu sagen: wer an diese oder jene Geschichtslehre als eine teure Wahrheit nicht glaubt, *der ist verdammt*, der müßte doch auch sagen können: »wenn das, was ich euch hier erzähle, nicht wahr ist, *so will ich verdammt sein*!« – Wenn es jemand gäbe, der einen solchen schrecklichen Ausspruch tun konnte, so würde ich raten, sich in Ansehung seiner nach dem persischen Sprichwort von einem *Hadgi* zu richten: ist jemand einmal (als Pilgrim) in Mekka gewesen, so ziehe aus dem Hause, worin er mit dir wohnt; ist er zweimal da gewesen, so ziehe aus derselben Straße, wo er sich befindet; ist er aber dreimal da gewesen, so verlasse die Stadt, oder gar das Land, wo er sich aufhält.

gänzlich zu Boden zu schlagen, und nicht einmal dem guten Willen Platz einzuräumen, der da sagt: »Ich glaube, lieber Herr, hilf meinem Unglauben!«[72]

Allgemeine Anmerkung

Was Gutes der Mensch nach Freiheitsgesetzen für sich selbst tun kann, in Vergleichung mit dem Vermögen, welches ihm nur durch übernatürliche Beihülfe möglich ist, kann man *Natur*, zum Unterschied von der *Gnade*, nennen. Nicht als ob wir durch den ersteren Ausdruck eine physische, von der Freiheit unterschiedene Beschaffenheit verständen, sondern bloß, weil wir für dieses Vermögen wenigstens die *Gesetze* (der *Tugend*) erkennen, und die Vernunft also davon, als einem *Analogon der Natur*, einen für sie sichtbaren und faßlichen Leitfaden hat; dagegen, ob, wenn und was, oder wie viel die *Gnade* in uns wirken werde, uns gänzlich verborgen bleibt, und die Vernunft hierüber, so wie beim

---

72 *O Aufrichtigkeit!* du Asträa, die du von der Erde zum Himmel entflohen bist, wie zieht man dich (die Grundlage des Gewissens, mithin aller inneren Religion) von da zu uns wieder herab? Ich kann es einräumen, wiewohl es sehr zu bedauern ist, daß Offenherzigkeit (die *ganze* Wahrheit, die man weiß, zu sagen) in der menschlichen Natur nicht angetroffen wird. Aber *Aufrichtigkeit* (daß *alles, was man sagt*, mit Wahrhaftigkeit gesagt sei) muß man von jedem Menschen fordern können, und, wenn auch selbst dazu keine Anlage in unserer Natur wäre, deren Kultur nur vernachlässigt wird, so würde die Menschenrasse in ihren eigenen Augen ein Gegenstand der tiefsten Verachtung sein müssen. – Aber jene verlangte Gemütseigenschaft ist eine solche, die vielen Versuchungen ausgesetzt ist, und manche Aufopferung kostet, daher auch moralische Stärke, d.i. Tugend (die erworben werden muß) fordert, die aber früher als jede andere bewachet und kultiviert werden muß, weil der entgegengesetzte Hang, wenn man ihn hat einwurzeln lassen, am schwersten auszurotten ist. – Nun vergleiche man damit unsere Erziehungsart, vornehmlich im Punkte der Religion, oder, besser, der Glaubenslehren, wo die Treue des Gedächtnisses, in Beantwortung der sie betreffenden Fragen, ohne auf die Treue des Bekenntnisses zu sehen (worüber nie eine Prüfung angestellt wird), schon für hinreichend angenommen wird, einen Gläubigen zu machen, der das, was er heilig beteuert, nicht einmal versteht, und man wird sich über den Mangel der Aufrichtigkeit, der lauter innere Heuchler macht, nicht mehr wundern.

Übernatürlichen überhaupt (dazu die Moralität, als *Heiligkeit*, gehört), von aller Kenntnis der Gesetze, wornach es geschehen mag, verlassen ist.

Der Begriff eines übernatürlichen Beitritts zu unserem moralischen, obzwar mangelhaften. Vermögen und selbst zu unserer nicht völlig gereinigten, wenigstens schwachen Gesinnung, aller unserer Pflicht ein Genüge zu tun, ist transzendent und eine bloße Idee, von deren Realität uns keine Erfahrung versichern kann. – Aber selbst als Idee in bloß praktischer Absicht sie anzunehmen, ist sie sehr gewagt und mit der Vernunft schwerlich vereinbar; weil, was uns, als sittliches gutes Verhalten, zugerechnet werden soll, nicht durch fremden Einfluß, sondern nur durch den bestmöglichen Gebrauch unserer eigenen Kräfte geschehen müßte. Allein die Unmöglichkeit davon (daß beides neben einander statt finde) läßt sich doch eben auch nicht beweisen, weil die Freiheit selbst, obgleich sie nichts Übernatürliches in ihrem Begriffe enthält, gleichwohl ihrer Möglichkeit nach uns eben so unbegreiflich bleibt, als das Übernatürliche, welches man zum Ersatz der selbsttätigen, aber mangelhaften Bestimmung derselben annehmen möchte.

Da wir aber von der Freiheit doch wenigstens die *Gesetze*, nach welchen sie bestimmt werden soll (die moralischen), kennen, von einem übernatürlichen Beistande aber, ob eine gewisse in uns wahrgenommene moralische Stärke wirklich daher rühre, oder auch, in welchen Fällen und unter welchen Bedingungen sie zu erwarten sei, nicht das mindeste erkennen können, so werden wir außer der allgemeinen Voraussetzung, daß, was die Natur in uns nicht vermag, die Gnade bewirken werde, wenn wir jene (d.i. unsere eigenen Kräfte) nur nach Möglichkeit benutzt haben, von dieser Idee weiter gar keinen Gebrauch machen können: weder wie wir (noch außer der stetigen Bestrebung zum guten Lebenswandel) ihre Mitwirkung auf uns ziehen, noch wie wir bestimmen könnten, in welchen Fällen wir uns ihrer zu gewärtigen haben. – Diese Idee ist gänzlich überschwenglich, und es ist überdem heilsam, sich von ihr, als einem Heiligtum, in ehrerbietiger Entfernung zu halten, damit wir nicht in dem Wahne, selbst Wunder zu tun, oder Wunder in uns wahrzunehmen, uns für allen Vernunftgebrauch untauglich machen, oder auch zur Trägheit einladen lassen, das, was wir in uns selbst suchen sollten, von oben herab in passiver Muße zu erwarten.

Nun sind *Mittel* alle Zwischenursachen, die der Mensch in *seiner Gewalt hat*, um dadurch eine gewisse Absicht zu bewirken, und da gibt's, um des himmlischen Beistandes würdig zu werden, nichts anders (und kann auch kein anderes geben), als ernstliche Bestrebung, seine sittliche Beschaffenheit nach aller Möglichkeit zu bessern, und sich dadurch der Vollendung ihrer Angemessenheit zum göttlichen Wohlgefallen, die nicht in seiner Gewalt ist, empfänglich zu machen, weil jener göttliche Beistand, den er erwartet, selbst eigentlich doch nur seine Sittlichkeit zur Absicht hat. Daß aber der unlautere Mensch ihn da nicht suchen werde, sondern lieber in gewissen sinnlichen Veranstaltungen (die er freilich in seiner Gewalt hat, die aber auch für sich keinen bessern Menschen machen können und nun doch übernatürlicher Weise dieses bewirken sollen), war wohl schon a priori zu erwarten, und so findet es sich auch in der Tat. Der Begriff eines sogenannten *Gnadenmittels*, ob er zwar (nach dem, was eben gesagt worden) in sich selbst widersprechend ist, dient hier doch zum Mittel einer Selbsttäuschung, welche eben so gemein, als der wahren Religion nachteilig ist.

Der wahre (moralische) Dienst Gottes, den Gläubige, als zu seinem Reich gehörige Untertanen, nicht minder aber auch (unter Freiheitsgesetzen) als Bürger desselben zu leisten haben, ist zwar, so wie dieses selbst, unsichtbar, d.i. ein *Dienst der Herzen* (im Geist und in der Wahrheit), und kann nur in der Gesinnung, der Beobachtung aller wahren Pflichten, als göttlicher Gebote, nicht in ausschließlich für Gott bestimmten Handlungen bestehen. Allein das Unsichtbare bedarf doch beim Menschen durch etwas Sichtbares (Sinnliches) repräsentiert, ja, was noch mehr ist, durch dieses zum Behuf des Praktischen begleitet, und, ob zwar es intellektuell ist, gleichsam (nach einer gewissen Analogie) anschaulich gemacht zu werden; welches, obzwar ein nicht wohl entbehrliches, doch zugleich der Gefahr der Mißdeutung gar sehr unterworfenes Mittel ist, uns unsere Pflicht im Dienste Gottes nur vorstellig zu machen, durch einen uns überschleichenden *Wahn* doch leichtlich für den *Gottesdienst* selbst gehalten, und auch gemeiniglich so benannt wird. 867

Dieser angebliche Dienst Gottes, auf seinen Geist und seine wahre Bedeutung, nämlich eine dem Reich Gottes in uns und außer uns sich weihende Gesinnung, zurückgeführt, kann selbst durch die Vernunft in vier Pflichtbeobachtungen eingeteilt werden, denen aber gewisse Förmlichkeiten, die mit jenen nicht in notwendiger Verbindung stehen, korrespondierend beigeordnet worden sind; weil sie jenen zum Schema zu dienen, und so unsere Aufmerksamkeit auf den wahren Dienst Gottes zu erwecken und zu unterhalten, von alters her für gute sinnliche Mittel befunden sind. Sie gründen sich insgesamt auf die Absicht, das Sittlichgute zu befördern. 1) *Es in uns selbst* fest zu gründen, und die Gesinnung desselben wiederholentlich im Gemüt zu erwecken (das Privatgebet). 2) *Die äußere Ausbreitung* desselben, durch öffentliche Zusammenkunft an dazu gesetzlich geweiheten Tagen, um daselbst religiöse Lehren und Wünsche (und hiemit dergleichen Gesinnungen) laut werden zu lassen, und sie so durchgängig mitzuteilen (das Kirchengehen). 3) Die *Fortpflanzung* desselben auf die Nachkommenschaft; durch Aufnahme der neueintretenden Glieder in die Gemeinschaft des Glaubens, als Pflicht, sie darin auch zu belehren (in der christlichen Religion die *Taufe*). 4) Die *Erhaltung dieser Gemeinschaft* durch eine wiederholte öffentliche Förmlichkeit, welche die Vereinigung dieser Glieder zu einem ethischen Körper, und zwar nach dem Prinzip der Gleichheit ihrer Rechte unter sich und des Anteils an allen Früchten des Moralischguten fortdaurend macht (die Kommunion).

Alles Beginnen in Religionssachen, wenn man es nicht bloß moralisch nimmt, und doch für ein *an sich* Gott wohlgefällig machendes, mithin durch ihn alle unsere Wünsche befriedigendes Mittel ergreift, ist ein *Fetischglaube*, welcher eine Überredung ist: daß, was weder nach *Natur*– noch nach moralischen Vernunftgesetzen irgend etwas wirken kann, doch dadurch allein schon das Gewünschte wirken werde, wenn man nur festiglich glaubt, es werde dergleichen wirken, und dann mit diesem Glauben gewisse Förmlichkeiten verbindet. Selbst, wo die Überzeugung: daß alles hier auf das Sittlichgute, welches nur aus dem Tun entspringen kann, ankomme, schon durchgedrungen ist, sucht sich der sinnliche Mensch doch noch einen Schleichweg, jene beschwerliche Bedingung zu umgehen, nämlich, daß, wenn er nur *die Weise* (die Förmlichkeit) begeht, Gott das wohl für die Tat selbst annehmen würde; welches denn freilich eine überschwengliche Gnade desselben genannt werden müßte, wenn es nicht vielmehr eine im faulen Vertrauen erträumte Gnade, oder wohl gar ein erheucheltes Vertrauen selbst wäre. Und so hat sich der Mensch in allen öffentlichen Glaubensarten gewisse Gebräuche als *Gnadenmittel* ausgedacht, ob sie gleich sich nicht in allen, so wie in der christlichen, auf praktische Vernunftbegriffe und ihnen gemäße Gesinnungen beziehen (als z.B. in der mohammedanischen von den fünf großen Geboten, das Waschen, das Beten, das Fasten, das Almosengeben die Wallfahrt nach Mekka; wovon das Almosengeben allein ausgenommen zu werden verdiente würde, wenn es aus wahrer tugendhafter und zugleich religiöser Gesinnung für Menschenpflicht geschähe, und so auch wohl wirklich für ein Gnadenmittel gehalten zu werden verdienen würde: da es hingegen, weil es nach diesem Glauben gar wohl mit der Erpressung dessen, was man in der Person der Armen Gott zum Opfer darbietet, von andern, zusammen bestehen kann, nicht ausgenommen zu werden verdient). 869

Es kann nämlich dreierlei Art von *Wahnglauben*, der uns möglichen Überschreitung der Grenzen unserer Vernunft in Ansehung des Übernatürlichen (das nicht nach Vernunftgesetzen ein Gegenstand weder des theoretischen noch praktischen Gebrauchs ist), geben. *Erstlich* der Glaube, etwas durch Erfahrung zu erkennen, was wir doch selbst, als nach objektiven Erfahrungsgesetzen geschehend, unmöglich annehmen können (*der Glaube an Wunder*). *Zweitens* der Wahn, das, wovon wir selbst durch die Vernunft uns keinen Begriff machen können, doch unter unsere Vernunftbegriffe, als zu unserm moralischen Besten nötig, aufnehmen zu müssen (der Glaube *an Geheimnisse*). *Drittens* der Wahn, durch den Gebrauch bloßer Naturmittel eine Wirkung, die für uns Geheimnis ist, nämlich den Einfluß Gottes auf unsere Sittlichkeit, hervorbringen zu können (der Glaube *an Gnadenmittel*). – Von den zwei ersten erkünstelten Glaubensarten haben wir in den allgemeinen Anmerkungen zu den beiden nächst vorhergehenden Stücken dieser Schrift gehandelt. Es ist uns also jetzt noch übrig, von den Gnadenmitteln zu handeln (die von *Gnadenwirkungen*,[73] d.i. übernatürlichen moralischen Einflüssen, noch unterschieden sind, bei denen wir uns bloß leidend verhalten, deren vermeinte Erfahrung aber ein schwärmerischer Wahn ist, der bloß zum Gefühl gehört).

1. *Das Beten*, als ein *innerer förmlicher* Gottesdienst und darum als Gnadenmittel gedacht, ist ein abergläubischer Wahn (ein Fetischmachen); denn es ist ein bloß *erklärtes Wünschen*, gegen ein Wesen, das keiner Erklärung der inneren Gesinnung des Wünschenden bedarf, wodurch also nichts getan, und also keine von den Pflichten, die uns als Gebote Gottes obliegen, ausgeübt, mithin Gott wirklich nicht gedient wird. Ein herzlicher Wunsch, Gott in allem unserm Tun und Lassen wohlgefällig zu sein, d.i. die alle unsere Handlungen begleitende Gesinnung, sie, als ob sie im Dienste Gottes geschehen, zu betreiben, ist der *Geist des Gebets*, der »ohne Unterlaß« in uns statt finden kann und soll. Diesen Wunsch 870

---

73 S. Allgemeine Anmerkung zum *Ersten Stück*.

aber (es sei auch nur innerlich) in Worte und Formeln einzukleiden,[74] kann höchstens nur den Wert eines Mittels zu wiederholter Belebung

74 In jenem Wunsch, als dem Geiste des Gebets, sucht der Mensch nur auf sich selbst (zu Belebung seiner Gesinnungen vermittelst der *Idee von Gott*), in diesem aber, da er sich durch Worte, mithin äußerlich erklärt, *auf* Gott zu wirken. Im ersteren Sinn kann ein Gebet mit voller Aufrichtigkeit statt finden, wenn gleich der Mensch sich nicht anmaßt, selbst das Dasein Gottes als völlig gewiß beteuern zu können; in der zweiten Form als *Anrede* nimmt er diesen höchsten Gegenstand als persönlich gegenwärtig an, oder stellt sich wenigstens (selbst innerlich) so, als ob er von seiner Gegenwart überführt sei, in der Meinung, daß, wenn es auch nicht so wäre, es wenigstens nicht schaden, vielmehr ihm Gunst verschaffen könne; mithin kann in dem letzteren (buchstäblichen) Gebet die Aufrichtigkeit nicht so vollkommen angetroffen werden, wie im ersteren (dem bloßen Geiste desselben). – Die Wahrheit der letzteren Anmerkung wird ein jeder bestätigt finden, wenn er sich einen frommen und gutmeinenden, übrigens aber in Ansehung solcher gereinigten Religionsbegriffe eingeschränkten Menschen denkt, den ein anderer, ich will nicht sagen, im lauten Beten, sondern auch nur in der dieses anzeigenden Gebärdung überraschte. Man wird, ohne daß ich es sage, von selbst erwarten, daß jener darüber in Verwirrung oder Verlegenheit, gleich als über einen Zustand, dessen er sich zu schämen habe, geraten werde. Warum das aber? Daß ein Mensch mit sich selbst laut redend betroffen wird, bringt ihn vor der Hand in den Verdacht, daß er eine kleine Anwandlung von Wahnsinn habe; und eben so beurteilt man ihn (nicht ganz mit Unrecht), wenn man ihn, da er allein ist, auf einer Beschäftigung oder Gebärdung betrifft, die der nur haben kann, welcher jemand außer sich vor Augen hat, was doch in dem angenommenen Beispiele der Fall nicht ist. – Der Lehrer des Evangeliums hat aber den Geist des Gebets ganz vortrefflich in einer Formel ausgedrückt, welche dieses und hiemit auch sich selbst (als Buchstaben) zugleich entbehrlich macht. In ihr findet man nichts, als den Vorsatz zum guten Lebenswandel, der, mit dem Bewußtsein unserer Gebrechlichkeit verbunden, einen beständigen Wunsch enthält, ein würdiges Glied im Reiche Gottes zu sein; also keine eigentliche Bitte um etwas, was uns Gott nach seiner Weisheit auch wohl verweigern könnte, sondern einen Wunsch, der, wenn er ernstlich (tätig) ist, seinen Gegenstand (ein Gott wohlgefälliger Mensch zu werden) selbst hervorbringt. Selbst der Wunsch des Erhaltungsmittels unterer Existenz (des Brots) für einen Tag, da es ausdrücklich nicht auf die Fortdauer derselben gerichtet ist, sondern die Wirkung eines bloß tierisch gefühlten Bedürfnisses ist, ist mehr ein Bekenntnis dessen, was die *Natur* in uns *will*, als eine besondere überlegte Bitte dessen, was der Mensch *will*: dergleichen die um das Brot auf den andern Tag sein würde;

welche hier deutlich genug ausgeschlossen wird. – Ein Gebet dieser Art, das in moralischer (nur durch die Idee von Gott belebter) Gesinnung geschieht, weil es als der moralische Geist des Gebets seinen Gegenstand (Gott wohlgefällig zu sein) selbst hervorbringt, kann allein im *Glauben* geschehen; welches letztere so viel heißt, als sich der *Erhörlichkeit* desselben versichert zu halten; von dieser Art aber kann nichts, als die Moralität in uns sein. Denn, wenn die Bitte auch nur auf das Brot für den heutigen Tag ginge, so kann niemand sich von der Erhörlichkeit desselben versichert halten, d.i. daß es mit der Weisheit Gottes notwendig verbunden sei, sie ihm zu gewähren; es kann vielleicht mit derselben besser zusammenstimmen, ihn an diesem Mangel heute sterben zu lassen. Auch ist es ein ungereimter und zugleich vermessener Wahn, durch die pochende Zudringlichkeit des Bittens zu versuchen, ob Gott nicht von dem Plane seiner Weisheit (zum gegenwärtigen Vorteil für uns) abgebracht werden könne. Also können wir kein Gebet, was einen nicht moralischen Gegenstand hat, mit Gewißheit für erhörlich halten, d.i. um so etwas nicht *im Glauben* beten. Ja sogar: ob der Gegenstand gleich moralisch, aber doch nur durch übernatürlichen Einfluß möglich wäre (oder wir wenigstens ihn bloß daher erwarteten, weil wir uns nicht selbst darum bemühen wollen, wie z.B. die Sinnesänderung, das Anziehen des neuen Menschen, die Wiedergeburt genannt), so ist es doch so gar sehr ungewiß, ob Gott es seiner Weisheit gemäß finden werde, unsern (selbstverschuldeten) Mangel übernatürlicher Weise zu ergänzen, daß man eher Ursache hat, das Gegenteil zu erwarten. Der Mensch kann also selbst hierum nicht im Glauben beten. – Hieraus läßt sich aufklären, was es mit einem wundertuenden Glauben (der immer zugleich mit einem inneren Gebet verbunden sein würde) für eine Bewandtnis haben könne. Da Gott dem Menschen keine Kraft verleihen kann, übernatürlich zu wirken (weil das ein Widerspruch ist); da der Mensch seinerseits, nach den Begriffen, die er sich von guten in der Welt möglichen Zwecken macht, was hierüber die göttliche Weisheit urteilt, nicht bestimmen, und also vermittelst des in und von ihm selbst erzeugten Wunsches die göttliche Macht zu seinen Absichten nicht brauchen kann: so läßt sich eine Wundergabe, eine solche nämlich, da es am Menschen selbst liegt, ob er sie hat, oder nicht hat (»wenn ihr Glauben hättet, wie ein Senfkorn, u.s.w.«), nach dem Buchstaben genommen, gar nicht denken. Ein solcher Glaube ist also, wenn er überall etwas bedeuten soll, eine bloße Idee von der überwiegenden Wichtigkeit der moralischen Beschaffenheit des Menschen, wenn er sie in ihrer ganzen Gott gefälligen Vollkommenheit (die er doch nie erreicht) besäße, über alle andre Bewegursachen, die Gott in seiner höchsten Weisheit haben mag, mithin ein Grund, vertrauen zu können, daß, wenn wir das *ganz* wären, oder einmal würden, was wir sein sollen, und (in der beständigen Annäherung) sein könnten, die Natur jener Gesinnung in uns selbst bei sich führen, unmittelbar aber keine Beziehung aufs göttliche Wohlgefallen haben, eben darum auch nicht für jedermann Pflicht sein; weil ein Mittel nur dem vorgeschrieben werden kann, der es zu gewissen Zwecken *bedarf*, aber bei weitem nicht jedermann dieses Mittel (in und eigentlich *mit sich selbst*, vorgeblich aber desto verständlicher *mit Gott* zu reden) nötig hat, vielmehr durch fortgesetzte Läuterung und Erhebung der moralischen Gesinnung dahin gearbeitet werden muß, daß dieser Geist des Gebets allein in uns hinreichend belebt werde, und der Buchstabe desselben (wenigstens zu unserm eigenen Behuf) endlich wegfallen könne. Denn dieser schwächt vielmehr, wie alles, was indirekt auf einen gewissen Zweck gerichtet ist, die Wirkung der moralischen Idee (die, subjektiv betrachtet, *Andacht* heißt). So hat die Betrachtung der tiefen Weisheit der göttlichen Schöpfung an den kleinsten Dingen und ihrer Majestät im großen, so wie sie zwar schon von jeher von Menschen hat erkannt werden können, in neueren

unseren Wünschen, die aber selbst alsdenn nie unweise sein würden, gehorchen müßte.

Was aber die *Erbauung* betrifft, die durchs Kirchengehen beabsichtigt wird, so ist das öffentliche Gebet darin zwar auch kein Gnadenmittel, aber doch eine ethische Feierlichkeit, es sei durch vereinigte Anstimmung des Glaubens-Hymnus, oder auch durch die förmlich durch den Mund des Geistlichen im Namen der ganzen Gemeinde an Gott gerichtete, alle moralische Angelegenheit der Menschen in sich fassende *Anrede*, welche, da sie diese als öffentliche Angelegenheit vorstellig macht, wo der Wunsch eines jeden sich mit den Wünschen aller zu einerlei Zwecke (der Herbeiführung des Reichs Gottes) als vereinigt vorgestellt werden soll, nicht allein die Rührung bis zur sittlichen Begeisterung erhöhen kann (anstatt daß die Privatgebete, da sie ohne diese erhabene Idee abgelegt werden, durch Gewohnheit den Einfluß aufs Gemüt nach und nach ganz verlieren), sondern auch mehr Vernunftgrund für sich hat, als die erstere, den moralischen Wunsch, der den Geist des Gebets ausmacht, in förmliche Anrede zu kleiden, ohne doch hiebei an Vergegenwärtigung des höchsten Wesens, oder eigene besondere Kraft dieser rednerischen Figur, als eines Gnadenmittels, zu denken. Denn es ist hier eine besondere Absicht, nämlich, durch eine äußere *die Vereinigung aller Menschen* im gemeinschaftlichen Wunsche des Reichs Gottes vorstellende Feierlichkeit, jedes einzelnen moralische Triebfeder desto mehr in Bewegung zu setzen; welches nicht schicklicher geschehen kann, als dadurch, daß man das Oberhaupt desselben, gleich als ob es an diesem Orte besonders gegenwärtig wäre, anredet.

Zeiten aber zum höchsten Bewundern erweitert worden ist, eine solche Kraft, das Gemüt nicht allein in diejenige dahin sinkende, den Menschen gleichsam in seinen eigenen Augen vernichtende Stimmung, die man *Anbetung* nennt, zu versetzen, sondern es ist auch, in Rücksicht auf seine eigene moralische Bestimmung, darin eine seelenerhebende Kraft, daß dagegen Worte, wenn sie auch die des königlichen Beters *David* (der von allen jenen Wundern wenig wußte) wären, wie leerer Schall verschwinden müssen, weil das Gefühl aus einer solchen Anschauung der Hand Gottes unaussprechlich ist. – Da überdem Menschen alles, was eigentlich nur auf ihre eigene moralische Besserung Beziehung hat, bei der Stimmung ihres Gemüts zur Religion, gern in Hofdienst verwandeln, wo die Demütigung und Lobpreisungen gemeiniglich desto weniger moralisch empfunden werden, jemehr sie wortreich sind: so ist vielmehr nötig, selbst bei der frühesten mit Kindern, die des Buchstabens noch bedürfen, angestellten Gebetsübung, sorgfältig einzuschärfen, daß die Rede (selbst innerlich ausgesprochen, ja sogar die Versuche, das Gemüt zur Fassung der Idee von Gott, die sich einer Anschauung nähern soll, zu stimmen) hier nicht an sich etwas gelte, sondern es nur um die Belebung der Gesinnung zu einem Gott wohlgefälligen Lebenswandel zu tun sei, wozu jene Rede nur ein Mittel für die Einbildungskraft ist; weil sonst alle jene devote Ehrfurchtsbezeugungen Gefahr bringen, nichts als erheuchelte Gottesverehrung statt eines praktischen Dienstes desselben, der nicht in bloßen Gefühlen besteht, zu bewirken.

2. *Das Kirchengehen*, als feierlicher *äußerer Gottesdienst überhaupt* in einer Kirche gedacht, ist, in Betracht, daß es eine sinnliche Darstellung der Gemeinschaft der Gläubigen ist, nicht allein ein für jeden *einzelnen* zu seiner *Erbauung*[75] anzupreisendes Mittel, sondern auch ihnen, als

75 Wenn man eine diesem Ausdrucke angemessene Bedeutung sucht, so ist sie wohl nicht anders anzugeben, als daß darunter die *moralische Folge aus der Andacht auf das Subjekt* verstanden werde. Diese besteht nun nicht in der Rührung (als welche schon im Begriffe der Andacht liegt), obzwar die meisten vermeintlich Andächtigen (die darum auch *Andächtler* heißen) sie gänzlich darin setzen; mithin muß das Wort *Erbauung* die *Folge* aus der Andacht auf die wirkliche Besserung des Menschen bedeuten. Diese aber gelingt nicht anders, als daß man systematisch zu Werke geht, feste Grundsätze nach wohlverstandenen Begriffen tief ins Herz legt, darauf Gesinnungen, der verschiedenen Wichtigkeit der sie angehenden Pflichten angemessen, errichtet, sie gegen Anfechtung der Neigungen verwahrt und sichert, und so gleichsam einen neuen Menschen, als einen *Tempel Gottes*

Bürgern eines hier auf Erden vorzustellenden göttlichen Staats, für das *Ganze* unmittelbar obliegende Pflicht; vorausgesetzt, daß diese Kirche nicht Förmlichkeiten enthalte, die auf Idololatrie führen, und so das Gewissen belästigen können, z.B. gewisse Anbetungen Gottes in der Persönlichkeit seiner unendlichen Güte unter dem Namen eines Menschen, da die sinnliche Darstellung desselben dem Vernunftverbote: »*Du sollst dir kein Bildnis machen*, u.s.w.« zuwider ist. Aber es an sich als *Gnadenmittel* brauchen zu wollen, gleich als ob dadurch Gott unmittelbar gedient, und mit der Zelebrierung dieser Feierlichkeit (einer bloßen sinnlichen Vorstellung der *Allgemeinheit* der Religion) Gott besondere *Gnaden* verbunden habe, ist ein Wahn, der zwar mit der Denkungsart eines guten *Bürgers* in einem *politischen gemeinen Wesen* und der äußern Anständigkeit gar wohl zusammen stimmt, zur Qualität desselben aber, als *Bürger im Reiche Gottes*, nicht allein nichts beiträgt, sondern diese vielmehr verfälscht, und den schlechten moralischen Gehalt seiner Gesinnung den Augen anderer, und selbst seinen eigenen, durch einen betrüglichen Anstrich zu verdecken dient.

3. Die einmal geschehene feierliche *Einweihung* zur Kirchengemeinschaft, d.i. die erste Aufnahme *zum Gliede einer Kirche* (in der christlichen durch die *Taufe*) ist eine vielbedeutende Feierlichkeit, die entweder dem Einzuweihenden, wenn er seinen Glauben selbst zu bekennen imstande ist, oder den Zeugen, die seine Erziehung in demselben zu besorgen sich anheischig machen, große Verbindlichkeit auferlegt, und auf etwas Heiliges (die Bildung eines Menschen zum Bürger in einem göttlichen Staate) abzweckt, an sich selbst aber keine heilige oder Heiligkeit und Empfänglichkeit für die göttliche Gnade in diesem Subjekt wirkende Handlung anderer, mithin kein *Gnadenmittel*; in so übergroßem Ansehen es auch in der ersten griechischen Kirche war, alle Sünden auf einmal abwaschen zu können, wodurch dieser Wahn auch seine Verwandtschaft mit einem fast mehr als heidnischen Aberglauben öffentlich an den Tag legte.

> *erbaut*. Man sieht leicht, daß dieser Bau nur langsam fortrücken könne; aber es muß wenigstens doch zu sehen sein, daß etwas *verrichtet* worden. So aber glauben sich Menschen (durch Anhören oder Lesen und Singen) recht sehr *erbaut*, indessen, daß schlechterdings nichts *gebauet*, ja nicht einmal Hand ans Werk gelegt worden; vermutlich weil sie hoffen, daß jenes moralische Gebäude, wie die Mauern von Theben, durch die Musik der Seufzer und sehnsüchtiger Wünsche von selbst emporsteigen werde.

4. Die mehrmals wiederholte Feierlichkeit einer *Erneuerung, Fortdauer* und *Fortpflanzung dieser Kirchengemeinschaft* nach Gesetzen der *Gleichheit* (die *Kommunion*), welche, allenfalls auch nach dem Beispiele des Stifters einer solchen Kirche (zugleich auch zu seinem Gedächtnisse), durch die Förmlichkeit eines gemeinschaftlichen Genusses an derselben Tafel geschehen kann, enthält etwas Großes, die enge, eigenliebige und unvertragsame Denkungsart der Menschen, vornehmlich in Religionssachen, zur Idee einer weltbürgerlichen *moralischen Gemeinschaft* Erweiterndes in sich, und ist ein gutes Mittel, eine Gemeinde zu der darunter vorgestellten sittlichen Gesinnung der brüderlichen Liebe zu beleben. Daß aber Gott mit der Zelebrierung dieser Feierlichkeit besondere Gnaden verbunden habe, zu rühmen, und den Satz, daß sie, die doch bloß eine kirchliche Handlung ist, doch noch dazu ein *Gnadenmittel* sei, unter die Glaubensartikel aufzunehmen, ist ein Wahn der Religion, der nicht anders, als dem Geiste derselben gerade entgegen wirken kann. — *Pfaffentum* also würde überhaupt die usurpierte Herrschaft der Geistlichkeit über die Gemüter sein, dadurch, daß sie, im ausschließlichen Besitz der Gnadenmittel zu sein, sich das Ansehn gäbe.

* * *

Alle dergleichen erkünstelte Selbsttäuschungen in Religionssachen haben einen gemeinschaftlichen Grund. Der Mensch wendet sich gewöhnlicher Weise unter allen göttlichen moralischen Eigenschaften, der Heiligkeit, der Gnade und der Gerechtigkeit, unmittelbar an die zweite, um so die abschreckende Bedingung, den Forderungen der ersteren gemäß zu sein, zu umgehen. Es ist mühsam, ein guter *Diener* zu sein (man hört da immer von Pflichten sprechen); er möchte daher lieber ein *Favorit* sein, wo ihm vieles nachgesehen, oder, wenn ja zu gröblich gegen Pflicht verstoßen worden, alles durch Vermittelung irgend eines im höchsten Grade Begünstigten wiederum gut gemacht wird, indessen, daß er immer der lose Knecht bleibt, der er war. Um sich aber auch wegen der Tunlichkeit dieser seiner Absicht mit einigem Scheine zu befriedigen, trägt er seinen Begriff von einem Menschen (zusamt seinen Fehlern), wie gewöhnlich, auf die Gottheit über, und, so wie auch an den besten *Oberen von unserer Gattung* die gesetzgebende Strenge, die wohltätige Gnade und die pünktliche Gerechtigkeit nicht (wie es sein sollte), jede abgesondert und für sich zum moralischen Effekt der Handlungen des

Untertans hinwirken, sondern sich in der Denkungsart des menschlichen Oberherrn bei Fassung seiner Ratschlüsse *vermischen*, man also nur der einen dieser Eigenschaften, der gebrechlichen Weisheit des menschlichen Willens, beizukommen suchen darf, um die beiden andern zur Nachgiebigkeit zu bestimmen: so hofft er dieses auch dadurch bei Gott auszurichten, indem er sich bloß an seine Gnade wendet. (Daher war es auch eine für die Religion wichtige Absonderung der gedachten Eigenschaften, oder vielmehr Verhältnisse Gottes zum Menschen, durch die Idee einer dreifachen Persönlichkeit, welcher analogisch jene gedacht werden soll, jede besonders kenntlich zu machen.) Zu diesem Ende befleißigt er sich aller erdenklichen Förmlichkeiten, wodurch angezeigt werden soll, wie sehr er die göttlichen Gebote *verehre*, um nicht nötig zu haben, sie zu *beobachten*; und damit seine tatlosen Wünsche auch zur Vergütung der Übertretung derselben dienen mögen, ruft er: »Herr! Herr!«, um nur nicht nötig zu haben, »den Willen des himmlischen Vaters zu tun«, und so macht er sich von den Feierlichkeiten, im Gebrauch gewisser Mittel zur Belebung wahrhaft praktischer Gesinnungen, den Begriff als von Gnadenmitteln an sich selbst; gibt sogar den Glauben, daß sie es sind, selbst für ein wesentliches Stück der Religion (der gemeine Mann gar für das Ganze derselben) aus, und überläßt es der allgütigen Vorsorge, aus ihm einen bessern Menschen zu machen, indem er sich der *Frömmigkeit* (einer passiven Verehrung des göttlichen Gesetzes) statt der *Tugend* (der Anwendung eigener Kräfte der von ihm verehrten Pflicht) befleißigt, welche letztere doch, *mit der ersteren verbunden*, allein die Idee ausmachen kann, die man unter dem Worte *Gottseligkeit* (wahre *Religionsgesinnung*) versteht. – Wenn der Wahn dieses vermeinten Himmelsgünstlings bis zur schwärmerischen Einbildung gefühlter besonderer Gnadenwirkungen in ihm steigt (bis sogar zur Anmaßung der Vertraulichkeit eines vermeinten verborgenen *Umgangs* mit Gott), so ekelt ihm gar endlich die Tugend an, und wird ihm ein Gegenstand der Verachtung; daher es denn kein Wunder ist, wenn öffentlich geklagt wird: daß Religion noch immer so wenig zur Besserung der Menschen beiträgt, und das innere Licht (»unter dem Scheffel«) dieser Begnadigten nicht auch äußerlich, durch gute Werke, leuchten will, und zwar (wie man nach diesem ihrem Vorgeben wohl fodern könnte) *vorzüglich* vor anderen natürlich-ehrlichen Menschen, welche die Religion nicht zur Ersetzung, sondern zur Beförderung der Tugendgesinnung, die in einem guten Lebenswandel tätig erscheint, kurz und gut in sich aufnehmen.

Der Lehrer des Evangeliums hat gleichwohl diese äußere Beweistümer   878
äußerer Erfahrung selbst zum Probierstein an die Hand gegeben, woran,
als an ihren Früchten, man sie und ein jeder sich selbst erkennen kann.
Noch aber hat man nicht gesehen: daß jene, ihrer Meinung nach, außerordentlich Begünstigten (Auserwählten) es dem natürlichen ehrlichen
Manne, auf den man im Umgange, in Geschäften und in Nöten vertrau-
en kann, im mindesten zuvortäten, daß sie vielmehr, im ganzen genommen, die Vergleichung mit diesem kaum aushalten dürften; zum Beweise,
daß es nicht der rechte Weg sei, von der Begnadigung zur Tugend,
sondern vielmehr von der Tugend zur Begnadigung fortzuschreiten.   879

Biographie

1724   *22. April:* In Königsberg wird Immanuel Kant als viertes Kind des Sattlers Johann Georg Cant und seiner Frau Anna Regina, geb. Reuter, geboren. Später ändert Kant die Schreibung seines Familiennamens, um ihn der deutschen Aussprache anzupassen.

1732   Der Schüler Kant besucht das Fridericianum in Königsberg.

1737   Tod der Mutter.

1740   *24. September:* Kant immatrikuliert sich an der Königsberger Universität.

1746   Tod des Vaters.

1747   Kant wird für einige Jahre Hauslehrer in Judtschen und Arnsdorf.
    »Gedanken von der wahren Schätzung der lebendigen Kräfte«.

1754   »Ob die Erde in ihrer Umdrehung usw. einige Veränderung erlitten habe«.
    »Die Frage, ob die Erde veralte, physikalisch erwogen«.

1755   *12. Juni:* Kant promoviert zum Magister mit der Abhandlung »De igne«.
    27. September: Er habilitiert sich mit der Abhandlung »Principiorum primorum cognitionis metaphysicae nova dilucidatio«.
    »Allgemeine Naturgeschichte und Theorie des Himmels«.

1756   Drei Abhandlungen über das Erdbeben von Lissabon.
    8. April: Kant bewirbt sich um die vakante Professur Knutzens.
    10. April: Kant disputiert über seine Schrift »Mona dologia physica«.
    25. April: »Neue Anmerkungen zur Erläuterung der Theorie der Winde« (Universitäts-Programm).

1758   Kant bewirbt sich um die vakante Professur Kypkes.

1760   »Gedanken bei dem frühzeitigen Ableben des Herrn Johann Friedrich Funk«.

1762   »Die falsche Spitzfindigkeit der vier syllogistischen Figuren erwiesen«.

1763   »Der einzig mögliche Beweisgrund zu einer Demonstration des Daseins Gottes«.

»Versuch den Begriff der negativen Größen in die Weltweisheit einzuführen«.

1764   »Beobachtungen über das Gefühl des Schönen und Erhabenen«.

»Versuch über die Krankheiten des Kopfes«.

»Untersuchungen über die Deutlichkeit der Grundsätze der natürlichen Theologie und der Moral« erscheint als Preisschrift der Berliner Akademie.

Kant rezensiert Silberschlags Schrift »Theorie der Feuerkugel«.

1765   Lambert und Mendelssohn beginnen einen Briefwechsel mit Kant.

1766   Kant wird Sub-Bibliothekar an der Schloß-Bibliothek.

»Träume eines Geistersehers, erläutert durch Träume der Metaphysik«.

1768   »Von dem ersten Grunde des Unterschiedes der Gegenden im Raume«.

1769   Kant erhält einen Ruf nach Erlangen und lehnt ihn ab.

1770   Kant erhält einen Ruf nach Jena, den er auch ablehnt.

31. März: Kant wird zum ordentlichen Professor der Logik und Metaphysik an der Königsberger Universität ernannt. Die Inaugural-Dissertation hat den Titel »De mundi sensibilis atque intelligibilis forma et principiis« (»Über die Form und die Prinzipien der sinnlichen und der intelligiblen Welt«). Am 21. 8. wird sie verteidigt. Es handelt sich bei dieser Schrift um die vorweggenommene Raum- und Zeitlehre der elf Jahre später erscheinenden »Kritik der reinen Vernunft«.

Kant beginnt mit der Arbeit an der »Kritik der reinen Vernunft«.

1771   A. v. Zedlitz, dem Kant seine »Kritik der reinen Vernunft« widmet, wird Unterrichtsminister in Preußen.

Es erscheint die Rezension von Moscatis »Von dem Unterschiede zwischen der Struktur der Tiere und Menschen«.

1775   »Von den verschiedenen Rassen der Menschen«.

1776/77   Zwei Aufsätze über das Dessauer Philantropin erscheinen in der Königsberger Zeitung.

1778   Kant lehnt einen Ruf nach Halle/Saale ab.

1781   Die »Kritik der reinen Vernunft« erscheint.

In diesem Werk geht es vor allem um die Kritik an den vermeintlichen Erkenntnissen der den Bereich der Erfahrung transzendierenden reinen Vernunft, die ausschließlich in praktischer Hinsicht gesetzgebend sein soll, was dann von Kant in der sich anschließenden »Grundlegung zur Metaphysik der Sitten« und der »Kritik der praktischen Vernunft« weiter ausgeführt wird. Darüber hinaus hat Kant mit diesem Buch die reine Mathematik begründet und die die Welt der Erscheinungen einer theoretischen Erklärung zuführende Naturwissenschaft mit den ihr zugrundeliegenden Bedingungen bekannt gemacht.

1782 Anzeige des Lambertschen Briefwechsels.

1783 Es erscheinen die »Prolegomena zu einer jeden künftigen Metaphysik, die als Wissenschaft wird auftreten können«. Dabei handelt es sich um eine kürzere und weniger schwierige Schrift, die gleichwohl die Hauptgedanken der »Kritik der reinen Vernunft« enthält.
Kant rezensiert Schulz` »Anleitung zur Sittenlehre«.
Der Philosoph kauft sich ein eigenes Haus.

1784 »Idee zu einer allgemeinen Geschichte in weltbürgerlicher Absicht«.
»Beantwortung der Frage: Was ist Aufklärung?« Hier steht die berühmte Definition: »Aufklärung ist der Ausgang des Menschen aus seiner selbstverschuldeten Unmündigkeit.«

1785 Kant rezensiert Herders »Ideen«.
»Über die Vulkane im Monde«.
»Von der Unrechtmäßigkeit des Büchernachdrucks«.
»Über die Bestimmung des Begriffs einer Menschenrasse«.
»Grundlegung zur Metaphysik der Sitten«.
Es beginnt der Streit zwischen Mendelssohn und Jacobi über Lessings Spinozismus.

1786 »Mutmaßlicher Anfang der Menschengeschichte«.
»Metaphysische Anfangsgründe der Naturwissenschaft«.
Kant wird zum erstenmal Rektor.
Im August stirbt Friedrich II.
Kant rezensiert Hufelands »Grundsatz des Naturrechts«.
Es erscheinen Bemerkungen zu Jakobs »Prüfung der Mendelssohnschen ›Morgenstunden‹«

»Was heißt: ›Sich im Denken orientieren‹?«

Im Dezember wird Kant auswärtiges Mitglied der Berliner Akademie der Wissenschaften.

K. L. Reinholds »Briefe über die Kantische Philosophie« erscheinen.

1787 Die »Kritik der reinen Vernunft« erscheint in einer »Zweyten hin und wieder verbesserten Auflage«, für die Kant die von ihm selbst für »dunkel« gehaltenen Passagen – vor allem der »Deduktion der Verstandesbegriffe«, der »Beweise der Grundsätze des reinen Verstandes« und der »Paralogismen« der »rationalen Psychologie« – einer auf größere Klarheit bedachten Überarbeitung unterzogen hat. Gleichzeitig tritt er mit der Überarbeitung dem Mißverständnis entgegen, als handle es sich bei der »transzendentalen« oder »kritischen« um eine rein »idealistische« Methode. Fortan, vor allem jedoch im 19. Jahrhundert bei Schopenhauer, wird die 2. Auflage der »Kritik der reinen Vernunft« für die eigentlich nicht mehr authentische Variante Kantischen Philosophierens gehalten, gegen die auf den eigentlichen, nämlich idealistischen Kant der 1. Auflage zurückzugehen sei. Diese z. B. von Schopenhauer vorgenommene Ehrenrettung des 1781er Kant haben sich dann auch die Herausgeber der Sämmtlichen Werke Kants, K. Rosenkranz und F. W. Schubert einleuchten lassen; sie berücksichtigten in ihrer Kant-Ausgabe lediglich die erste Auflage der »Kritik der reinen Vernunft« und trugen so das Ihre dazu bei, Kant zur – idealistischen – Berufungsinstanz im Materialismusstreit des 19. Jahrhunderts zu machen.

1788 Die »Kritik der praktischen Vernunft« erscheint.

»Über den Gebrauch teleologischer Prinzipien in der Philosophie«.

Kant wird zum zweitenmal Rektor.

9. Juli: Das Wöllnersche Religionsedikt tritt in Kraft.

19. Dezember: Neues Zensuredikt.

1790 Die »Kritik der Urteilskraft« erscheint. Dabei handelt es sich einerseits um die Begründung des reinen (formalen) Geschmacksurteils und andererseits um Überlegungen zum – regulativen – Wert teleologischer Prinzipien für die Beurteilung organischer Prozesse.

	»Über Schwärmerei und die Mittel dagegen«.
1791	»Über das Mißlingen aller philosophischen Versuche in der Theodicee«.
1792	*5. März:* Ein neues schärferes Zensuredikt tritt in Preußen in Kraft.
	Die Fortsetzung der Abhandlung »Über das radikale Böse« wird verboten.
1793	»Die Religion innerhalb der Grenzen der bloßen Vernunft«.
	»Über den Gemeinspruch: Das mag in der Theorie richtig sein, taugt aber nicht für die Praxis«.
1794	»Etwas über den Einfluß des Mondes auf die Witterung«.
	»Das Ende aller Dinge«.
	Juni: Kant beginnt einen Briefwechsel mit Schiller, der bis März 1795 andauert.
	1. Oktober: Kant wird durch die Königliche Kabinettsorder ermahnt.
1795	»Zum ewigen Frieden«.
1796	Anhang zu Sömmerings Schrift »Über das Organ der Seele«.
	»Von einem neuerdings erhobenen vornehmen Ton in der Philosophie«.
	23. Juli: Kant hält seine letzte Vorlesung über Logik.
	»Ausgleichung eines auf Mißverstand beruhenden mathematischen Streits«.
1797	»Metaphysische Anfangsgründe der Rechtslehre«.
	14. Juni: Es findet eine Abschiedsehrung Kants durch die Königsberger Studentenschaft statt.
	»Verkündigung des nahen Abschlusses eines Traktats zum ewigen Frieden in der Philosophie«.
	»Metaphysische Anfangsgründe der Tugendlehre«.
	»Über ein vermeintes Recht, aus Menschenliebe zu lügen«
	10. November: Friedrich Wilhelm II. stirbt und Friedrich Wilhelm III. besteigt den Thron.
1798	»Der Streit der Fakultäten«.
	»Anthropologie in pragmatischer Hinsicht«.
	»Über die Buchmacherei«.
1799	Kant erklärt sich gegen Fichtes am formallogischen Satz der Identität orientierte und insofern zum Scheitern verurteilte Begründungsversuche der Philosophie.

1800	Letzte schriftstellerische Äußerungen Kants sind eine vom 14. Januar datierte kurze Vorrede zu der Schrift seines späteren Biographen R. B. Jachmann »Prüfung der Kantischen Religionsphilosophie in Hinsicht auf die ihr beygelegte Aehnlichkeit mit dem reinen Mystizism«, außerdem eine Nachschrift zu Mielckes »Littauisch-deutsches und Deutschlittauisches Wörterbuch«.
	Kants von Jäsche herausgegebenes Handbuch der Logik erscheint.
1802	Es erscheint die »Physische Geographie«, herausgegeben von Rink.
1803	»Über Pädagogik«, ebenfalls v. Rink herausgegeben.
1804	*11. Februar:* Kant stirbt um elf Uhr vormittags.
	28. Februar: Begräbnis.
	23. April: Gedächtnisfeier der Universität.
	Kants 1790 geschriebene Preisschrift »Über die Fortschritte der Metaphysik seit Leibniz und Wolf« wird von Rink herausgegeben.